U0458716

QINHEFENGYUN　QINSHUISHIHUABIANZHENG

沁河风韵系列丛书　　　主编|行　龙

沁水史话辩证

田同旭　　王扎根|著

山西出版传媒集团　山西人民出版社

图书在版编目（CIP）数据

沁水史话辩证 / 田同旭，王扎根著. —太原：山
西人民出版社，2016.6

（沁河风韵系列丛书 / 行龙主编）

ISBN 978-7-203-09599-6

Ⅰ.①沁…　Ⅱ.①田…　②王…　Ⅲ.①山西省–地方
史–史料–研究　Ⅳ.①K292.5

中国版本图书馆CIP数据核字（2016）第123573号

沁水史话辩证

丛书主编：行　龙
著　　者：田同旭　王扎根
责任编辑：冯灵芝
助理编辑：贾登红
装帧设计：子墨书坊

出 版 者：山西出版传媒集团·山西人民出版社
地　　址：太原市建设南路21号
邮　　编：030012
发行营销：0351-4922220　4955996　4956039　4922127（传真）
天猫官网：http://sxrmcbs.tmall.com　电话：0351-4922159
E-mail：sxskcb@163.com　发行部
　　　　sxskcb@126.com　总编室
网　　址：www.sxskcb.com

经 销 者：山西出版传媒集团·山西人民出版社
承 印 者：山西臣功印刷包装有限公司

开　　本：720mm×1010mm　1/16
印　　张：21.5
字　　数：350千字
印　　数：1–1600册
版　　次：2016年6月　第1版
印　　次：2016年6月　第1次印刷
书　　号：ISBN 978-7-203-09599-6
定　　价：75.00元

如有印装质量问题请与本社联系调换

风韵是那前代流传至今的风尚和韵致。

沁河是山西的一条母亲河。

沁河流域有其特有的风尚和韵致，

那悠久而深厚的历史文化传统至今依然风韵犹存。

这里是中华传统文明的孵化地，

这里是草原文化与中原文化交流的过渡带，

这里有闻名于世的北方城堡，

这里有相当丰厚的煤铁资源，

这里有山水环绕的地理环境，

这里更有那独特而深厚的历史文化风貌。

由此，我们组成"沁河风韵"学术工作坊，

由此，我们从校园和图书馆走向田野与社会，

走向风光无限、风韵犹存的沁河流域。

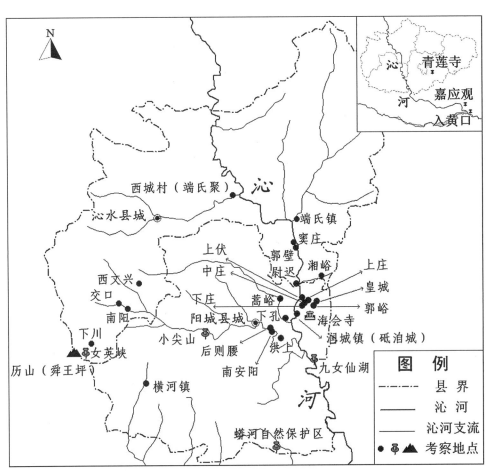

"沁河风韵学术工作坊"集体考察地点一览图（山西大学中国社会史研究中心　李嘎绘制）

三晋文化传承与保护协同创新中心

沁河风韵 学术工作坊

一个多学科融合的平台
一个众教授聚首的场域

第一场

鸣锣开张：

走向沁河流域

主讲人：行龙

中国社会史研究中心 教授

时间：2014年6月20日晚7：30
地点：山西大学中国社会史研究中心（鉴知楼）

"沁河风韵学术工作坊"海报

田野考察

会议讨论

总 序

行 龙

"沁河风韵"系列丛书就要付梓了。我作为这套丛书的作者之一，同时作为这个团队的一分子，乐意受诸位作者之托写下一点感想，权且充序，既就教于作者诸位，也就教于读者大众。

"沁河风韵"是一套31本的系列丛书，又是一个学术团队的集体成果。31本著作，一律聚焦沁河流域，涉及历史、文化、政治、经济、生态、旅游、城镇、教育、灾害、民俗、考古、方言、艺术、体育等多方面，林林总总，蔚为大观。可以说，这是迄今有关沁河流域学术研究最具规模的成果展现，也是一次集中多学科专家学者比肩而事、"协同创新"的具体实践。

说到"协同创新"，是要费一点笔墨的。带有学究式的"协同创新"概念大意是这样：协同创新是创新资源和要素的有效汇聚，通过突破创新主体间的壁垒，充分释放彼此间人才、信息、技术等创新活力而实现深度合作。用我的话来说，就是大家集中精力干一件事情。教育部2011年《高等学校创新能力提升计划》（简称"2011计划"）提出，要探索适应于不同需求的协同创新模式，营造有利于协同创新的环境和氛围。具体做法上又提出"四个面向"：面向科学前沿、面向文化传承、面向行业产业、面向区域发展。

在这样一个背景之下，2014年春天，山西大学成立了"八大协同创新中心"，其中一个是由我主持的"三晋文化传承与保护协同创新中心"。在2013年11月山西大学与晋城市人民政府签署战略合作协议的基础上，在征求校内外多位专家学者意见的基础上，我们提出了集中校内外多学科同人对沁河流域进行集体考察研究的计划，"沁河风韵学术工作坊"由此诞生。

风韵是那前代流传至今的风尚和韵致。词有流风余韵，风韵犹存。

沁河是山西境内仅次于汾河的第二条大河，也是山西的一条母亲河。沁河流域有其特有的风尚和韵致：这里是中华传统文明的孵化器；这里是草原文化与中原文化交流的过渡带；这里有闻名于世的"北方城堡"；这里有相当丰厚的煤铁资源；这里有山水环绕的地理环境；这里更有那独特而丰厚的历史文化风貌。

横穿山西中部盆地的汾河流域以晋商大院那样的符号已为世人所熟识，太行山间的沁河流域却似乎是"养在深闺人不识"。与时俱进，与日俱新，沁河流域在滚滚前行的社会大潮中也在波涛翻涌。由此，我们注目沁河流域，我们走向沁河流域。

以"学术工作坊"的形式对沁河流域进行考察和研究，是由我自以为是、擅作主张提出来的。2014年6月20日，一个周五的晚上，我在中国社会史研究中心学术报告厅作了题为"鸣锣开张：走向沁河流域"的报告。在事先张贴的海报上，我特意提醒在左上角印上两行小字"一个多学科融合的平台，一个众教授聚首的场域"，其实就是工作坊的运行模式。

"工作坊"（workshop）是一个来自西方的概念，用中国话来讲就是我们传统上的"手工业作坊"。一个多人参与的场域和过程，大家在这个场域和过程中互相对话沟通，共同思考，调查分析，也就是众人的集体研究。工作坊最可借鉴的是三个依次递进的操作模式：首先是共同分享基本资料。通过这样一个分享，大家有了共同的话题和话语可供讨论，进而凝聚共识；其次是小组提案设计。就是分专题进行讨论，参与者和专业工作者互相交流意见；最后是全体表达意见。就是大家一起讨论即将发表的成果，将个体和小组的意见提交到更大的平台上进行交流。在6月20日的报告中，"学术工作坊"的操作模式得到与会诸位学者的首肯，同时我简单介绍了为什么是"沁河流域",为什么是沁河流域中游沁水—阳城段,沁水—阳城段有什么特征等问题,既是一个"抛砖引玉",又是一个"鸣锣开张"。

在集体走进沁河流域之前,我们特别强调做足案头工作,就是希望大家首先从文献中了解和认识沁河流域,结合自己的专业特长初步确定选题,以便在下一步的田野工作中尽量做到有的放矢。为此,我们专门请校图书馆的同志将馆藏有关沁河流域的文献集中在一个小区域,意在大家"共同分享基本资料",诸位开始埋头找文献、读资料,校图书馆和各院系及研究所的资料室里,出现了工作坊同人伏案苦读和沉思的身影。我们还特意邀请对沁河流域素有研究的资深专家、文学院沁水籍教授田同旭作了题为"沁水古村落漫谈"的学术报告;邀请中国社会史研究中心阳城籍教授张俊峰作了题为"阳城古村落历史文化刍议"的报告。经过这样一个40天左右"兵马未动,粮草先行"的过程,诸位都有了一种"才下眉头,又上心头"的感觉。

2014年7月29日,正值学校放暑假的时机,也是酷暑已经来临的时节,山西大学"沁河风韵学术工作坊"一行30多人开赴晋城市,下午在参加晋城市主持的简短的学术考察活动启动仪式后,又马不停蹄地赶赴沁水县,开始了为期10余天的集体田野考察活动。

"赤日炎炎似火烧,野田禾稻半枯焦。"虽是酷暑难耐的伏天,但"沁河风韵学术工作坊"的同人还是带着如火的热情走进了沁河流域。脑子里装满了沁河流域的有关信息,迈着大步行走在风光无限的沁河流域,图书馆文献中的文字被田野考察的实情实景顿时激活,大家普遍感到这次集体田野考察的重要和必要。从沁河流域的"北方城堡"窦庄、郭壁、湘峪、皇城、郭峪、砥洎城,到富有沁河流域区域特色的普通村庄下川、南阳、尉迟、三庄、下孔、洪上、后则腰;从沁水县城、阳城县城、古侯国国都端氏城,到山水秀丽的历山风景区、人才辈出的海会寺、香火缭绕的小尖山、气势壮阔的沁河入黄处;从舜帝庙、成汤庙、关帝庙、真武庙、河神庙，到土窑洞、石屋、四合院、十三院；从植桑、养蚕、缫丝、抄纸、制铁，到习俗、传说、方言、生态、旅游、壁画、建筑、武备；沁河流域的城镇乡村，桩桩件件，几乎都成为工作坊的同人们入眼入心、切磋讨论的对象。大家忘记了炎热，忘记了疲劳，忘记了口渴，忘记了腿酸，看到的只是沁河流域的历史与现实，想到的只是沁河流域的文献与田野。我真的被大家的工作热情所感染，60多岁的张明远、上官铁梁教授一点不让年轻人，他们一天也没有掉队；沁水县沁河文化研究会的王扎根老先生，不顾年老腿疾，一路为大家讲解，一次也没有落下；女同志们各个被伏天的热火烤脱了一层皮；年轻一点的小伙子们则争着帮同伴拎东西；摄影师麻林森和戴师傅在每次考察结束时总会"姗姗来迟"，因为他们不仅有拍不完的实景，还要拖着重重的器材！多少同人吃上"藿香正气胶囊"也难逃中暑，我也不幸"中招"，最严重的是8月5日晚宿横河镇，次日起床后竟然嗓子痛得说不出话来。

何止是"日出而作，日入而息"，不停地奔走，不停地转换驻地，夜间大家仍然在进行着小组讨论和交流，似乎是生怕白天的考察收获被炎热的夏夜掠走。8月6日、7日两个晚上，从7点30分到10点多，我们又集中进行了两次带有田野考察总结性质的学术讨论会。

8月8日，满载着田野考察的收获和喜悦，"沁河风韵学术工作坊"的同人们一起回到山西大学。

10余天的田野考察既是一次集中的亲身体验，又是小组交流和"小组提案设计"的过程。为了及时推进工作进度，在山西大学新学期到来之际，8月24日，我们召开了"沁河风韵学术工作坊"选题讨论会，各位同人从不同角度对各选题进行了讨论交流，深化了对相关问题的认识，细化了具体的研究计划。我在讨论会上还就丛书的成书体例和整体风格谈了自己的想法，诸位心领神会，更加心中有数。

与此同时，相关的学术报告和分散的田野工作仍在持续进行着。为了弥补集体考察时因天气原因未能到达沁河源头的缺憾，长期关注沁河上游生态环境的上官铁梁教授及其小组专门为大家作了一场题为"沁河源头话沧桑"的学术报告。自8月27日到9月18日，我们又特意邀请三位曾被聘任为山西大学特聘教授的地方专家就沁河流域的历史文化作报告：阳城县地方志办公室主任王家胜讲"沁河流域阳城段的文化密码"；沁水县沁河文化研究会副会长王扎根讲"沁河文化研究会对沁水古村落的调查研究"；晋城市文联副主席谢红俭讲"沁河古堡和沁河文化探讨"。三位地方专家对沁河流域历史文化作了如数家珍般的讲解，他们对生于斯、长于斯、情系于斯的沁河流域的心灵体认，进一步拓宽了各选题的研究视野，同时也加深了相互之间的学术交流。

　　这个阶段的田野工作仍然在持续进行着，只不过由集体的考察转换为小组的或个人的考察。上官铁梁先生带领其团队先后七次对沁河流域的生态环境进行了系统考察；美术学院张明远教授带领其小组两赴沁河流域，对十座以上的庙宇壁画进行了细致考察；体育学院李金龙教授两次带领其小组到晋城市体育局、武术协会、老年体协、门球协会等单位和古城堡实地走访；政治与公共管理学院董江爱教授带领其小组到郭峪和皇城进行深度访谈；文学院卫才华教授三次带领多位学生赶去参加"太行书会"曲艺邀请赛，观看演出，实地采访鼓书艺人；历史文化学院周亚博士两次到晋城市图书馆、档案馆、博物馆搜集有关蚕桑业的资料；考古专业的年轻博士刘辉带领学生走进后则腰、东关村、韩洪村等瓷窑遗址；中国社会史研究中心人类学博士郭永平三次实地考察沁河流域民间信仰；文学院民俗学博士郭俊红三次实地考察成汤信仰；文学院方言研究教授史秀菊第一次带领学生前往沁河流域，即进行了20天的方言调查，第二次干脆将端氏镇76岁的王小能请到山西大学，进行了连续10天的语音词汇核实和民间文化语料的采集；直到2015年的11月份，摄影师麻林森还在沁河流域进行着实地实景的拍摄，如此等等，循环往复，从沁河流域到山西大学，从田野考察到文献理解，工作坊的同人们各自辛勤劳作，乐在其中。正所谓"知之者不如好之者，好之者不如乐之者"。

　　2015年5月初，山西人民出版社的同志开始参与"沁河风韵系列丛书"的有关讨论会，工作坊陆续邀请有关作者报告自己的写作进度，一面进行着有关书稿的学术讨论，一面逐渐完善丛书的结构和体例，完成了工作坊第三阶段"全体表达意见"的规定程序。

"沁河风韵学术工作坊"是一个集多学科专家学者于一体的学术研究团队，也是一个多学科交流融合的学术平台。按照山西大学现有的学院与研究所（中心）计，成员遍布文学院、历史文化学院、政治与公共管理学院、教育学院、体育学院、美术学院、环境与资源学院、中国社会史研究中心、城乡发展研究院、体育研究所、方言研究所等十几个单位。按照学科来计，包括文学、史学、政治、管理、教育、体育、美术、生态、旅游、民俗、方言、摄影、考古等十多个学科。有同人如此议论说，这可能是山西大学有史以来最大规模的、真正的一次学科交流与融合，应当在山西大学的校史上写上一笔。以我对山大校史的有限研究而言，这话并未言过其实。值得提到的是，工作坊同人之间的互相交流，不仅使大家取长补短，而且使青年学者的学术水平得以提升，他们就"沁河风韵"发表了重要的研究成果，甚至以此申请到国家社科基金的项目。

"沁河风韵学术工作坊"是一次文献研究与田野考察相结合的学术实践，是图书馆和校园里的知识分子走向田野与社会的一次身心体验，也可以说是我们服务社会，服务民众，脚踏实地，乐此不疲的亲尝亲试。粗略统计，自2014年7月29日"集体考察"以来，工作坊集体或分课题组对沁河流域170多个田野点进行了考察，累计有2000余人次参加了田野考察。

沁河流域那特有的风尚和韵致，那悠久而深厚的历史文化传统吸引着我们。奔腾向前的社会洪流，如火如荼的现实生活在召唤着我们。中华民族绵长的文化根基并不在我们蜗居的城市，而在那广阔无垠的城镇乡村。知识分子首先应该是文化先觉的认识者和实践者，知识的种子和花朵只有回落大地才有可能生根发芽，绚丽多彩。这就是"沁河风韵学术工作坊"同人们的一个共识，也是我们经此实践发出的心灵呼声。

"沁河风韵系列丛书"是集体合作的成果。虽然各书具体署名，"文责自负"，也难说都能达到最初设计的"兼具学术性与通俗性"的写作要求，但有一点是共同的，那就是每位作者都为此付出了艰辛的劳作，每一本书的成稿都得到了诸多方面的帮助：晋城市人民政府、沁水县人民政府、阳城县人民政府给予本次合作高度重视；我们特意聘请的六位地方专家田澍中、谢红俭、王扎根、王家胜、姚剑、乔欣，特别是王扎根和王家胜同志在田野考察和资料搜集方面提供了不厌其烦的帮助；田澍中、谢红俭、王家胜三位专家的三本著述，为本丛书增色不少；难以数计的提供口述、接受采访、填写问卷，甚至嘘寒问暖的沁河流域的单位和普通民众付出的辛劳；田同旭教授的学术指导；张俊峰、吴斗庆同志组织协调的辛勤工作；成书过程中参考引用的各位著述作者的基本工作；山西人民出版社对本丛书出版工作的大力支持，都是我们深以为谢的。

缘　起

十多年前，我受沁水政协委托，于2005年出版《沁水历代文存》与《沁水史话纵横》，2006年5月二书同获山西社科"2005年百部工程"一等奖。2009年出版《沁水县志三种》，2010年5月获山西社科"2009年百部工程"三等奖。另外，2008年出版了《舜帝德风与历山文化》，2010年又出版了《沁水县志逸稿》。以上四种有430余万字，其中《沁水史话纵横》较有影响。之后沁水一些文史爱好者，在各种媒体出版或发表的与沁水历史文化相关的著作或文章，多受《沁水史话纵横》等书的影响，使《沁水史话纵横》达到一书难求的程度。

我在作《沁水史话纵横》之时，电脑网络还不像今天如此发达，资料的收集全靠读书。一个人不可能读很多书，资料的收集自然也不可能齐全。所以，因为资料的不足，《沁水史话纵横》对沁水历史上一些人物或事件的论述不甚充分，甚至出现一些误论。如《原国之谜》目，误认为原国就在河南济源而与沁水无涉。如《天下文章》目，误以为古代沁水许多名家文集多佚失不传。其他如对沁水县名起源、沁水与端氏分治、端氏城何时修建、窦庄张道濬的结局、窦庄张凤仪其人、柳氏民居等问题的论述，皆因为资料缺乏，论述有点不足。

《沁水史话纵横》出版以后的十多年间，书中存在的这些问题，一直萦绕在我的心中，使我不能释怀，只要有空闲，我就会不断地思考这些问题。后来我又读了一些书，写了一些书，陆续新发现了许多有关沁水历史文化的文献资料，遂便想着，如果有机会，不妨抽出一些时间，把《沁水史话纵横》中存在的问题，或作补充，或作纠正，重作一部《新编沁水史话纵横》，至少作一部修订本《沁水史话纵横》。

2014年，山西大学行龙副校长主持成立"沁河风韵学术工作坊"，以研究沁河文化为基本课题，并组织编撰"沁河风韵系列丛书"。我有幸参与了"沁河风韵学术工作坊"的工作，受命作一本书。沁河文化在山西境内，主要集中在沁水、阳城二县，我是沁水人，也正好在思考着重作一部《新编沁水史话纵横》，对行龙副校长的委托，自然是当仁不让。有鉴于《沁水史话纵横》存在的一些问题，遂选了八个题目，在充分占有新发现的文献资料的基础上，重理思路，重作文章，作成了《沁水史话辩证》一书。

《沁水史话辩证》重在重新辩证，重在补充资料，或纠正《沁水史话纵横》的错误，或补充新的文献资料，提出一些新的观点。如《谷类起源与舜耕历山》目，依据下川三次考古成果，明确提出中国谷类最早起源于沁水历山的观点，这是沁水对全人类做出的最大贡献，是一张最有影响、最值得宣扬的历史文化名片。如《前后原国与两个沁水》目，依据新发现的文献资料，提出历史上的古原国初在河南沁水（今河南济源），后原国则被迁徙到山西沁水的观点，纠正了《沁水史话纵横》对原国的论述之误。如《三家分晋与古代端氏》目，依据偶然阅到的唐武宗朝宰相李德裕在平定泽潞（昭义）节度使叛乱时所作《昭义军事宜状》文，发现泽潞节度使刘从谏曾修筑"端氏古城"，双方曾在端氏激战的记载，这是端氏历史上一件重要的历史事件。如《柳氏民居与历史真实》目，依据方家在江苏江阴戴君桥村新发现的柳宗元家谱之《泾川柳氏宗谱》，配以宗谱中所绘柳宗元画像，以及关于柳宗元之子周六、周七明确记载的书影，科学地论证了沁水柳氏民居非柳宗元后裔避难之地的观点。如《沁河城堡与窦庄忠烈》目，补充了新发现的文献资料，理清了窦庄张道濬自海宁卫放归后，又出任陕西延安太守，明朝灭亡后死于抗击清朝之战事的结局，提出张道濬亦如其父张铨，是一位"忠烈"之士。又依据张道濬所作《窦庄城守规则》文，考证了窦庄守城火器"仿制西炮"与"佛朗机"的来源，明确提出，是张道濬受朝廷之诏，在窦庄监造"仿制西炮"与"佛朗机"的，窦庄在明朝就曾经有过一个"兵工厂"。这无疑是个重大发现,其对窦庄历史文化价值品位的提升、对古代沁河流域冶炼铸造的历史以及中国古代兵器制造文化的研究,都有深远的社会、政治、军事意义。

总之,《沁水史话辩证》所论述的选题,都是沁水历史上重大的历史事件,也是人们所关注的焦点,有些还是人们不断争论的问题。作者遵循"没有证据不说话"之学术原则,遵循"不唯我所用的断章取义而曲解歪曲历史文献资料"之学术道德及人格原则,遵循"持之有故言之成理"的学术方法,对选题作了合理深入的系统论述,从而得出科学公正的结论。故而,作者在这里郑重申明,对于《沁水史话纵横》所论述的问题,以及作者在其他媒体所发文章提出的一些观点,凡与《沁水史话辩证》相左而不统一者,皆以《沁水史话辩证》所论述观点为准。

《沁水史话辩证》作完之后,我仍有意犹未尽之感。因为对于沁水的历史文化,并非八个选题可以作完作好。在《沁水史话纵横》出版之后的十年间,我对沁水的历史文化,还收集有一些资料,还有一些发现,还有一些思考,还有一些选题,都很值得一作。由于《沁水史话辩证》篇幅所限,一些选题未能收入。所以我仍然很想重作一部《新编沁水史话纵横》,对《沁水史话纵横》作全面的修订,只是不知道还有没有精力和机会。

我对《新编沁水史话纵横》早有一个总体思路,拟设三十四个选题,除《沁水史话辩证》八个选题外,尚有高山流水与十景寻踪、地灵人杰与千年古村、长平之战与沁水地名、三十七砦与五十四城、文笔曲唱与乡贤名流、湘峪古城与岳神山砦、科举兴衰与进士举人、乡规民约与民风习俗、县令余韵与青史褒贬、阅尽沧桑与历史机遇等二十六个选题,其中大部分选题已经完成初稿,我会继续完成其余选题撰写的。

《沁水史话辩证》所论述的选题,并非完美无缺而无懈可击。欢迎关注沁水历史文化的文史工作者,对《沁水史话辩证》提出批评或进行讨论。对于大家提出的意见,我会虚心地分析,认真地取舍,力争使自己的论述符合历史真实。

　　另案：对于《沁水史话辩证》的编撰，王扎根主要承担照片的拍摄收集，同时选用了李傍明、霍胜利、常海霞诸君拍摄、收藏的一些照片，谨在此向为《沁水史话辩证》提供过帮助的朋友，致以诚挚的感谢。

田同旭

2016年1月10日于山西大学

目　录

CONTENTS

一、县名钩沉与县治沧桑

山西省沁水县县名的来源，一般认为是因为沁水县境内有一条沁河贯穿南北，沁水县才以沁水（河）为县名。如此解释沁水县名的起源，似乎很有道理。其实，这是现代人对沁水县名来源的解释，沁水县名真正的来源，并非因为沁水县境内有一条沁河贯穿南北，而是因为河南济源古称沁水县的缘故。

新世纪的沁水县城

1. 县名钩沉

古今中国有两个沁水县，先指河南济源，后指山西沁水。《中国古今地名大辞典》记：

> 沁水县，汉置，以沁水（河）名。北齐废，故城在河南济源县东北沁水（河）南，沁台西，今呼王寨城。
> 战国赵端氏邑，汉端氏县，后魏分置东永安县，北齐改永宁，隋改沁水，故城在今山西沁水县西三十里，今名故城镇，宋后移今治。清属山西泽州府，今属山西冀宁道。

交代得非常清楚，隋朝以前的沁水县指河南济源，隋朝以后的沁水县指山西沁水，其与历代文献所记河南济源与山西沁水县名的沿革基本相符。只是隋朝改北齐永宁县为沁水县，县治位于沁水之西的故城镇，即今沁水之西的固镇村，至北宋之后才迁移今治。此记载见于《大清一统志》卷一〇七《泽州府·古迹》：

> 沁水故城在今沁水县西。汉所置沁水县在今河南怀庆府济源县界。今县即魏东永安县，隋改沁水。《元和志》："沁水县，本汉端氏县地，后魏孝昌中，于此置泰宁郡及东永安县，隋开皇十八年改为沁水县。"《明统志》："有故城，在县西三十里，今名故城镇。盖宋后移（今）治。"

目前可以检索到的文献资料，仅见此条记载，是为孤证，且不知何据，颇值商榷。

沁河为黄河支流，春秋时名少水，西汉时始名沁水，也称洎水，近代称为沁河。沁河发源于山西沁源境太岳山东麓的二郎神沟，自北而南，流经山西沁源、安泽、沁水、阳城，穿过太行山，自阳城的拴驴泉村流入河南济源紫柏滩，经济源、沁阳、博爱、温县，在武陟之南汇入黄河。

河南济源也位于沁河岸边，两汉以来曾名沁水县；又因河南济源位于古济水发源之地，隋代开皇十六年（596）正式改称济源县，至今县名沿革不变。乾隆《济源县志》卷一《沿革》记济源县：

> 济虽一隅，东周之畿内地也。春秋时荐赐晋，郑、原、绨、樊、向，俱在济邑。晋时轵关为用兵要地，周齐分界，尤为又争之阴。隋代嬗代，建置弥繁，而济源之名，实自隋时，延及宋金，改易未已。始而瓜分，继而省并。或两国而疆土分割，或一朝而名号递更。盖自成周以来，迄于元明，迭废迭兴，三千年矣。（后略）
>
> 秦为轵县，属三川郡。汉为轵县，为沁水县，为波县，属司隶部河内郡。晋为轵县，为沁水县，属怀州河内郡。（后略）

北齐废沁水入轵，属河内郡。北周置邵州，又置王屋郡。

隋废王屋郡为王屋县，又析轵县为济源县，属河内郡。

唐初置西济州，又析置邵原、溴阳、燕川三县，其后废州，省三县入济源，又省轵县入济源。置大置县，寻省；置柏崖县，亦寻省。更名河清，改邵原为王屋县，初隶怀州，改隶孟州。

五代时济源属孟州，又有王屋县。

宋改孟州为济源郡，领六县，有济源、王屋，隶京西北路。

（后略）

乾隆《济源县志》对济源县名沿革记载得非常明确具体，在汉代、晋代、北魏曾名沁水县，自北齐废沁水县，隋代置济源县以来，延及唐宋，虽省并频繁，但自隋朝以后至今，济源县名再未改易，再未重名沁水县。

同样，山西沁水在两汉以来曾名端氏县，自隋代开皇十八年（598）以来，正式称名沁水县，延及唐宋，沿革至今，县名从未改易。

光绪《沁水县志》卷二《沿革》记沁水县：

周初为原，国属唐，春秋属晋，战国属韩。至三家分晋，迁晋君于端氏聚。今县东四十五里有西城，即古端氏聚，非今之端氏镇也。赵肃侯夺晋君端氏而迁之屯留，地又属赵。

秦灭赵，并端氏地。

汉置端氏县，属河东郡；别置沁水县，属河内郡。

晋置端氏县，属平阳郡。

魏庄帝置广宁郡（泰宁郡），以沁水为永安县。（嘉庆志：庄帝置广宁郡，一曰泰宁，以沁水为永安县，省端氏。）

北齐置广宁郡，改沁水为永宁县。

后周为永宁县，属高平郡。

隋复为沁水县，属泽洲，又属长平郡。

唐初属泽洲，又属高平郡。武德八年（625）移泽州于端氏，贞观初复自端氏移于晋城。

五代、宋、金，皆属泽洲，而沁水与端氏并建。

元至元三年（1266）省端氏入沁水县，属晋宁路。

雍正《泽州府志》所录《沁水县境图》

不过，现存康熙、嘉庆、光绪三部《沁水县志》，对沁水县历史沿革的记载仍有缺失，现据相关史料，聊以补缺。

西晋灭亡后，北方陷入"五胡乱华"时代，先后出现十六国少数民族政权，相互更迭频繁，无暇顾及郡县建置。北魏统一北方后，开始确立郡县建置。一般认为，山西沁水县是在北魏开始，沁东、沁西各自分县并立。沁东设端氏县，隶属安平郡（治端氏）；沁西设东永安（今山西沁水县西三十里固镇村）与西河（今山西沁水县西三十五里西河村）二县，隶属泰宁郡（治东永安）。至北齐，废泰宁郡，置广宁郡，改东永安县为永宁县，历北周，沿革至隋朝。

《魏书·地形志》云：晋州（今山西临汾）领郡十二，县三十一，其中：

安平郡：领县二。端氏，二汉属河东，晋属平阳，后属，
（北魏世祖）真君七年（446）省，（北魏孝文帝）太和二十年
（496）复。濩泽，二汉属河东，晋属平阳，后属。

泰宁郡，（北魏孝明帝）孝昌（525—527）中置及县，领县
四。东永安（今山西沁水县西三十里固镇村）、西河（今山西沁
水县西三十里固镇西河村）、西濩泽、高延。

据《中国历史地图集》之北魏司豫诸州图，安平郡故治在今山西沁
水端氏。《中国古今地名大辞典》记：泰宁郡，"后魏置，北齐废。故
治在今沁水县西三十里"。沁水县西三十里，即今山西沁水县西三十里
固镇村。

唐李吉甫《元和郡县志·河东道·泽州》云：

沁水县，本汉端氏县地，后魏孝庄帝于此置太宁郡及东永安
县。高齐省郡而县存。隋开皇十八年改为沁水县，沁水在县东北
五十二里。

端氏县，本汉旧县也。《史记》曰："赵成侯十六年，与
韩、魏分晋，封晋君于端氏。肃侯元年，夺晋君端氏，徙处屯
留。"汉以为县，属河东郡。晋属平阳郡，后魏属。隋开皇三年
罢郡，属泽州。

宋乐史《太平寰宇记·河东道》云泽州领县六：晋城、高平、阳城、
端氏、陵川、沁水。其中：

端氏县，西北一百四十四里，旧管八乡，今四乡。本汉旧
县也，属河东。《史记》："赵成侯十六年，与韩、魏分晋，

封晋君以端氏。肃侯元年，复夺晋君端氏，徙处屯留。"汉以为县，故城在今县西北三十里，即汉理。晋属平阳郡，后魏属安平郡。隋开皇三年罢郡，自故城移于今理。按《郡国县道记》云："今端氏所理，即后魏文帝置安平郡故城之所。"伞盖山，在县东北九十里，沁水在县南一里。石门山，在今县西四十一里安平故城，后魏于此立郡，废。城在今县西北三十里。秦河源出县北西榆（峪）村谷，南流入县，合水（沁）河。纥鬒山，在县西一十里。

沁水县：西北二百里，旧管六乡，今二乡。本汉端氏县地。后魏庄帝于此置泰宁郡及东永安县。高齐省郡，而县在。开皇十八年，改为沁水县，仍属泽州。

山西沁水在两汉、晋代属端氏县，北朝先后改名永安县、永宁县，自隋朝正式改名沁水县以来，延及唐宋金元明清，沿革至今未变。

由于光绪《沁水县志》卷二《沿革》记有"汉置端氏县，属河东郡；别置沁水县，属河内郡"句，故不断有学人认为：山西沁水在汉代就东西分治，沁东为端氏县，属河东郡；沁西为沁水县，属河内郡。北宋欧阳忞《舆地广记》卷十九《河东路下》记沁水县：

二汉、晋皆属河内郡，元魏置广宁郡，北齐郡废，改县为永宁。隋开皇十八年（598）复为沁水，属泽州。唐武德元年（618）属盖州，贞观元年（627）来属（泽州）。

之所以认为山西沁水在汉代就叫沁水县，其原因在于对《沁水县志》所记"汉置端氏县，属河东郡；别置沁水县，属河内郡"句中"别置"二字的误解。其意本应为"汉代朝廷设置端氏县，隶属河东郡；朝廷另外设置有沁水县，则隶属河内郡"，并非是"汉代朝廷在沁水境内同时设置端氏与沁水二县"之意。

可以系统检索一下《汉书·地理志》与《后汉书·郡国志》的记载。《汉书·地理志》云：河东郡，秦置，辖县二十四，包括"安邑、大阳、猗氏、解、蒲反（蒲阪，即永济）、河北、左邑、汾阴、闻喜、濩泽（阳城）、端氏、临汾、垣（垣曲）、皮氏、长修、平阳、襄陵、垅、杨、北屈、蒲子、绛、狐讘、骐"等。意即临汾之南，端氏之东，阳城、垣曲、永济之北，皆属河东郡。

《后汉书·郡国志》云：河东郡，秦置，辖二十城，包括"安邑、杨、平阳、临汾、汾阴、蒲阪（永济）、大阳、解、皮氏、闻喜、绛、永安、河北、猗氏、垣（垣曲）、襄陵、北屈、蒲子、濩泽（阳城）、端氏"等。意即临汾之南，端氏之东，阳城、垣曲、永济之北，皆属河东郡。

可以看出，两汉的河东郡内没有"沁水县"的设置，两汉的沁水地区归属"端氏县"。而在端氏县之南，分别设置有"濩泽"（阳城）与"垣"（垣曲）二县，而阳城与垣曲二县之南，即与地属河南的河内郡接壤。

两汉朝廷已在河内郡设置有"沁水县"，何必又在与河内郡相邻的河东郡群县之中再设一个"沁水县"，而且还隔着"濩泽"（阳城）与"垣"（垣曲）二县而不相连。地处河东郡群县之中的"沁水县"，难道是朝廷为河内郡在河东郡群县之中再设置"沁水"这一个"飞地"？不妨检索《汉书·地理志》与《后汉书·郡国志》中关于"别置沁水县，属河内郡"的记载。前录《汉书·地理志》与《后汉书·郡国志》中，河东郡未列"沁水县"名，而河内郡明确列有"沁水县"名。《汉书·地理志》如此记：河内郡，高帝置，辖县十八，有"怀、汲、武德、波、山阳、河阳、州、共、平皋、朝歌、修武、温、樊王、获嘉、轵、沁水、隆虑、荡阴"等。《后汉书·郡国志》如此记：河内郡，高帝置，辖县十八，有"怀、河阳、轵、波、沁水、野王、温、州、平皋、山阳、武德、获嘉、修武、共、汲、朝歌、荡、林虑"等。

两汉时期的河东郡，为秦朝统一天下所置三十六郡之一，治安邑（今山西夏县北）。其地域大致指今山西境内临汾之南，长治、晋城之西，太行山之北，黄河之东的大片地区；山西境内长治、晋城等地，则属上党郡。

两汉时期的河内郡，为汉高祖建立汉朝时所置，治于怀（今河南沁阳）。其地域大致指今河南境内黄河之北，太行山之东南，东至新乡、安阳的大片地区。两汉时期的河内郡沁水县，指今河南济源。

河南济源的历史非常悠久，曾经是夏王朝第六代帝王少康与其子帝杼相继建都之地。上古天子继位实行禅让制，帝尧传位于帝舜，帝舜传位于大禹，都属禅让。大禹则传位于子启，确立了天子传位于子孙的宗法制，开创中国世袭的先河，中国历史上的"家天下"即从夏朝的建立开始。启即位后，建立了夏朝，这是我国历史上第一个奴隶制国家。启死后，传位于其子太康。太康是大禹的孙子，夏朝第三代帝王。由于太康失政，有穷氏酋长后羿乘机发难，攻占了夏都安邑（今山西夏县），赶走太康，先后立仲康及其仲康子相为夏帝，后羿实际操纵朝政。后羿不理政事，其亲信寒浞杀死后羿，再杀帝相，篡夺了夏朝天下。

寒浞杀死帝相时，帝相之妻子后缗正身怀六甲，乘机出逃，生了少康。少康是位中兴之主，长成后，联合夏王朝同姓部落，除掉了寒浞，恢复了夏朝，史称"少康中兴"。少康为夏朝第六代帝王（不含后羿、寒浞），死后其子帝杼继位，"少康中兴"事业得到继承发展。少康与其子帝杼在位时，是夏朝最为鼎盛的时期。

少康与其子帝杼，就是今山西沁水境内窦庄之窦氏的先祖。王利器《风俗通义校注·风俗通义佚文》云：

> 窦氏，夏后相遭有穷氏之难，其妃方娠，逃出自窦，而生少康，其后氏焉，汉有窦婴。

唐林宝《元和姓纂》卷九云：

> 窦，姒姓，夏少康之后。帝相遭有穷之难，其妃后缗方娠，

逃出自窦，而生少康，支孙以窦为氏。

"窦"指墙根小洞，即排水道。少康之母后缗从墙根小洞逃出而生少康，少康后裔指事为姓，遂以"窦"为姓氏。后来有窦氏之一支迁来山西沁水之端氏，遂成为一方望族。

少康与其子帝杼都是在河南济源建都的，《竹书纪年》卷上《帝禹夏后氏》云："帝少康，元年丙午，帝即位，诸侯来朝，宾虞公。二年，方夷来宾。三年，复田稷。十一年，使商侯冥治河。十八年迁于原，二十一年陟。"又云："帝杼，元年己巳，帝即位居原。五年，自原迁于老丘。八年，征于东海及三寿，得一狐九尾。"徐文靖统笺："按《水经注》：济有二源，东源出原城。今孟州西北有古原城。《路史》曰：帝杼即位居原，即其地也。"

原，或称原乡，或称原城，位于河南济源境内，后来周文王十六子封于原，建立原国，即指此地。

少康中兴后约200多年，商汤王伐桀灭亡夏朝，建立商朝，延续600多年后，至公元前1046年，周武王伐纣灭亡商朝，建立周朝，大行分封，封土同姓宗亲或异姓功臣，立邦建国，以藩屏周王朝。周初前后分封的诸侯国共有71个，其中姬姓之国达53个。《荀子·儒效》记载：

周公兼制天下，立七十一国，姬姓独居五十三人。

周文王有亲庶十七个儿子，长子姬发继位周武王，其他十六个儿子皆有封国，而文王第十六子封于原（古称轵邑，今河南济源），史称原伯。

原国延续约400年后，时值周朝第二十一代大子、东周第七代天子周襄王在位，原国传承到原伯贯为国君，周王朝任其为守原大夫。周襄王十七年（晋文公二年，前635），晋文公因勤王周室，平定子带之乱有功，襄王遂将原国及阳樊（樊国）、温（温国）、攒茅之田等四地，赏赐晋文公。原伯贯不服，晋文公围攻原国，原国降晋。晋文公遂将原国举国迁往冀（今山西河津）地，重新立国。100多年后，原国又被举国迁至今山西沁水境内。若干年后，原国再举国迁往今山西沁水东鄙之东峪，或被迁往今山西高平西鄙之原村，不久遂亡国。

原国虽然亡国，但其文化未亡。河南济源时期的原国，留下许多文化遗存。乾隆《济源县志》卷一《古迹》云：

> 沁水城，在济源县东北沁水南，沁台西，汉时置，今呼王寨城。《水经注》云："沁水出山，过沁水县北，即此。"

《河南通志》卷五十一《古迹·怀庆府》云：

> 原城，在济源县西北十五里，晋文公伐原示信，即此，今名原乡。沁水城，在济源县东北沁水南，沁台西，今呼王寨城。

河南济源有"王寨城"，应为周文王第十六子初封原国建都之地，因称"原伯故城"，即指"古沁水城"，位于今河南济源沁河南岸。河南济源在隋朝之前曾名沁水县，即缘于此。

今山西沁水境内也有王寨、固镇等地名，皆源于河南济源的"王寨城"与"原伯故城"、"古沁水城"。大概在晋文公灭亡原国后，将原国举国迁往冀（今山西河津），再举国迁到今山西沁水。原国君臣百姓怀念故乡，遂沿用河南济源古原国的原地名，以示不忘故国。

由此可以认为，隋朝开皇年改北齐永宁县为沁水县，并非因为山西沁水境内有一条贯穿南北的沁河，而是因为原国由河南沁水迁到了山西沁水，山西沁水才沿用河南济源古原国的原地名，改北齐永宁县为沁水县。从此，山西沁水境内开始分设沁水、端氏二县并立分治。

《隋书·地理志》记长平郡统县六，包括"丹川、沁水、端氏、濩泽、高平、陵川"。其在"沁水"之下有注："旧置广宁郡，后齐郡废，县改为永宁，开皇十八年改焉，有辅山。""端氏"之下亦有注："后魏置安平郡，开皇初郡废。有巨峻山、秦川水。"

《隋书·地理志》记河内郡统县十，包括"河内、温、济源、河阳、安昌、王屋、获嘉、新乡、修武、共城"。其在"济源"之下有注："开皇十六年置。旧有沁水县，后齐废入。有孔山、母山。有济水、瀁水、古原城。"

沁水境内分设沁水、端氏二县，应该以沁河为界。如果因为山西沁水境内有一条沁河而改县名沁水，应当改端氏县为沁水县，因为无论是端氏聚还是端氏县，都在沁河岸边；而沁水县已经远离沁河四十多里，应当保留北齐永宁县名就可以。所以就地理环境来说，山西沁水在隋朝开皇年间改北齐永宁县为沁水县，只能因为原国由河南沁水迁到了山西沁水的缘故。《隋书·地理志》、唐代李吉甫《元和郡县志》卷十九《河东道》、北宋欧阳忞《舆地广记》卷十九《河东路下》等，皆记山西沁水是在隋朝开皇十八年（598）改北齐永宁县为沁水县的。

不过，有迹象表明，山西沁水改北齐永宁县为沁水县，可能要早于隋朝开皇十八年。山西沁水名沁水，似乎在河南济源原国举国迁入今山西沁水之时，原国君臣百姓就可能居于山西沁水境内的"原伯故城"，也就是"今山西沁水县西三十里，今名故城镇"，即今山西沁水的王寨，或居于今山西沁水固镇，或直接迁居于今山西沁水县城。康熙、嘉庆、光绪三部《沁水县志》，以及雍正《泽州府志》、雍正《山西通志》等，皆有沁水"初为原国"、沁水为"原伯故城"的记载。沁水县城西北里许有凤原之地，至今保存有几通刻有"原伯故城"之文的明代碑刻。河南济源时期的原国国都，后世就称作"原伯故城"，又称"王寨城"，又称"古沁水城"。河南济源原国君臣，举国迁入今山西沁水之时，完全有可能对新迁居住之地直接称名沁水。

晋文公是在周襄王十七年（前635）灭亡河南济源之原国，迁原国于山西河津，约100多年后再迁原国至山西沁水境内，时值公元前500年前后。如果"河南济源原国迁入今山西沁水之时可能直接称名沁水"这一推测可以成立，那么山西沁水以沁水名县，至今有2500多年的悠久历史。

即使按《中国古今地名大辞典》所记"隋改沁水，故城在今山西沁水县西三十里，今名故城镇，宋后移（今）治"计算，宋朝建国于宋太祖建隆元年（960），山西沁水以沁水名县，并迁至今天的沁水县城，至今也有1000多年历史。若按隋朝开皇十八年（598）计算，山西沁水以沁水名县，并迁至今天的沁水县城，至今也有1400多年历史。

隋朝开皇十八年（598）改北齐永宁县为沁水县后，沁水境内遂分设沁水、端氏二县，俗称沁东、沁西，历隋、唐、五代、宋、金，其沿革始终未变，到元朝至元年（1264—1294），端氏县归入沁水县，其沿革才发生变化。

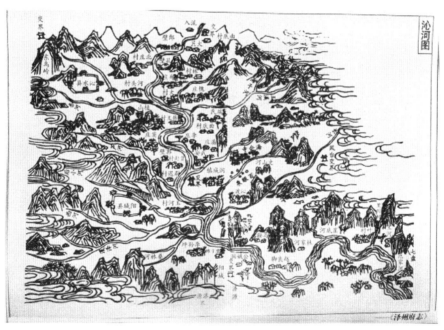

沁水境内西设沁水县，东设端氏县，以沁河为界，俗称沁东、沁西

《元史·地理志》记河东山西道肃政廉访司：

> 泽州，下。唐初为泽州，后为高平郡，又仍为泽州。宋属河东道，金为平阳府，元初置司候司，及领晋城、高平、阳城、沁

水、端氏、陵川六县。至元三年（1337），省司候司、陵川县入晋城，省端氏入沁水，后复置陵州。领五县：晋城，下。高平，下。阳城，下。沁水，下。陵川，下，至元三年，省入晋城，后复置。

元朝以后，历经明、清、民国，至今700多年，端氏县归入沁水县的建置再无大的变化，沁水县名一直沿革至今。

2. 县治沧桑

三皇五帝以来，人类社会渐渐进入文明时代，开始划分天下，借以治理天下，于是建州设郡置县，人类社会有了所谓的行政区划。

远古传说，最早划分天下的是黄帝，黄帝曾划分天下为九州。不过，学术界一般认为，把天下划分为九州归始于大禹。

《尚书·夏书·禹贡》云："禹别九州，随山浚川，任土作贡。"大禹划分的九州范围，依次是：徐州，起自黄海、泰山、淮河，涉及山东、江苏、安徽等地。冀州，起自黄河壶口，涉及今山西、河北、河南等省部分地区。兖州，起自黄河下游、济水，涉及河北、河南、山东等地。青州，起自渤海、泰山，涉及河北、山东半岛等地。扬州，起自淮河、黄海，涉及江苏、安徽、江西及其以南的地方。荆州，起自荆山、衡山，涉及湖北、湖南。豫州，起自中原、黄河下游，涉及河南、山东等地。梁州，起自华山、黑水，涉及陕西、四川、甘肃、青海。雍州，起自黑水、西河，涉及陕西、内蒙古、宁夏、甘肃、新疆等地。

山西属冀州，沁水地处冀州南鄙，简称冀南。《列子·汤问》因记：

太行、王屋二山，方七百里，高万仞，本在冀州之南，河阳之北。

康熙《沁水县志·沿革》亦记：据《禹贡》，沁水在大禹时代，"属冀州。商初不可考，后祖乙迁都于耿，属畿内。周初属唐，春秋属晋，赵韩魏共分晋地，迁晋君于端氏聚"。

祖乙为商朝第十三代帝王，在位十九年，曾将商朝都城从相（今河南内黄）迁到耿（今山西河津），再迁都于邢（今河北邢台），终迁都于庇（今山东郓城）。

畿内，古称靠近国都的地方为畿内。古代帝王都城辖地千里，因指京城所管辖的地区。汉许慎《说文》："畿，天子千里地，以逮近言之则曰畿也。"汉蔡邕《独断》上："京师，天子之畿内千里，象日月，日月躔次千里。"沁水西距河津不过300里左右，应属商朝都城近郊，由商朝都城直接管辖。

唐即周武王之子、周成王之弟叔虞所封的唐国，历史上著名的成王"桐叶封弟"于唐国，即指此地。山西太原的晋祠，即是为纪念叔虞创立唐国（后改晋国）而建，叔虞因称唐叔虞，晋祠因称唐叔虞祠。

唐国即位于与沁水相邻的今山西翼城、襄汾一带，源于五帝之一帝喾之子尧帝。尧帝也属五帝之一，十三岁封于陶，十五岁改封于唐，号陶唐氏，定都平阳（今山西襄汾陶寺遗址），其后代封于唐国（今山西翼城一带）。周成王灭亡古唐国后，封其弟叔虞于唐国故土，叔虞建立唐国，都于唐（今山西翼城西唐城村）。叔虞死后，其子燮继位，改国号为晋，是为晋侯燮。晋献公迁都于绛（今山西翼城东南故城村），晋景公迁都于新田（今山西曲沃西北）。沁水西与翼城相邻，距曲沃不过百里，应属唐国、晋国都城近郊，先后直接受唐国、晋国都城管辖。

周襄王十六年至二十四年（前636—前628）在位期间，晋国第二十二代国君晋文公在位。周襄王十七年（前635），晋文公灭亡河南济源之原国，迁原国于山西河津。约100多年后，周敬王继位（前519），时值公元前500年前后，晋国第三十一代国君晋顷公与第三十二代国君晋定公相继在位，晋君再迁原国于今山西沁水，或居于固镇，或居于王寨，或居于今沁水之县城，重建原国。王寨，或固镇，或沁水之县城，遂成为原国又一个国都。按周朝的封建制度，原国属伯国，食邑方圆五十里或七十里。所以原国虽为晋国附庸100多年而亡，迄今有2500多年历史。再过100多年的周安王二十六年（前376），晋国灭亡；再过100多年的周赧王五十九年（前256），周朝也最终灭亡。

原国自公元前500年前后迁入沁水之后，延至周安王二十六年（前376），赵、魏、韩三家灭晋，迁晋君于沁水端氏聚，端氏聚遂成为晋国又一个国都，成为古代沁水历史上又一个行政之地。在不到200多年的历史沧桑中，沁水先后迁入两个诸侯之国。大概沁水非形胜之地，原国与晋国两个亡国之君都先后迁入沁水，沁水简直成了亡国之君的收容之地。

关于端氏的得名：

早在春秋时，卫国（今河南浚县）有端木赐者，字子贡，为孔门七十二高足之一。子贡善言辞，在鲁国、卫国做过官，曾经到过晋国。周定王十八年（前589），齐国攻打鲁国，子贡奉命出使列国，游说齐、吴、越、晋诸国，促使诸国联合伐齐，大败齐师，保住了鲁国。子贡善货殖经商，经常往来于曹鲁之间，可能也曾到过晋国经商。子贡有千金之富，有"君子爱财，取之有道"之风，是孔门最富有的弟子，也是中国历史上最早的一位儒商。

晋国先后建都于今山西翼城、曲沃，子贡由鲁国或卫国往返于翼城或曲沃，沁水都是必经之地。子贡在出使或经商晋国途中，可能路经今沁水境内沁河边的西城村，曾经停留住宿。子贡是历史名人，名气极大，沁水人便将子贡停留住宿过的地方称为端氏聚。

端氏聚隶属晋国，春秋末年，魏、韩、赵三家分晋，迁晋静公于端氏聚，端氏聚一度成为晋国的国都。战国时，沁水归属韩国，继而赵国又夺去晋静公食邑端氏聚，沁水又属赵国。

秦灭六国统一天下后，废除分封制，改行郡县制，设天下为三十六郡，后又陆续增设至四十一郡。秦国在山西南部，分设河东郡与上党郡，郡下皆未设县。河东郡，治安邑（今山西夏县北）；上党郡，治长子（今山西长子西南），沁水之地直属河东郡。

西汉时，行郡（国）县（侯国）制。沁水属河东郡，设端氏县于西城，属河东郡。汉武帝时，湿成侯刘忠封到端氏聚，置端氏侯国，历西汉200多年。东汉时，设州郡（国）县（侯国）制。全国设十三州，一州所辖郡国不等。沁水属河东郡，仍设端氏县于西城，并封端氏聚为成孝侯刘顺之子刘遵的食邑，端氏侯国在端氏聚得以延续。

三国、魏、晋主要承袭东汉奠定的州、郡、县三级制，沁水属平阳郡（郡治平阳，今山西临汾），置端氏县。

北魏统一北方，沁水开始东西分治。在沁东设端氏县，隶属安平郡（治端氏），治今沁水端氏；在沁西设东永安（今山西沁水县西三十里固镇村）与西河（今山西沁水县西三十五里西河村）二县，隶属泰宁郡（治东永安），分别立治于今沁水固镇与西河。固镇与西河遂成为沁西最早的县城。历北齐、北周，废泰宁郡，改东永安县为永宁县，沿革至隋朝。

隋代开皇年间，设长平郡，辖县六，包括沁东、沁西，沁东仍为端氏县，沁西改永宁县为沁水县。端氏县治从西城移至今日之端氏，沁水县治从固镇移至今日之县城。唐代武德年间置泽州，领濩泽、端氏、沁水三县，并设州治于今日沁水之端氏。

唐宋时，端氏、沁水二县并置，皆属泽州。元代至元年间，端氏并入沁水县，属晋宁路（今山西临汾）泽州府。明清两代，泽州府建置不变，沁水隶属泽州府，沿革至今。

历史上沁水县治历经沧桑，多次变迁，从春秋后期（约公元前500年前后）原国迁入沁水始，王寨或固镇长期成为沁西行政之地，固镇至北魏立为县治而至隋初。又从春秋末年三家分晋迁晋君于端氏聚始，西城长期成为沁东行政之地，至西汉立为县治而至元初。隋代沁水、端氏二县并置，沁水县治移至今日之县城，端氏县治由西城移至今日之端氏。元代端氏并入沁水县，县治仍置于今之县城，沿革至今。

县治的设置与变迁，事关一县全境之地脉气数，非同小事。古人设邑立治，包括选村建房，是很讲究山川风水气脉的，古人称之为堪舆术、青乌术，今日称之为选择环境、保护环境、治理环境，维护人与自然的环境和谐。所以，固镇、西城、端氏、沁水等处县治的选择，古人是非常考究而不敢轻率的。

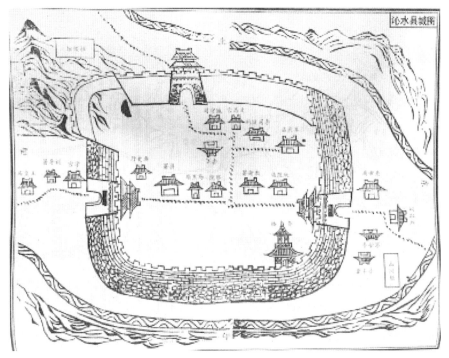

光绪《沁水县志》所绘《沁水县城图》

首论固镇。

固镇位于今山西沁水县西三十里。西依沁水西鄙之乌岭，顺乌岭西麓而下五六十里，即到春秋晋国都城翼城。固镇村南有源出乌岭东麓的梅河，又名王寨河。顺河东去不足十里，即到王寨；再东行二十里，即到今沁水县城。固镇依山傍水，当泽潞门户，扼河东咽喉，是为政治要冲、军事要地。

固镇形胜雄要，首当西鄙之乌岭。乌岭为太岳山支脉南来，再向南与

永宁县治固镇村貌

中条山接脉。太岳山有中镇霍山，为古冀州之镇山，气数非常。乌岭与霍山脉气相连，乌岭又是沁水众山之祖脉，沁水众山皆由乌岭发脉而来，其脉气首先聚集于固镇。

乌岭又名黄父。古人以五行配五色，黄色为土，居大地之中央，故以黄色为中央正色，即乌岭是沁水众山祖脉之意。汉代东方朔《神异记》记曰：古代有人名黄父，不食五谷，以鬼为饭，以露为浆，故又被称为食邪鬼、吞邪鬼。乌岭又名黄父，则意指乌岭实际上成为一地之镇山，可镇一境之邪气。

乌岭原名黑壤、黑岭。黑又指北方，古代天帝有五。《周礼·天官·大宰》记"祀五帝"贾公彦疏："五帝者，东方青帝灵威仰，南方赤帝赤熛怒，中央黄帝含枢纽，西方白帝白招拒，北方黑帝汁光纪。"黑帝镇守着天的北关，又被称为北方之神。《史记·天官书》云："黑帝行德，天关为之动。"大约乌岭自古以来，就有天下雄关之运，犹如黑帝镇守的天之北关，故才被命名为黑岭。北周时宇文氏统治北方，宇文氏属北方鲜卑民族，入主中原，成为中原华夏的统治者。宇文氏一心要做中原的主人，不愿天下再视他们为北方民族，因此讳黑，遂改黑壤为乌岭，乌岭之名才正式出现于沁水的版图。

早在春秋时期，乌岭常为晋国国君盟会诸侯之地。晋国自建国以来，至第二十代国君晋献公，奉行尊奉周王室之策，先后攻灭骊戎、耿、霍、魏等国，击败狄戎，灭强敌虞虢，史称其"并国十七，服国三十八"，晋国日益强盛。至第二十二代国君晋文公继位，对外联合秦国和齐国伐曹攻卫，救宋伏郑，平定周王室叔带之乱，受到周天子赏赐。前632年（周襄王二十年，晋文公四年）又在城濮大败楚军，召集齐宋等国于践土会盟，成为春秋五霸中第二位霸主，开创了晋国长达百年的霸业。晋文公之后，历代晋国国君都曾在乌岭频繁会盟诸侯。

《左传·文公十七年》记：鲁文公十七年（前610），"晋侯蒐于黄父，遂复合诸侯于扈，平宋也"。杨伯峻注："黄父，其地即今山西省翼城县东北六十五里之乌岭，接沁水县界。"蒐，指帝王召集军队田猎阅兵，其实是一次会盟诸侯的军事行动。此为2600前春秋五霸中第二位霸主晋文公之孙，晋襄公之子，晋国第二十四代国君晋灵公奉周天子之命，会盟诸侯，商议讨伐宋国的一次军事行动，宋国位于今河南商丘。

《左传·宣公七年》又记：鲁宣公七年（前602）"冬，公会晋侯、宋公、卫侯、郑伯、曹伯于黑壤"。"晋侯之立也，公不朝焉，又不使大夫聘，晋人止公于会，盟于黄父。公不与盟，以赂免。故黑壤之盟不书，讳之也。"此为晋国第二十五代国君晋成公时会盟诸侯商议讨伐莱国的又一次军事会盟。莱国，位于今山东黄县。

《左传·成公十七年》又记：鲁成公十七年（前574），"晋侯蒐于乌岭"。此为晋国第二十七代国君晋厉公奉周天子诏，在黑壤盟会宋公、齐侯、曹伯、齐人、邾人等，商议出兵讨伐郑国事。郑国，位于今河南新郑。

《左传·昭公二十五年》又记：鲁昭公二十五年（周敬王三年，晋顷公九年，前517）"春，叔孙婼如宋。夏，叔诣会晋赵鞅、宋乐大心、卫北宫喜、郑游吉、曹人、邾人、滕人、薛人、小邾人于黄父"；"夏，会于黄父，谋王室也"。此为晋国第三十一代国君晋顷公时的一次乌岭会盟。此次会盟与前几次会盟有所不同，即会盟者并非各国诸侯，而是各诸侯国的权臣。

赵鞅，即古代寓言《东郭先生》中追杀中山狼的赵简子，是晋文公时原大夫赵衰之后，著名的赵氏孤儿赵武之孙。赵鞅亲赴乌岭会盟各诸侯国权臣，主要是为了谋夺王室。此时赵家在晋国已世代执掌国政，就是在这次乌岭会盟之后的晋定公二十二年（前490），赵鞅先后灭掉晋国的范氏、中行氏，扩大了封地，势力渐强。后来其子赵襄子又联合韩、魏二家，先灭晋国智伯，再三家分晋，灭亡晋国，建立了赵国，雄踞战国七雄之列。赵国的建立，完全得益于赵鞅奠定的基础。

中国古代社会由奴隶制社会进入封建制社会，中国古代社会纪元由春秋进入战国，有几个标志性的重大历史事件，三家分晋是其中重要事件之一。三家分晋取决于赵家势力的强大。赵鞅曾自行在乌岭会盟各诸侯国权臣谋于王室，说明赵家的势力已经超越王室。所以，三家分晋是在这次乌岭会盟后开始预谋，并逐步付诸行动的。小小乌岭，也因此而为天下所关注。

晋国国君在乌岭频繁会盟诸侯，可见当时乌岭地位的重要性。乌岭的地位，取决于当时晋国的地位。晋国自晋文公成为诸侯霸主始，常常代表周天子会盟诸侯，共同讨伐不听命的诸侯。晋国先后以翼城、曲沃为国都，乌岭恰为翼城、曲沃东部屏障。当然，晋侯不可能在乌岭旷野会盟诸侯，也不会在乌岭以西的平原地带会盟诸侯，很可能选择乌岭东麓的沁水固镇作为会盟之地，以防会盟之际发生意外，乌岭屏障，以保国都翼城、曲沃无虞。所以乌岭会盟，应当是"固镇会盟"，固镇应当在公元前610年（周匡王三年，晋灵公十一年）晋国国君在乌岭会盟诸侯前后已经形成，迄今已经有2600余年历史。固镇不愧是沁西的军事、政治重地，所以，北魏统一北方后，开始确立郡县建置，首次在固镇设东永安县，并立为泰宁郡郡治，也完全取决于固镇的军事形胜和政治上的重要地位。

沁水郑庄沁河西岸的西城村，即三家分晋迁晋君之端氏聚，两汉时为端氏县治、东汉时为端氏侯国

次论西城端氏聚。

端氏聚位于今沁水郑庄沁河西岸西城村，西北背靠紫金山，东临沁河，南面县河。县河由西东流，汇入南下的沁河，冲积出一块三面山峰环拱、一面临水的高平之地，西城端氏聚建于其上，依山傍水，一方形胜，诚属风水宝地，故可为春秋晋君迁端氏之国都，汉代端氏侯国之国都，两汉至隋朝端氏县之县治。自汉高祖元年（前206）建国开始，至隋开皇三年（583），西城端氏聚为端氏县县治所在地长达近800年。

古代西城端氏聚规模较大，今之西城村与东面河头村原是连成一片的，惜县河连年暴涨，不断冲刷崖岸，连片之地被冲断，一分为二，仅剩今日所见西城、河头两块弹丸之地。大约因为县河冲刷之故，地脉变迁，气数已尽，曾为晋国国都、汉代侯国国都、沁水政治文化中心的西城端氏聚，失去了旧日的辉煌与威势，只好随着沁河的东流，移治于今日沁水端氏之地。

再论端氏。

端氏自隋朝以来，历经唐宋，进入兴盛。新编《沁水县志》以为是在隋朝开皇三年（583）"端氏县治由西城村移至今端氏镇"，至元代至元三年（1266）端氏县并入沁水县，端氏兴盛1000余年，不仅为县

隋朝开皇三年（583），端氏县治由西城村移至今端氏镇

治，北魏时还一度为安平郡郡治，唐代又一度为泽州府府治，其辉煌超过今沁水县城。

端氏东依崿山，隔沁河与楇山相望。端氏小河由北而来，至端氏汇入沁河；沁河由西而来，至端氏南折而去，留下一块三角洲沃地，端氏便建于其上。端氏是沁水境内最丰饶之地。沁河流经沁水境内180余里，自王壁始，至尉迟终，沿岸气候温和，河水丰沛，土地肥沃，物产丰饶，村庄相望，人口稠密，沿河又多胜景，崿山、楇山亦皆是沁水邑内名山。全沁河之锦绣，几乎全汇聚于此地，钟灵毓秀于端氏。

明代张五典同榜进士慈溪冯烶为万历《沁水县志》题序云：

> 空仓之南，吴山之西，有蟠龙。西以南之崿与卧牛，东以北之楇，卯酉对峙，奇丽毕呈，而沁水之起绵山，经盘石者，潆洄于中，称奥区，实端氏遗址。

光绪《沁水县志·山川》记：

> 又西南数里，有崿山，西下数里滨于沁河，而端氏镇在焉。崿山与楇山东西相望，翠巘争奇，而沁河绕其中。故自端氏而下，

二十余里之间，民居稠密，人文蔚起，灵秀所钟，盖不偶矣。

这样的形胜所在，使端氏成为一方奥区，镇守统领沁东之地，很适宜于建置县治。

端氏自元以后废去县治后，渐渐衰落。清代雍正年间泽州知府杭州朱樟莅任后，曾有端氏之行，以观民风，察民隐，没想到"因入其乡，妇子熙熙，鸡犬闲闲而佳哉，古城阛垣若旧。谒文成后，肃礼城隍，门庑荒榛，殿庭秽亵，牛栏豕栅，分布廊宇，深用喟恻"，因作《重修端氏镇城隍庙碑记》，追述端氏兴衰："夫端氏历汉唐宋元以来，率为邑治。玉溪西来迤北，沁水东注，与玉溪合流而南，实属古都会地。"既为古都会地，岂可任凭其萧条衰败？朱樟因鼓励乡民曰："神之在天，如水之在地，又奚必谓坛墠之所不设，即神灵之所不歆乎？"他希望端氏乡民，能重修神庙，振奋民风，恢复端氏旧日之辉煌。

20世纪60年代的沁水县城

关于沁水县治。

史书记载，沁水正式以沁水名县始于隋朝开皇年间，同时移县治于今日之地，元代端氏归属沁水后，其县治地位稳如泰山，沿革至今，已历1400余年。它是沁水几处县治中历时最长者，可谓历久不衰，日益繁盛。

沁水县治千余年不衰不易，得益于其山川形胜，龙凤祥运。县治之北，梅水由西而来，流过县治；县治之南，杏水由西而来，流过县治；梅杏二水汇于县治之东合流，畅流东去。

梅、杏二水皆源于乌岭。光绪《沁水县志·山川》云：

> 梅河源出东乌岭东涧，东流三十里，与梅谷沟合，故名梅
> 河。又东流至县东南，与杏水合。杏河源出东乌岭南涧，南流
> 三十余里，与杏谷沟合，故名杏河。转折而东十余里，与梅水
> 合，俗名县河，又东五十里至河头村，入沁河。

应当关注的是，梅河、杏河皆源出东乌岭，乌岭为太岳山支脉南来，再向南与中条山接脉。太岳山有霍山，古称中镇，为古冀州之镇山，气数非常。乌岭与霍山脉气相连，乌岭又是沁水众山之祖脉，沁水众山皆由乌岭发脉而来，而梅杏二水，则把乌岭地脉与沁西众山之地脉全都带到了沁水县治，使县治脉气不散。同时，县治之西背依玉岭，玉岭自乌岭发脉，迤逦东来，至县治驻足不前，龙首昂起，极目东向，气势雄阔。玉岭之下，平岗漫延东来，如凤起舞，至凤原结脉。凤原与玉岭相比，气势小了一些，却状如拜伏玉岭，龙腾凤舞，呈祥一境，脉气旺盛。

沁水县治可以说是沁水境内最佳风水之地，玉岭、凤原结脉于城西，梅杏汇流合脉于城东，有沁西众山众水之地脉，有城东不远处之龙岗为屏障，全结于凤原之下，呈祥一境，颇合堪舆学之龙凤形胜之理，沁水县治岂能不选择于此地！

为使龙脉至凤原地脉不断，古人十分关注凤原之西状如凤脖之处的麦秸腰，常常鸠工庀材，修补龙脉，使其不断，以保沁水县治之脉气不散。清代邑人张道湜《补修县城来脉记》、清代县令徐品山《重修县城来脉记》等文，说的都是修补龙脉之事。历任县令也极重此事。光绪《沁水县志》卷二《形胜》云：

> 沁地从乌岭发脉，而玉岭为邑主山，县城西北隅，其来脉
> 也。前令因御冠，凿土过深，致伤风脉。康熙丙子，邑令赵风诏

偕张道湜补修；乾隆初年，邑令鹿承祖补修；嘉庆庚申，邑令徐品山重修；光绪丙子，邑绅士李友彬、史文笔、卫汝谦、牛焕、杨大年、盖丹桂、张德滋，复经理筑石修之。

县治之东，有龙岗突起，明代时在山顶建七级宝塔，既迎东来紫气，又镇龙凤祥瑞不去。龙岗与玉岭东西相望，北有耸翠碧峰，南有精舍石楼，满山松柏，四季青黛，左拥右抱，似为玉岭山呼；玉岭两侧，梅水左绕，杏水右环，似为玉岭起舞。县治建于凤原之下，四山之中，梅、杏两水于龙岗之下汇流东去，流入沁河，流经沁东，润泽全县。光绪《沁水县志》卷二《形胜》记载了顺治年间沁水县令邱璐语沁水县治情形："支分太行之秀，气联王屋之奇。龟蛇呈形，金水结聚。群山环拱，众壑漾洄。地险出于天成，胜概收其精气。"又记清代邑人卫天民语："背碧峰面石楼，左龙岗右凤原。后有玉岭，前有文峰。梅溪左绕，杏水右环。"沁水县治虽为深山偏邑，诚为一境灵秀之地，故自隋朝开皇以来，县治地脉旺盛，地位坚如玉岭，千余年气运不移。

沁水县治疑案。

沁水县治之设，有两个疑案应当提及，即今郎必与固县，皆曾设过县治。

郎必位于沁水城东60里，有神腰古文化遗址。古代郎必曾设枣棋县，当地民谣有"龙门疙瘩枣棋县"之说。沁水县志办田文高先生生前曾说，他在郎必曾经看到过一块刻有"枣棋县"的碑刻，并且终生不忘寻找"枣棋县"的相关史料，却始终无果。

固县村存明代崇祯年无名氏所撰《洞庵重修王母祠为防乱避兵碑记》称："沁水东百三十里，名固县村者，吾等世居。乃古县址，不知始于何代，后因河水泛泓，县址圮坏焉。"

此两条史料，令人一头雾水。从郎必、固县之地名分析，此二地曾经设过县治是有道理的，但何时设过县治，历代县志均无记载。

郎必位于沁水西城端氏聚上溯沁河约十里，固县位于沁东，沁水、端氏二县分置时皆隶属端氏县。端氏县治原在西城端氏聚，后移治今日之端氏地。如果郎必、固县确实设过县治，应在端氏县治由西城移治今日之端氏地之间的那一段时间，即隋朝开皇年之前、西晋之后的十六国北朝时期。这一历史阶段，北方战乱纷起，政权更迭频繁，沁水县与端氏县曾经更名频繁，建置较为混乱。端氏县有可能曾经移治郎必、固县，不久又移治今日之端氏地。

这都是推测，希望能够有新的史料发现，对此进行论证。

总之，古代沁水先后几处县治，皆依山傍水而建，地脉旺盛，风水颇佳，合表里山河之形胜，其中沁水今治、端氏与西城三处形胜风水最佳。明人冯燫为万历《沁水县志》题序云："盖东西坞岭，穆天子之钘铚，奠位乾维，突起龙祖。过峡东南，特为玉岭，迤为凤原，是开县治。"又云："沁水起于绵山，经盘石者，潆洄于中，称奥区，实端氏遗址。"又云："沁水灵秀，并跨两邑，一展卷端，不待纵观人物，而知端儒硕彦，必出于其间。"

沁水与端氏，都是山川灵秀钟聚之地，人杰地灵，都是县治建置的理想之地。细观其形胜气脉，包括西城端氏聚的三处县治，皆有大山为倚，皆为邑内名山。西城背靠紫金山而东望，端氏背倚嵬山而西眺，沁水背依玉岭而高瞻，称为靠山稳固。三处县治，皆建于两河交汇的三角洲上，有流水环绕，以水养土，地气久盛，又可借流水而去，与外界气息相通互补。故三处县治皆能长治久安，气运昌盛，端氏长于西城，沁水今治长于端氏，是沁水县治最理想的地理位置。

今地沁水县治，正式建置于隋代开皇十八年（598）。沁水设县之际，同时修筑县治城墙。沁水古城不大，弹丸之地。东至今东街（步行街）新华书店处，西至今西街碧峰会议厅前，北至今北街口，南至今南街人民超市处，周二里一百步许，可谓小巧精致，古人称为深山偏邑，如斗孤城。城内有东街、西街与北街之丁字街，无南街。清代光绪年间，县城内西街有县衙、察院等，察院后为义学，学宫、文庙等位于西城门外；东街有城隍庙、教谕署，东城门之外有关帝庙、文昌宫、普济堂、君子亭等，东南角建有奎楼；北街有文昌宫，东向有李司徒祠、真武庙；文昌宫西为城守司，其西北为北城门。沁水古城内外的许多建筑，至今犹存者仅仅有城隍庙、文庙、玉皇庙等。城内最重要的建筑是县衙，位于今沁水县委、县政府办公前楼，非常简朴。

县治虽小，却是精心选址建成。清代邑人张道湜《补修县城来脉记》云沁水县城之气运与乌岭地脉相接：

> 《易》之言曰："无平不陂，无往不复。"所谓先天而天弗违，则地理、人事，静听转移者也。吾邑以沁水得名，而山之数百倍。孤城如斗，西扼河东之吭。南曰石楼，北曰碧峰，两山对峙如辅弼；梅水、杏水，环绕左右，至东南合襟焉。县之龙脉，自乌岭迤东，至玉皇岭，突一峰，尊严出群山之上，为少祖，起伏蜿蜒而下，直抵城之西北隅。乃知昔人建置，目力必景纯流亚也。

光绪《沁水县志》卷二《形胜》载：

> 王观察曰：予登历山，其上盖有舜帝庙云，里人时言舜耕事迹。其旁沩汭泉，居洪池南，陶墟经其西北，殆信至。考左氏所称伐原，原与温接壤，非沁地，学者疑之，夫古人邈矣。所过山川草木，犹庶几遇之。尝试攀龙岗，陟凤原，顾瞻玉岭，望太行、王屋，意必有仙灵窟宅其间。吾固未见，而丹灶何石床，涌云怒涛，又何奇也。抑设险守国，沁治用之，世传隋开皇时作。呜呼！安得起古人而与之征信焉。

王氏之言，亦指沁水县治，实与历山舜庙气运相通。

沁水古城设东、西、北三门，各建城楼，悬有匾额，东门题曰"迎晖"，西门"纳爽"，北门"拱宸"。东、西城门匾额，一望而知其意，唯北城门"拱宸"有些费解。宸，即天象北极星座，居紫微垣中，借指帝王或帝王所居的京师、宫城。《文选·班固〈典引〉》有"是以高光二圣，宸居其域"之说，蔡邕注："言高祖、光武如北辰居其所，而众星拱之。"所以古人常以拱宸借指京师、宫城的禁军，即御林军，也指京师或宫城，如紫垣、紫州、紫京等，都指京师或宫城。沁水人把沁水古城想象为护卫帝王或护卫京师的藩城。

"拱宸"是个通用词，因北极星位于星图之北方，古代很多城池的北城门，多以"拱宸"为名。如山西太原古城之北城门、陕西韩城古城之北城门、山东临邑古城之北城门等等，都匾额为"拱宸"。宋代东京开封宫城北门原名玄武，后也改名"拱宸"。城门匾额"拱宸"，也有御外侵防暴乱之意。宋代家铉翁《春秋集详说》卷四十云：

> 北斗居天之中，密拱宸，极纲维，万象妖气，欃枪干而入之。此楚氛被乎中夏，王纲陵迟，中国失霸之象也。

所以"拱宸"又有护卫一城百姓不遭战争或纷乱之意。

沁水古城历隋、唐、宋、元几代近800年历史，又经明、清600年历史，稳固如山。然而沁水历史上多战乱，加上风雨侵蚀，沁水古城屡毁屡建。唐、宋、元几代的沁水古城之城墙，可能多次重修，因不见记载，难以为论。据光绪《沁水县志》统计，明、清两代，洪武、正统、景泰、正德、万历、崇祯年，以及顺治、康熙、雍正年，曾经几次重修。屡毁屡修，耗费了沁水百姓大量民力民财。直至抗日战争，历经1400余年的沁水古城墙，才最后毁为废墟。雍正《泽州府志》载有清代雍正之前沁水古城历次重修的史料《沁水县治》文，补缀于下，以供参阅。

> 隋开皇间筑，周二里一百步，池深一丈，东、西、北三门，门各有楼（东曰"迎晖"，西曰"纳爽"，北曰"拱宸"）。明

洪武间县丞陈德、正统中知县贾茂、景泰中知县张升、正德中知县王溱相继重修，嘉靖中知县张爵加修。城东临河，常患冲塌，因筑石堤障之，患始息。万历中，知县扈文魁重修。崇祯间，流贼攻毁，署事州同张大为重修，并浚壕。

国朝顺治中，知县刘昌重修；知县尚金章、县丞张宗周加修护堤。康熙三十三年（1694），河水复溢，知县赵凤诏导河从碧峰山下远流，自为记。乙亥（1695）地震，城堞倾毁，凤诏重修。雍正四年（1726），知县钱元台补修城西北角。雍正十年（1745），知县田欣又补修城西北角。十二年（1747）知县何陈宫筑城西南堤，障河水。

3. 关于沁水公主

多年来沁水不断有人提出"汉朝沁水公主是山西沁水人"的主张，甚至把汉朝沁水公主的"沁园"，附会说是沁水在宋朝才出现的"窦庄"，沁水人的思维真是离奇得大胆，无畏得出奇。

汉朝的沁水公主，本东汉第二代皇帝明帝刘庄第五女刘致。永平三年（60），汉明帝册封五女刘致为沁水公主。传说沁水公主是一位历史上少见的冷面美人，性格娴雅，娴静贞淑，善良纤弱，一生中难有几次笑容。沁水公主长成后，婚配东汉开国功臣邓禹之孙高密侯邓乾。明帝对沁水公主格外宠爱，在其婚嫁时，为其赐建陪嫁田园，史称"沁水公主田园"，简称"沁园"。沁园以五十五眼"红泉"和千亩竹林的自然景色而著称，风和日丽，红泉翠竹，山水相映，鸟语花香，配以琼楼玉宇，雕梁画栋，宫室台榭，富丽精美，俨然一座绝世的皇家名园。后明帝退位，章帝继位，窦皇后兄长窦宪特宠，以低价强买沁水公主园田。公主畏惮窦宪的势焰，不敢与其相争。章帝得知此事，罢免窦宪，将园田归还沁水公主，又册封皇妹沁水公主为沁水长公主。

关于沁水公主故事，古代文献有明确记载。《后汉书·后纪》序：

汉制：皇女皆封县公主，仪服同列侯。其尊崇者，加号长公主，仪服同藩王。诸王女皆封乡亭公主，仪服同乡亭侯。

后列显宗（明帝）十一女：皇女姬永平二年封获嘉（属河内郡）长公主，皇女奴三年封平阳（属河东郡）公主，皇女迎三年封隆虑（属河内郡）公主，皇女次三年封平氏（属南阳郡）公主，皇女致三年封沁水（属河内郡）公主，皇女小姬十二年封平皋（属河内郡）公主，皇女仲十七年封浚仪（属陈留郡）公主，皇女惠十七年封武安（属汝南郡）公主，皇女臣建初元年封鲁阳（属南阳郡）公主，皇女小迎元年封乐平（属河东郡）公主，皇女小民元年封成安（属颍川郡）公主。

汉制皇女皆封县公主，东汉时山西沁水境内还未设沁水县，山西沁水隶属端氏县。汉明帝五女刘致如果确实封至山西沁水境内，应该称号"端氏公主"而非"沁水公主"。沁水公主是东汉故事，山西沁水在东汉隶属端氏县，山西沁水是在隋朝开皇年才以"沁水"为县名的。同时，山西沁水之窦庄，是在北宋时才建村成邑的，其在东汉时，恐怕还是一片荒凉。所以，对于历史故事，切忌"以今释古"，这是一个文史工作者应该具备的最起码的基本史学修养，曲解历史比不懂历史距历史真实更远。

再见《后汉书·窦宪传》所记：

宪字伯度。父勋被诛，宪少孤。建初二年，女弟立为皇后，拜宪为郎，稍迁侍中、虎贲中郎将；弟笃，为黄门侍郎。兄弟亲幸，并侍宫省，赏赐累积，宠贵日盛，自王、主及阴、马诸家，莫不畏惮。宪恃宫掖声势，遂以贱直请夺沁水公主园田，主逼畏，不敢计。后肃宗章帝驾出过园，指以向宪，宪阴喝不得对。后发觉，帝大怒，召宪切责曰："深思前过，夺主田园过，何用愈赵高指鹿为马？久念使人惊怖。昔永平中，常令阴党、阴博、邓叠三人更相纠察，故诸豪戚莫敢犯法者，而诏书切切，犹以舅氏田宅为言。今贵主尚见枉夺，何况小人哉！国家弃宪如孤雏腐鼠耳。"宪大震惧，皇后为毁服深谢，良久乃得解，使以田还主。虽不绳其罪，然亦不授以重任。

再见《后汉书·五行志》所记：

章帝时，窦皇后兄宪以皇后甚幸于上，故人人莫不畏宪。宪于是强请夺沁水长公主田，公主畏宪，与之，宪乃贱顾之。后上幸公主田，觉之，问宪，宪又上言借之。上以后故，但谴敕之，不治其罪。后章帝崩，窦太后摄政，宪秉机密，忠直之臣与宪忤者，宪多害之，其后宪兄弟遂皆被诛。

《资治通鉴·汉纪·章帝》又记：

宪恃宫掖声势，自王、主及阴、马诸家，莫不畏惮。宪以贱直请夺沁水公主园田，主逼畏不敢计。后帝出过园，指以问宪，宪阴喝不得对。后发觉，帝大怒，召宪切责曰："深思前过夺主田园时，何用愈赵高指鹿为马！久念使人惊怖。昔永平中，常令阴党、阴博、邓叠三人更相纠察，故诸豪戚莫敢犯法者。今贵主尚见枉夺，何况小民哉！国家弃宪，如孤雏、腐鼠耳！"宪大惧，皇后为毁服深谢，良久乃得解，使以田还主。虽不绳其罪，然亦不授以重任。（胡三省有注：沁水公主，明帝女。沁水县属河内郡。）

宋周必大《东宫故事》又记：

后汉章帝建初八年，虎贲中郎将窦宪，恃宫掖声势，自王主及阴马诸家，莫不畏惮。宪以贱直请夺沁水公主园，逼畏不敢诉。后帝出过园，指以问宪，宪阴喝不对。后发觉，帝大怒，召宪切责曰："深思前过夺公主园时，何用愈赵高指鹿为马，久念使人惊怖。昔永平中，常令阴党、阴博、邓迭三人更相纠察，故诸豪戚莫敢犯法者。今贵主尚见枉夺，何况小民哉？国家弃宪如孤雏腐腐耳！"宪大惧，太后为毁服深谢，良久乃得解，使以田还主。

再联系其他古代文献，历代正史、野史以及诸多文人诗文，皆记东汉沁水公主之沁园位于东汉所设河内郡之沁水县，书案如山，言之凿凿，清楚明确，皆为铁证，几乎没有异议。只要你稍稍尊重历史真实而不是曲解历史，都会得出东汉沁水公主之沁园不会位于山西沁水窦庄之结论。

沁园属于皇家名园，历经东汉、三国、两晋、南北朝、隋、唐、五代、宋、金，延续一千多年，至元朝毁于战火，其遗址至今说法不一。

或以为位于今河南济源东北部五龙口镇化村村南、沁河北岸之五龙口风景区。乾隆《济源县志·古迹》记："沁园，在沁河北岸。"未指明具体地址。东汉时以沁水命名的地名只有一个沁水县，其县治在今济源东北部的王寨村北。东汉时济源境内当时共设三县，另两县为轵县和波县。

或以为位于今河南沁阳东北三十里沁水北岸。乾隆《怀庆府志·古迹》记："沁园，在府城东北三十里沁水北岸，金时官僚游宴之地。相传有石图本，今不可考。"怀庆府即今河南沁阳，原为怀庆府府治，又为河内郡郡治。

或以为位于今河南沁阳东北三十里处的博爱县磨头镇和许良镇结合处之"河南太行博竹庄园"。据博爱县地办文史工作者魏美智多次实地考察，发现博竹庄园区域和周边地区有胭粉庄村，当地传说曾是沁水公主的胭粉坊；陈范村外有皇姑坟，传说为沁水公主坟；王堡村附近发现沁水公主丈夫邓乾之父邓震墓等。（以上资料参见《焦作日报》2005年9月14日博爱县地办魏美智《古汉沁园今何在》文）

博爱县在秦属野王县，即今河南沁阳市。西汉初属殷国，汉高祖二年（前205）属野王县，东汉属河内郡。之后，博爱之地长期归属沁阳，至民国始单独设博爱县，治清化镇。

东汉之后，沁园为历代官僚游宴之地。道光《河内县志·古迹》记沁园自"唐宋以后为官僚宦族的宴游场所，金代盛行"。

唐天授元年（690），武则天自立为帝，迁都洛阳。与京城隔河相望的沁园，自然成了皇家后花园，皇帝公主、达官贵族、文人墨客，纷纷至沁园赏竹戏水，歌赋词吟。上官婉儿、李邕、杜甫、白居易、刘禹锡、欧阳询、韩愈、李商隐、温庭筠、元稹、卢仝、皮日休、陆龟蒙、韦庄、司空图、郑谷、韩偓等，可能曾经都到过沁园，或写有以沁园为背景的诗作。在《全唐诗》中，可以检索到以沁园为背景的诗歌百余首。北宋梅尧臣、黄庭坚、欧阳修、王安石、陈与义等，也可能曾经都前往沁园观景雅游而到过沁园，或写有以沁园为背景的诗作。至元明清时期，耶律楚材、王铎、李梦阳、杨思圣、曹尔堪、鄂容安、赵执信、陈壮履等，也可能都曾到过沁园，或写有以沁园为背景的诗作。

唐吴融《无题》：

> 万态千端一瞬中，沁园芜没仁秋风。
> 鸂鶒夜警池塘冷，蝙蝠昼飞楼阁空。
> 粉貌早闻残洛市，箫声犹自傍秦宫。
> 今朝陌上相非者，曾此歌钟几醉同。

宋张方《送祝生东阳簿》：

> 之子东南美，声光满贵游。溪山聊薄宦，才调自名流。
> 野趣虽孤艇，清涂即十洲。金波沁园宴，迟子有贤侯。

元耶律楚材《过沁园有感》：

> 昔年曾赏沁园春，今日重来迹已陈。
> 水外无心修竹古，雪中含恨庾梅新。

垣颓月榭经兵火，草没诗碑覆劫尘。

羞对罩怀昔时月，多情依旧照行人。

明末清初孟津（今属河南洛阳）王铎，诗书画皆有大成。明崇祯十三年（1640）十月，王铎受命赴京出任东宫礼部尚书，家人先行，自己率家丁随后。不想家人一行陷入农民军重围，王铎以二十五骑前往营救。家人得救，其父病死途中。此时，王铎家乡孟津已被农民军所占。王铎只得在怀州（今河南沁阳）东湖岸边筑草堂栖居，为父守孝服丧。东湖在怀州府城东约三十里处，邻近沁园。王铎曾游历沁园，并作有《移居》一诗：

栖托东湖上，茅堂近北城。古今余冷泪，兵火剩残生。

抚竹沁园好，吹箫铁岸清。扶危诸志在，肯自味洲蘋。

最值得称道的是，沁水公主田园被权臣窦宪抢夺，章帝得知此事，罢免窦宪，将园归还沁水公主之典故，至唐末以来，演绎成一个极其流行的词牌【沁园春】，使沁园更加张扬，至今盛名不衰。

宋吴曾《能改斋漫录·乐府上》：

沁水公主园今世乐府传【沁园春】词，案《后汉书》："窦宪女弟立为皇后，宪恃宫掖声势，遂以县直请夺沁水公主园。"然则沁水园者，公主之园也，故唐人类用之。崔湜《长宁公主东庄侍宴》诗云："沁园东郭外，襄驾一游盘。"李适《长宁公主东庄侍宴》诗云："歌舞平阳地，园亭沁水林。"李义府《长宁公主东庄》诗云："平阳馆外有仙家，沁水园中好物华。"世所传吕洞宾【沁园春】词所谓"七返还丹"，乃知唐之中世，已有此音矣。

宋祝穆《古今事文类聚续集·歌舞部·词话》：

> 沁水园【沁园春】者，按《后汉书》：窦宪女弟立为皇后，宪恃宫掖声势，侵夺沁水公主园，故唐人诗类用之。

【沁园春】是古代现存1600多个词牌中唯一一个可以找到典故来源的词牌，也是古今词人最受欢迎的词牌。清万树《万氏词律》卷十九称"【沁园春】是古调，作者极盛，其名最显。"

由于沁园为历代达官贵族、文人墨客游宴唱和之地，河内地区遂出现一些以"沁园"命名的戏楼，逐渐成了茶饮、休闲、吟诗、赋词的文化娱乐场所。

相传唐天祐三年（906）冬月一日，河内县（今河南沁阳）清化镇（今河南博爱）王顺兴字号掌柜王老先生，祖籍太原，在清化做花炮生意，精通诗书琴曲，遂进入沁园戏楼。当古怀乐奏起，王老先生竟以略存太原口音的河内方言，唱出了一首【沁园春】的词曲，颂明帝，讽皇后，歌章帝，讥窦宪，褒善美，赞沁园。其字正腔圆，浑厚高雅，满座皆惊，就连从洛阳来的文坛名手冯贽等一行也赞叹不已。

后冯贽一行将此词曲带回洛阳，渐在京城传开。以后的文人墨客，遂以此词的格律平仄为母，填词咏吟。【沁园春】词牌从此产生，渐至流行天下，盛行于唐、宋、元、明、清，至今不衰。

王顺兴第二十一世子孙王玉珍在国民政府司法部就职时，曾与于右任先生谈及【沁园春】与王顺兴的故事，于右任先生对此颇感兴趣，遂为王顺兴字号题字，上款"唐传老字号王顺兴"，下款"于右任"。此墨迹在"文化大革命"中被焚毁。

济源开发有沁园景区，也为王顺兴老先生塑像并立坊题联，上联曰"十里图画屏风古宇新楼与凌云相间水天和竹一色晴朗翠明"，下联曰"几代江山雅士歌赋词吟和清溪结拜功名与源一同泽前沐后"。

总之，东汉沁水公主是河内沁水（今河南济源）人，沁水公主之"沁园"也在河内沁水境内，而与山西沁水之窦庄无涉。东汉以来至今两千多年，历代史学家、地理学家以及文人墨客，留下无数的古代文献，对这一结论几乎众口一词而无异议。

明代山西沁水窦庄之张道濬在崇祯《重修沁水县志》序一文，曾经提出异议，认为"汉名县沁水，东京时为公主食邑，今县名犹汉也"。然而细细检索新发现的山西沁水窦庄之张五典《大司马张海虹先生文集》、张铨《张忠烈公存集》、张道濬《张司隶初集》等文集，除张道濬在崇祯《重修沁水县志》序所记，再无他见。大概受张道濬之影响，沁水才有人提出"沁水公主之沁园在山西沁水之窦庄"的说法。问题在于，凡关注东汉沁水公主之沁园是在河南沁水还是在山西沁水之窦庄者，最终是相信正史《后汉书》的记载还是相信张道濬的记载呢？

还可以提出一个问题：东汉章帝曾经到过沁水公主之"沁园"，元初宰相耶律楚材以及明末崇祯朝礼部尚书、东阁大学士王铎，也曾经到过沁水公主之"沁园"，如果认为沁水公主之沁园在山西沁水之窦庄，也就可以说明东汉章帝及耶律楚材、王铎，皆到过山西沁水之窦庄。果真如此，历代史学家、地理学家以及文人墨客，不会不做如实记载。那又有谁能够举出他们都到过山西沁水之窦庄的文献依据呢？而且，古代山西沁水之窦庄及其周边地区，有相关文献所记载的东汉河内之沁园"五十五眼红泉和千亩竹林"那样的自然景观吗？

二、谷类起源与舜耕历山

山西沁水西南90里之边鄙，与垣曲、翼城两县交界之处，有一座峻拔挺秀的山峰，名曰历山。历山方圆百余里，生态环境保存极好，有我国北方少有的一片原始森林；历山绝顶，也保存有一块5000余亩的亚高山草甸。历山生物资源非常丰富，珍稀动植物随处可见，因此被国务院批准设立历山自然保护区，又被农业部确立为国家森林公园，生态专家誉其为"华北动植物资源基因库"，有着极高的生态科研价值。其自然风光又极为壮丽，群峰耸立，时闻群猿攀崖对月长鸣；沟壑深邃，悬崖下还有原始初民石垒居处；林茂草丰，随处俯仰可采山珍异果；涧水丰沛，水涨时可见群鲵出没崖岸。历山因此被辟为旅游景区，接待着八方游客前来领略历山的绝美风光。

最为要者，历山还是一座文化深厚的历史名山。历山舜王坪为中条山主峰，方圆百余里，境内群峰耸立，沟壑纵横。舜王坪以东，见有东峡、西峡。峡内悬崖壁立，峡底涧水奔腾，风光绝美。群山之间，有一处下川盆地，考古界在这里发现了几处古人类活动遗址，称之为"下川遗址"，或下川文化。历山绝顶的舜王坪，便是舜耕历山最早发祥之地。历山东北麓，有寺沟河谷，谷内有洪谷，即晚唐五代山水画宗师荆浩隐居之处。历山北麓有丹沟，丹沟深处有丹坪砦，是南宋初年梁兴太行忠义军抗金屯兵之处，地势极其险峻。所以，沁水历山文化，即以舜耕历山为文化主流，尚包括下川文化、舜耕历山、荆浩洪谷、太行忠义等方面，皆为中国历史大事，共同构成沁水历山文化的四个系列，有着深厚的历史文化，是很值得研究探讨的文化遗存。

这里仅谈下川古人类活动遗址、舜耕历山发祥之地两个方面，荆浩隐居太行洪谷、梁兴太行忠义丹坪砦，则有待以后另辟题论述。

1. 下川考古与谷类发明

（1）下川古人类遗址考古

中条山主峰历山舜王坪之下，有下川盆地，盆地内坐落有下川、上

下川古人类文化遗址标志

川、向阳、梁山等村落，中贯一条由北而南之河溪，流入西峡，进入河南，汇入黄河。下川盆地土地平缓，土壤肥沃，几无旱涝，特别适宜五谷生长与人类居住。

20世纪70年代，山西垣曲文物工作者吕辑书在下川盆地发现了几处古人类活动遗址。山西省文物工作委员会于1974年至1975年、中国社会科学院考古所于1976年至1978年，先后两次进行了考古发掘，出土了一批石器。这批石器共分两类，一类为粗大石器，包括尖状器、刮削器、砍砸器、石锤、碾磨盘等，其中以刀状削器最有特色。这些石器，以砂岩、石英岩、脉石英为原料。另一类为细小石器，包括细石核、细石叶、圆头刮削器、石核式刮削器、雕刻器、琢背石刀，以及各种尖状器、锤钻器、石箭头等。遗址中同时发现了一些炭化粟类谷物等植物种子。

考古专家认为，下川古人类遗址属于旧石器晚期后一阶段的石器文化，是旧石器向新石器过渡的一种文化。旧石器晚期的人类，虽然能够制造比较复杂的石器，却还不知把石器打磨光滑，尚未掌握陶器的制造技术。他们以狩猎为生，还不懂将野兽驯养成家畜；他们会采集野果，还不知道植物种植。然而，下川遗址的古人类，似乎有些不同。

下川古人类活动遗址，主要分布在中条山东端的垣曲、沁水、阳城三县毗邻的纵横二三十公里范围内，其中以沁水境内的下川盆地之地层保存较好，遗存最为丰富，考古界命名为"下川遗址"，或称"下川文化"，距今约24 000年至16 000年间。下川古人类活动遗址发掘结束后，考古界发表了山西下川遗址考古报告，考古学界、社会学界以及探索中国农业起源的学者，陆续发表众多学术论文，对下川遗址考古发现之价值进行了多方面的深入研究。

下川遗址是一处旧石器晚期文化遗址。文化遗物以细石器为主要内容，并兼有大型打制石器。遗址位于中条山脉腹地的下川盆地，盆地南北长4至5公里，东西宽2公里，为一狭长的山谷地带，盆地两侧是海拔2000米左右的山峰。盆地基岩大部分是石灰岩，其上主要覆盖着第四纪堆积。这个地区喀斯特地形相当典型，石灰岩溶洞十分发达，是远古人类理想的活动场所。下川盆地中最古老的土状堆积为一层深红色黏土，时代为上新世晚期，这种堆积仅有断断续续的遗留。而大部分为上更新统的堆积，下川遗址中的石器来自这一堆积上部的灰褐色亚黏土层中，下川文化主要指的就是这一文化层的文化遗留。

沁水地处中华民族最早发祥的黄河流域，下川属于温带高山气候，气候相对温和湿润，山高沟深，森林茂密，山林中生活着各种野兽，生长着长有各种野果的树木；下川盆地水源充沛，水中生活着各种鱼类；盆地内河溪常年流水，土壤肥沃，几无旱涝，特别适宜五谷生长与人类生存。下川遗址的发现，说明晚至16 000年前，人类祖先已在沁水这块土地上渔猎繁衍，渐至学会刀耕火种，成为沁水最早的主人。

历山舜王坪之东，有东西二峡，风光秀丽。舜王坪下的西峡涧水之中，生活着一种鱼类名鲵，俗称娃娃鱼，为国家二级保护鱼类。西峡涧水顺沟而下，南流出山，进入河南，流入黄河。西峡树茂林密，属原始森林；山崖峭壁，多怪石险滩，常能引人入胜。西峡深处，至今残留有许多石垒。据乡人指点，这些残垣断壁，便是原始初民所居住的石垒。现已无法考证这些石垒到底是不是原始初民栖身之所，然而面对石垒，闻山深处猿啼，见林茂处野果，常能引出游人的怀古幽情，使你想起初民生活于下川、帝舜耕稼于历山。说不定你还真会相信，历山深处的石垒，就是原始初民结束巢居与穴居生活，逐步进入垒石筑屋文明社会的一个遗存。

沧海桑田，岁月变迁。在下川遗址被发现、发掘前后，沁水各地还有古人类活动遗址的发现：

20世纪50年代发现的神腰遗址，发掘有石铲、石刀等新石器，以及以三足卵腹陶罐为代表的陶器等。分别属于仰韶文化、早期龙山文化，并有商代文化的发现。神腰遗址位于沁河岸边的南郎村南北两端。与神腰遗址同时被发现的东大遗址，亦属仰韶文化，并有夏商文化的发现。东大遗址位于沁河岸边的东大村大沟二侧。

20世纪50年代发现的八里遗址，发现有灰层、墓葬等，发掘出杏叶状石箭头、磨光石斧、石铲等石器，以及各种陶器，如磨光素面陶、纹饰彩陶等，属龙山文化，并有周代文化发现。八里遗址位于沁河岸边的八里村东北八里坪。

仰韶文化距今约7000至5000年，龙山文化距今约5000年。夏代文化距今4000多年，商代文化距今3600多年，周代文化距今3000多年。

从下川文化到仰韶、龙山文化，至夏商周文化，沁水境内皆有发现，构成一部完整的沁水远古历史，至舜耕历山被载入史册，沁水已有近万年无有记载的文化历史。下川与沁河等地古文化遗址的被发现、发掘，使我们终于可以去认识沁水远古历史文化的深厚悠久与光辉灿烂。

（2）中国粟类起源于历山

下川遗址考古发现之价值，不仅仅说明晚至16 000年之前，历山舜王坪之下已有人类活动，它对于我们考证中国古代农业文化的起源发展、对于我们考证中国古代粟类谷物可能最早是在中国黄河流域发现驯化培育而成，提供了有力的实物证据。它同时也为舜耕历山最早起源于山西沁水境内的舜王坪，提供了有力的考古佐证。

中国农业起源研究学者卫斯在《古今农业》1994年2期发表论文《试论中国粟的起源、驯化与传播》，他以下川遗址考古发现为据，将其放在整个中国古代农业粟类谷物起源考古发现的大文化背景下，并参照粟类谷物在全国以至于在世界各地的传播分布，以及古代粟类谷物的发现驯化培育等方面，进行了深入研究，竟然得出"中国先民驯化狗尾草的起始时代，当定在旧石器时代晚期下川文化时期"之结论，这实在是沁水历山下川人最大的骄傲。此据卫斯《试论中国粟的起源、驯化与传播》文，以及其他学者相关论文，就下川遗址考古发现，对中国古代粟类谷物的发现驯化培育，以及对中国古代农业的起源发展之贡献，概述如下：

中国是世界上最早从粟类谷物发展起来的农业国家。粟即谷子，去皮后称为小米，是我国目前北方人最爱吃的粮食之一。从考古学的角度看，中国的粟作文化和稻作文化，分别代表了古代北方和南方农业文化在各自独立发展方面的历史成就，同时也反映了中国古代人民对世界人类文明所做的巨大贡献。据农业科学家考证，粟类谷物最初是由野生的狗尾草驯化而成为粮食作物的。而发现、驯化培育之功，首推中国人。目前世界农学界几乎毫无疑义地一致认为，粟类谷物的种植，最早是中国人首创的，原产于中国，而其祖本，则是在亚洲地区分布很广、在中国黄河流域到处可见、在历山地区更是漫山遍野的狗尾草。

亲自参加下川遗址考古的山西考古学者王建等人，在《考古学报》1978年第3期《下川文化——山西下川遗址调查报告》一文中，公布了下川遗址考古发现的众多石器，其中有旧石器晚期三件残缺的石磨（碾）盘，七件锛形器和五件砍砸器，还有一件有明显痕迹的磨制骨器用的砺石与两件作研磨用的磨锤等。下川遗址出土的这些与中国古代农业起源相关的石器，以及出土的炭化粟类谷物等植物种子，引起了探索中国农业起源学者的注意。黄崇岳在《中国农业科学》1979年第2期《从出土文物看我国的原始农业》一文中引证这一材料时说：这一发现"是旧石器时代晚期采集天然谷物加工成粮食的信息，使我们看到由原始采集经济向原始农业经济过渡的先兆"。

中国先民驯化狗尾草的起始时代，实际上就是中国北方农业最早开始的年代。下川文化遗址上文化层所测定的年代，大致在24 000年到16 000年前之间。这就是说，下川遗址出土的石磨（碾）盘的年代下限，最晚不可能晚于16 000年前。

中国目前发现栽培粟类的最早年代是1976年到1978年发掘的河北武安磁山遗址，考古界发现了189个粮窖堆积的灰黄发绿的米粒，打开后瞬间变成了灰土。考古界对磁山文化遗址植物遗存进行测定，证实该遗址距今约9000年，磁山人已经掌握粟类谷物的种植，这就把我国黄河流域粟类谷物的种植记录，提前到距今约一万年前。

考古界于2001年至2003年，在内蒙古赤峰敖汉旗兴隆沟遗址，发现1500多粒炭化粟类谷物种子。考古界对兴隆沟聚落遗址植物遗存进行测定，证实该遗址距今约8000年，兴隆沟人已经学会粟类谷物种植。兴隆沟遗址因此被学术界确定为横跨整个欧亚大陆的旱作农业起源地。2012年8月，敖汉旗旱作农业系统被联合国粮农组织列为"全球重要农业文化遗产"。

关于中国粟类谷物的起源问题，学者认为最有可能出现于西辽河流域、太行山东麓、黄河中游等三大区域。因此河北武安磁山遗址与内蒙古赤峰敖汉旗兴隆沟遗址粟类谷物遗存的发现，皆被称为中国粟类谷物的起源之地。殊不知此二地都晚于下川遗址粟类谷物遗存约一万多年。考古界曾经在山西怀仁鹅毛口发现一个石器制造场遗址，发掘有石斧、石锄、石镰、石球、石锤等石器，其中三件石镰属农业生产工具。又在河北徐水南庄头遗址，出土了石片、石磨盘、石磨棒，并发现有远古人类活动的遗迹。但这些农业遗迹考古发现的时代，亦皆晚于下川文化年代的农业遗迹。中国黄河流域的山西沁水历山下川，才是中国粟类谷物的最早起源之地，中国乃至全世界的粟类谷物，都是山西沁水历山下川人用当地粟类作物之野生祖本狗尾草驯化培育而成，这才是山西沁水历山最好的一张历史文化名片，也为舜耕历山最早起源于山西沁水境内历山舜王坪提供了有力的考古佐证。

　　下川遗址地处黄河中游，而黄河中游是中华民族最早的发祥地之一，也是世界上农作物的主要驯育中心之一。下川遗址出土的石磨（碾）盘等，代表了16 000年前黄河流域粟作文化的出现与发展。石兴邦《南京博物院集刊》1980年第2期《关于中国新石器时代文化体系问题》一文认为：下川遗址出土的锛形器是中国新石器时代主要农业生产工具——石锛的先祖。从下川遗址出土的锛形器的加工方法上看，它是先将厚石片加工成梯形，然后在宽端又加工出向一面倾斜的刃缘。与新石器时代的石锛比较，只不过后者是磨制加工的。新石器时代的石锛主要是用于开垦耕地时砍伐树木。下川遗址出土的锛形器有没有在开垦耕地的时候用于砍伐树木的可能性呢？从下川遗址所处的自然环境来看，当时完全有这种可能性。

　　诚然，16 000年前的下川人，倘若开始驯化培育谷类作物，首先要具备的条件之一就是要有谷类作物的野生种在下川盆地或附近地存在。下川盆地内现在种植的主要作物有粟、黍、玉米、小麦和各种豆类作物以及马铃薯等，并普遍发现满山遍野粟类作物之野生祖本"狗尾草"的存在，这是不是下川人那时候就已经开始驯化培育这种植物了呢？如果单从下川文化距今的年代上看，说下川人那时候用石磨（碾）盘加工的粮食就是人工栽培的原始粟的话，似乎未免为时过早。但它确实可以说明，远古先民已经对狗尾草采用系统育种法加以驯化培育。不然，如何解释下川遗址出土的锛形器、砍砸器、砺石、磨锤等工具用途呢？下川遗址出土的石磨（碾）盘有可能是用来加工人工栽培的谷类作物——粟的原始种，即正在驯化培育过程中的狗尾草。

　　历史是漫长的，靠狗尾草的天然变异，采用系统育种法使它彻底脱离野生群，而成为人们喜爱种植的粮食品种——粟，大约经过了极其漫长的过程。石磨（碾）盘在下川文化中的出现，代表了中国黄河流域粟作文化的先声。安志敏在《考古学报》1978年第3期《海拉尔的中石器遗存——兼论细石器的起源和传统》一文中研究这一问题时指出："下川文化所出现的细石器工艺传统，代表了以细石器为传统的中石器时代文化，后来又发展成不同的支系。其中一支则在黄河流域最后发展成以农业经济为主的新石器时代文化。"因此，我们有理由认为，中国粟起源于黄河中游的高海拔地区，中国粟作文化的编年史在华北地区是连续的、没有空缺的，"中国先民驯化狗尾草的起始时代，当定在旧石器时代晚期下川文化时期"。

"中国先民驯化狗尾草的起始时代，当定在旧石器时代晚期下川文化时期。"学术界对下川文化考古发现的这一评价，其社会经济价值与意义无可估量。全世界人类所享用的粟类谷物，是由中国在黄河流域发现、驯化并培育的，而中国黄河流域的粟类谷物，则可能最早是生活在中国黄河流域的沁水历山下川人用历山满山遍野粟类作物之野生祖本狗尾草驯化培育而成。粟类谷物能够广布于世界各地，确实是中国劳动人民对世界农业的一大贡献。粟类谷物在历山驯化培育而成，而后传遍黄河流域，传遍中国北方，传遍世界各地，沁水历山下川人，对中国粟类谷物的培育、对中国农业的发展，以至于对人类文明的发展，都做出了巨大的历史贡献。它展示了沁水历山下川先民从野生狗尾草发现驯化培育成粟类谷物，到粟类谷物种植耕作收割，直到碾成小米之全过程的原始生活风俗画卷。而且，它也为舜耕历山最早起源于山西沁水境内历山舜王坪提供了有力的考古佐证呢！

（3）下川遗址考古再发现

2014年7月17日黄河新闻网晋城频道发文《下川文化遗址考古发掘工作有重要发现，发现了三个火塘和一些植物种子》：

今年6月20日，经过国家文物局的批准，一度中断的下川文化遗址考古发掘工作正式启动。目前，考古工作人员发现了三个火塘和一些植物种子。

下川文化遗址是我国北方一处重要的旧石器晚期文化遗址。到目前为止，有两次较大规模的调查试掘活动，其成果受到学术界的广泛关注，对研究细石器的起源和粟作农业起源有着极其重要的研究价值。

此次考古发掘由北京师范大学历史学院杜水生教授和山西省考古所研究员王益人教授带队，对沁水县下川盆地富裕河岸边高地进行考古发掘。本次发掘采用目前学术界普遍采用的水平层发掘法和浮选法，获取了三个火塘和植物种子等重要发现，为探讨当时人类行为社会特征和对植物起源的利用方式提供了重要依据。

据了解，此次下川文化遗址考古发掘工作从今年6月20日开始，时间为四年。

2014年下川古人类文化遗址第三次考古发掘

这是下川古人类文化遗址进行的第三次考古发掘，由北京师范大学历史学院和山西省考古所共同承担。据2015年2月16日中国文物信息网消息，下川文化遗址再次考古发掘的发现入选"2014年十大考古新发现初评候选项目"。

考古界在下川文化遗址富裕河岸边高地进行考古发掘，很快获取了三个一万年前的火塘和多粒植物种子等重要发现。

多粒植物种子的再次发现，可以进一步佐证中国粟类谷物可能最早是在中国黄河流域山西沁水境内下川文化遗址发现驯化培育而成。负责此次发掘的北京师范大学历史学院杜水生教授认为：

> 发现表明这里很可能是一两万年前人类的一个栖居地。关于发现的禾类植物种子，需进一步做成分化验和碳14测定，才能确定种子的所属时代，可能为探讨当时人类行为社会特征和对植物起源的利用方式提供重要依据。

再者是三个新发现的万年前火塘，保存相当完整。该火塘顶部完全由砾石封住，揭开中间部位的砾石之后，发现在火塘中心有大量木炭，而周围的砾石下面则没有木炭，木炭清除完后，有一个小浅坑，坑底的土壤已被烧红。其他火塘周围也由拳头大的砾石围成石圈，石圈外围还有几块扁平的砾石，这些扁平砾石就是通常所说的石磨盘。在发掘过程中，常常发现赤铁矿，这些赤铁矿粉末虽然细小，但颜色鲜红，极易识别。考古界认为：

> 赤铁矿粉在史前时期是重要的宗教丧葬用品。晋城地区素为"煤铁之乡"，其中的铁矿主要是"山西式铁矿"，成分主要为赤铁矿。如果再联系下川遗址富益河圪梁地点密集分布的火塘和石磨盘，在某一个时段，这个遗址的功能是否与专门加工赤铁矿粉有关，是一个值得进一步探索的课题。

火塘、赤铁矿粉，我们很自然可以联想到后来"炼丹"和"炼铁"的出现。

历山西北麓有丹沟，据张道濬《游丹坪山记》载：

> 丹坪者，盖万山之特也。左右阆峙，水下绕，广十余武。相传宋岳忠武进次朱仙镇，河北所结义寨三十有七之一，今废城尚

在。或曰古仙人炼丹处，故砂铅汞青，在在而有，山所县名也。山下曰丹沟，去余家百里许，时心慕之，未克游。

又沁水属"煤铁之乡"，沁西尤著，后世炼铁业非常发达。下川文化遗址赤铁矿粉的发现，是否可以视为古代炼丹术和炼铁业的起源呢？

考古界专家又论：

> 新发现的火塘、石磨盘和赤铁矿共存现象表明，这里很可能是二万二千年前人类的一个栖居地。（后略）
>
> 总之，下川遗址是一个内涵十分丰富的旧石器晚期文化遗址，它可能囊括了距今四万年到一万年前旧石器晚期文化发展的全过程，完整地揭示其内涵将为认识现代人在中国的出现、迁徙、文化交流、行为方式以及新旧石器过渡等重大学术问题增添新的内容。

2. 舜耕历山起源舜王坪

（1）舜耕历山遍及天下

沁水境内有历山，其绝顶名舜王坪，为中条山主峰。历山即舜王坪，是舜耕历山传说最早发祥之地。

舜王指舜帝，姚姓，名重华，传说其为上古社会有虞氏部落领袖，后受帝尧禅让而即帝位，为传说中父系氏族社会后期联盟部落领袖。有虞氏为传说中父系氏族社会后期活动于黄河流域的一个部落，居于蒲坂，即今山西永济西蒲州镇；舜帝即帝位后也以蒲坂为都，故有"舜都蒲坂"之说，因而舜帝

舜帝姚重华

又称虞舜。其在位时，德化天下，民风淳厚，天下大治，史称上古盛世，舜帝也被誉为贤君圣帝，列为三皇五帝之一。舜帝治理天下之时，政绩颇多，其中以遍行天下教民耕稼最有影响。故而"舜耕历山"之说，历代文献多有记载，各地民间也多有传说。

光绪《山西通志》卷三一《山川·中条山》汇集有舜耕历山诸多记载：

　　《史记·五帝本纪》："'舜耕历山，历山之人皆让畔；渔雷泽，雷泽之人皆让居；陶河滨，河滨器者不苦窳。'《正义》曰：'《括地志》：蒲州河东县雷首山，一名中条山，亦名历山，亦名首阳山，亦名蒲山，亦名襄山，亦名甘枣山，亦名猪山，亦名狗头山，亦名薄山，亦名吴山。此山西起雷首山，东至吴坂，凡十二（一）名，随州县分之。'"

　　《汉书·地理志》："蒲坂有尧山、首山祠。雷首山在南。"

　　《续汉书·郡国志》："蒲坂有雷首山。注：'伯夷、叔齐隐于首阳山。'马融曰：'在河东蒲坂，华山之北，河曲之中'。"薛综注《西京赋》："华山，对河东首阳山，黄河流于二山之间。古语云：此山本一山，当河过而曲行。河神巨灵，以手擘开其上，以足蹈离其下，中分为两，以通河流。今观手迹，于华岳上指掌之形具在，脚迹在首阳山下。又河东有三辂山：北曰大辂，西曰小辂，东曰苟辂。三山各距三十里，舜所耕历山，谓此地也。"

　　《水经注》："蒲坂南有历山，谓之历观，舜所耕处，有舜井。妫汭二水出焉，南曰妫水，北曰汭水，西径历山下，上有舜庙。"

　　《元和志》："雷首山，一名中条山，在河东县南十五里。故尧城，在县南二十八里。"

　　《太平寰宇记》："妫汭水，源出河东县南三十里雷首山，即釐降二女之所。今有舜祠存焉，后周宇文护所造。"

《方舆纪要》："历山，在蒲州东南百里。《蒲州府志》：
'永济县南六十里。'上有历观。汉成帝元延二年，幸河东祀后
土，因游龙门登历观是也。"

扬雄《河东赋》："'登历观而遥望分，聊浮游以经营。乐
往昔之遗风分，喜虞舜之所耕。'师古曰：'历山上有观也。'
晋灼曰：'在河东蒲坂县。'风陵堆，在蒲州南五十五里，相传
风后冢也，亦曰封陵。《通典》：'风陵堆南岸与潼关相对，亦
曰风陵山。'首阳山之北，有数峰攒立，拱揖州城，中高旁下，
俗因名笔架山。又南五里为八盘山。又十里为麻谷山。"

旧《通志》："'独头坡，在永济县南四十里，雷首一丘
也。突兀当道，外临大河，内穿峻坂，东入夷齐祠，南达潼
关。'乐史《太真外传》：'徙居永乐之独头村，即其地。
凤凰山，在县南七十里中条南麓尽处。'明《张文毅墓志
铭》：'尝读书中条之凤鸣山，学者称凤磐先生。'"

《蒲州府志》："中条山，在永济县东南十五里。山有桃
花、玄女二洞，及谷口、苍龙诸泉，有万固、栖岩二寺，并在山
阴。谷口为西麓，苍陵谷为中麓，其大谷口出泉处为东麓也。
案：妫汭二水，郦氏次于《河经》雷首之前，其水西流入河。
《寰宇记》亦云：'异源同归，浑流西注。'当在中条之阴，为
苍陵谷诸水。而方志皆谓在中条之南。准其地望，乃《水经注》
之雷水，所谓'阳安涧西南流注于河'者。妫汭之水既移而南，
其雷水、蓼谷为所牵混，至莫详所在。而山北之水，如苍陵谷、
大谷口诸泉于古，遂无可指名矣。"

《路史·余论》："历山，今河东县之雷首山也。其山九
名，一曰首阳，临河，与太华对峙，即为观也。扬雄所云'登历
观以遥望'者。乐史谓偃师西北二十五里有舜庙、舜井、妫水、
汭水、汭南、汭北。"

历山为中条山主峰，历代皆记舜耕历山在蒲州河东中条山之巅。雍正《山西通志》卷二四《山川·蒲州府·永济县》对此有明确记载：

历山在县东南三十里，上有舜庙山，下有二泉，名妫汭，即尧釐降二女地也。扬雄《河东赋》："登历观而遥望兮，聊浮游以经营。乐往昔之遗风兮，喜虞氏之所耕。"师古曰："历山上有观也。"晋灼曰："在河东蒲阪县。"郑康成曰："历山在河东。"《水经注》："郡南有历山，谓之历观，舜所耕处也。有舜井，妫汭二水出焉。"《正义》："《括地志》：历山南有舜井。"又云越州余姚县，有历山、舜井二所。又有姚墟，云生舜处也，及妫州历山舜井，亦云舜所耕处，未详也。《唐志》："河东有历山。"张守节曰："妫州涿鹿城，在山侧黄帝尧舜之所都也。"皇甫谧曰："舜所都，或曰潘，今上谷也。"此胥疑辞，不足据。唐显庆三年，太尉长孙无忌议仍隋制，祭舜于河东，以皋陶配。永泰二年，从刺史元结请诏道州舜庙宜蠲，近庙佃户充扫除，是历山祠在前，而九嶷祠在后也。桂林府《尧山虞山唐帝虞帝祠碑刻》，亦系大历以后。《舆地碑目》："虞帝庙在永州学西。唐元结作《舜庙状及舜祠表》，俱江华令瞿令问篆刻石上，是永州舜庙，无唐以前碑也。永州《舜庙诗》，旧志谓汉载，侯熊渠作，而诗乃唐体，或汉有其诗而逸之。"

历代对舜耕历山所在之地说法不太统一，分别有山西沁水、山西永济、山西洪洞、山东济南、浙江余姚、河北涿鹿、广西桂林、湖南永州等不同所指。另外，北京延庆、浙江上虞、河南范县、山东费县等也有舜耕历山的传说。舜耕历山是中国文明史上的一件大事，它标志着我国上古时期人类从原始渔猎文化向农耕文明转型过渡的完成，涉及中国古代农业起源之问题，并标志着中国古代农耕的开始兴盛，故而有必要理清舜耕历山到底位于何地之问题。

中国是个农业大国，农耕文化约从三皇五帝之炎帝神农氏起源。神农氏尝百草发明了农业，我们的原始祖先因以结束采集渔猎之饮毛茹血生活进入农耕文明。舜帝时期，农耕文化已经遍布华夏。舜帝出生并生活在农业相当发达的黄河流域历山之下河东蒲坂（今山西永济蒲州镇），舜帝应当是带着历山周边先进的农耕技术，走遍天下，亲身躬耕，给民以示范，教民以耕作。各地百姓为纪念舜帝，认为他们的农耕是舜帝所教所传，舜帝成为农耕文化的化身，故而"舜耕历山"之文献记载，不仅仅指河东蒲坂之舜耕历山。于是，各地便出现很多的舜耕历山之记载与传说，舜耕之历山，几乎遍布南北中国，形成"舜耕历山遍天下"的文化现象。

舜耕历山图

古代正史、野史、方志、地理书、笔记等，对舜耕之历山的记载十分繁杂，影响较大者主要有六处，即山西永济之历山、山西洪洞之历山、山东济南之历山、安徽上虞之舜山、湖南永州（即九嶷山）、山西沁水之历山等，还有山西沁水境内之历山舜王坪。光绪《山西通志》卷三一《山川·中条山》系统记载了这些十分繁杂的舜耕历山之说：

> 《风土记》曰："旧说舜葬上虞。"又《记》曰："耕于历山，而始宁、剡二县界上，舜所耕田于山下，多柞树。吴越之间，名柞为枥，故曰历山。"

《九域志》：“济南、濮阳、河中，皆有历山，俱存祠庙。而今秦地池阳，澧阳、始宁、河县、上虞、无锡，亦皆有之。”

《列子》云：“舜耕河阳。”《书大传》：“舜陶河滨。”

《后魏上谷记》云：“下洛城西南四十里有潘城，城西北三十里有历山，形如覆釜，下有舜耆二祠，云是舜居。而齐之历城南五里，又有历山。《水经注》云：‘上有舜祠，县东复有舜井，亦云耕处。’《寰宇记》：‘在县东百步，云舜之所穿。又有华水与历山井通。’《史记·五帝本纪》云：‘舜耕历山，渔雷泽，陶河滨，作什器于寿丘，就时于负夏。’康成谓历山在河东，雷泽在济阴，而负夏则卫地。皇甫谧乃谓寿丘在鲁东门之北，河滨为即陶丘，乃定陶西南之陶丘亭。耕稼陶渔，皆舜之初年，其地必不大相远。今皆在鲁、卫间，则历山不得独在河东，遂以为娶后所居，后世因有妫水而迁就之。夫河东乃帝所生，若所都历城古历下也，其相去也远矣。耕渔之时，徒以瞽瞍不顺，暂即荒野，顾非日后就贩之比，其初未必远父母之侧，河滨、雷泽，其说未悉。”

雍正《山西通志》卷二四《山川·蒲州府》也承认舜耕历山有诸多不同说法：

《魏地形志》：“济南郡历城有舜山祠、娥皇祠。”曾巩《齐州二堂记》、《史记五帝纪》谓：“舜耕历山，渔雷泽，陶河滨，作什器于寿丘，就时于负夏。”郑康成释：“历山在河东，雷泽在济阴，负夏卫地。”皇甫谧释：“寿丘在鲁东门之北河滨，济阴定陶西南陶丘亭是也。”以予考之，耕稼陶渔，皆舜之初，宜同时，则其地不宜相远。二家所释雷泽河滨，寿丘负夏，皆在鲁卫之间，地相望，则历山不宜独在河东也。

《孟子》又谓："舜东夷之人。"则陶渔在济阴，作什器在鲁东门，就时在卫，耕历山在齐，皆东方之地，合于孟子。按《图记》，皆谓禹贡所称，雷首山在河东，妫水出焉，而此山有九号，历山其一号也。予观《虞书》及《五帝纪》，盖舜娶尧之二女，乃居妫汭，则耕历山，盖不同时，而地亦当异。世之好事者，乃因妫水出于雷首，迁就附益谓历山为雷首之别号，不考其实矣。由是言之，则《图记》皆谓齐之南山，为历山舜所耕处，故其城名历城为信然也。按曾子固记，但可备一说而交禹。《史记》："舜耕历山，历山之人皆让畔。"《琴操》："舜耕历山，思慕父母，见鸠与母俱飞相哺，益以感思，因而作歌。"晋干宝曰："舜耕历山，获玉历于河际之岩。"

在山西永济、山西洪洞、山东济南、安徽上虞、湖南永州、山西沁水之历山的记载中，济南历山影响最大，山上有舜耕之田遗址，有舜井、舜祠。由于齐鲁文化发达，交通便利，天下文人墨客频游历山，留下无数诗文，使济南历山声名大噪，济南历山即"舜耕历山"几成定论。

古人认为舜耕历山在济南，有一证据，即舜生于诸冯。《孟子·离娄》曰"舜生于诸冯"。杨伯竣注："诸冯，传说在今山东菏泽南五十里。"孟子所云诸冯，实指濮阳之诸冯，位于今山东曹县境内，距济南甚远。然而山西也有诸冯。清人顾祖禹《读史方舆纪要》记山西垣曲境内有"诸冯山，在县东北四十里。《孟子》云舜生诸冯，盖即此"。《翼城县志》云："历山，在邑东南九十里，山界翼、垣、阳、沁四县，盖世传舜耕处也。西南瞽（舜父瞽叟之墓）、诸冯二村，属垣曲。东有析城及妫汭二泉，属阳、沁。西北有黑谷村及舜所浚二井，又有舜庙，并属翼城。"《史记·五帝本纪》云："舜，冀州之人。舜耕历山，渔雷泽，陶河滨。"张守节《正义》："蒲州河东县本属冀州。"沁水亦属冀州。雷泽，即濩泽，位于今山西阳城西鄙历山之下，阳城古称濩泽侯国，为阳城故城。陶河滨，指在河边制作陶器。沁水杏峪有可陶河村，旧时村民多善制陶器。

（2）舜耕起源于沁水历山

天下历山有多处，舜耕历山也有多指，这是一种很特殊的所谓"舜耕历山遍天下"之文化现象，反映舜帝时期农耕的发展兴盛。问题在于，天下历山虽多，万事皆有源头，舜耕历山到底起源何处？舜耕历山之起源，应指山西永济之历山或山西沁水境内的舜王坪。

其一，山西沁水境内有历山舜王坪。光绪《沁水县志》云：

> 历山，县西九十里，即舜耕处。上有舜庙，庙旁有妫汭二泉，其北有大洪泉。
> 舜田在历山。俗传即舜耕历山地也。又有陶墼，在历山之西，即舜陶于河滨处也。

现存康熙、嘉庆《沁水县志》以及《泽州府志》、《山西通志》都有如此相同记载。《史记·五帝本纪》亦记：

> 舜耕历山，历山之人皆让畔；渔雷泽，雷泽之人皆让居；陶河滨，河滨器者不苦窳。《正义》引《括地志》：蒲州河东县雷首山，一名中条山，亦名历山，亦名首阳山，亦名蒲山，亦名襄山，亦名甘枣山，亦名猪山，亦名狗头山，亦名薄山，亦名吴山。此山西起雷首山，东至吴坂，凡十二（一）名，随州县分之。

此指河东蒲坂，即山西永济之历山。永济之历山与沁水之历山，同属中条山脉，而沁水历山舜王坪则是中条山主峰，中条山历山即沁水历山，此二说原本是一回事，是一山之说在传说中出现歧说而造成的。同时，在所见各种舜耕历山的记载中，唯独沁水舜耕历山落实到了中条山主峰历山舜王坪，其他各地记载，均无如此舜耕历山于舜王坪之明确而具体的记载。

其二，山西沁水境内历山舜王坪周边保存有舜帝许多民间传说，其中舜耕历山传说尤为集中。舜王坪为历山之巅，是一处5400余亩的亚高山草甸，宜于放牧。舜王坪舜庙前有一壕沟，当地乡民传说即为舜耕历山之时留下的犁沟遗迹。舜耕历山时留下的犁沟，是一道没有障碍的天然界限，自然形成沁水、垣曲、翼城三县各自地界。舜王坪周边百姓至今保存着"舜耕历山，历山之人皆让畔"之古帝遗风，民风淳厚，道德古朴，相让和谐。不仅民风如此而皆让畔，牛马畜类亦皆让畔。每年春耕农忙过后，周边百姓便将牛马放牧于舜王坪，任牛群自由食草，无人看管，直到秋耕，人们才上山收回牛马。舜王坪上的牛马，悠闲食草，相互各守地界，从不越界，真是令人难以置信。

当然，各地民间都保存有舜帝历山的许多传说，民间传说似乎不足以说明舜耕历山之起源。然而还有一个很值得关注的文化现象，即围绕历山舜王坪周边的山西垣曲、翼城、阳城等县境内，都建有难以数计的舜庙，几乎达到村村都建有舜庙的程度。舜王坪上建有古舜庙，至今犹存，历代香火旺盛；舜庙前确有妫汭二泉，淙淙细流，旱涝清冽，不涸不溢；舜王坪上舜耕之迹，游人至今可以指点。舜庙前原先立有沁水、垣曲、翼城三县合建舜庙时的碑刻，清晰可见。而且沁水境内的舜庙，影响较大、规模较大者，竟然不下百座。山西沁水这个文化落后、经济贫困的深山偏邑，竟然建有不下百座舜庙，这是其他地方很是难以相比的。

其三，山西沁水境内历山民间，至今还流传着舜帝在历山舜王坪种粟类谷物的古老故事，我们似乎不可忽视它的重大意义。考古界在历山舜王坪山麓之下的下川盆地，发现了几处古人类活动遗址，考古界命名为"下川遗址"，或称为"下川文化"，距今约24 000年至16 000年间。考古界先后进行了三次考古发掘，出土了一批石器，其中有七件旧石器晚期的石器石磨盘等，对研究中国古代农业起源于何时何地关系甚大。下川遗址考古出土有炭化粟类谷物种子等，下川盆地内现在种植的主要作物仍然是粟类谷物，并有作为粟类谷物之野生祖本狗尾草的存在。探索中国古代农业起源的学者认为，中国粟类谷物由狗尾草驯化培育而成，起源于黄河中游的高海拔地区，而中国先民驯化培育狗尾草的起始年代和具体地点，应当是在旧石器时代晚期下川。

山西沁水境内之历山，被视为中国粟类谷物发现驯化培育起源之地，这是其它他地方都无法相比的。粟类谷物在历山发现驯化培育而成，而后传遍黄河流域，传遍中国北方，传遍世界各地，沁水历山下川人对中国粟类谷物的发现、对中国农业的发展，以至于对人类文明的发展，都做出了巨大的历史贡献。这完全可以成为舜耕历山最早起源于山西沁水历山舜王坪最有力的考古佐证！历山地区有着距今约24 000年至16 000年古人类活动遗址与悠久的农耕文化遗存，我们有理由认为，是因为舜帝带着山西沁水历山舜王坪的农耕文化走遍天下，才形成"舜耕历山遍天下"这一特殊而又不难理解的文化现象。

所以，可以认定，天下历山虽有多处，舜帝躬耕也有多指，舜耕历山之起源，应指山西沁水境内的历山舜王坪。舜帝故乡位于河东蒲坂，即今山西永济。永济地处中条山之西麓，沁水地处中条山之东麓。虞舜早年居于历山（中条山）之下的蒲坂，即位后又置都于蒲坂。他一生虽游历天下，但河东蒲坂一直是舜帝时期的政治中心。真正的舜耕历山，应当就指沁水等县交界的历山舜王坪，它是中条山的主峰，也是历山的标志。

（3）沁水舜帝崇拜祭祀

舜耕历山是沁水的主流文化，历山舜王坪也是一座文化深厚的历史名山。清代光绪年钦加同知衔特授太原县代理垣曲县知县薛之钊撰文《三县重修舜帝庙碑记》云：

> 垣邑东北距城百余里，旧有历山圣庙在焉。地居沁、翼、垣三县之中，左控诸冯，右接鸣条，妫水发源而汭亦合流，其即所谓往□□□□□□□□□，群峰星拱，双流带围。佳木葱茏，可作桢干之材；兰芷芬芳，堪供参苓之用。层峦叠嶂，气聚精团，

沁水历山舜王坪舜帝庙

诚三邑之壮观，实为古圣之遗迹也。

历山舜庙，由来已久，然创建不知年代。沁水土沃之东舜汤行宫，存有元代英宗至治二年（1322）沁水教谕河内（今河南沁阳）缑励所撰《修建圣王行宫之碑记》碑文记载：

昔尝生乎斯世，有大功德，而殁世之后，民怀思之不能忘者，惟圣帝明王也。亘古以来，载在祀典，庙享血食，使天下之人，齐明盛服，岁时伏腊，奔走豆笾，严奉祀事。则硋蒿砭怆，精气感通，洋洋乎如在其上。凡所请祷，昭然获应，捷于桴鼓影响。此神之灵，明也。以至大庇天下，阴阳顺序，疫疾不作，风雨以时，年谷屡登，致彼四海，民人咸受福利。其为神之功德，能捍大灾，能御大患，莫大于斯也。

今沁水县据鹿台之阳，濩泽之右，泽州之属县，为古之偏邑。去县之西南四十里许，有墅曰土沃。墅之东有山曰析城，西曰历山，丘峦突起，空翠蔚蓝，左右象设，极为形胜，宛若龙蟠虎踞之状。其枝峰蔓壑，映带连接，形势岗脊，彼此相距。绝顶之上，有虞舜成汤二圣帝故行宫在焉。俯瞰平野，四望豁达，实幽邃之福地也。

大朝庚戌年（蒙古定宗后海迷失二年，1250），春旱太甚。其土沃居民刘源、徐玉，相率邻近堡社耆老人等，同心露恳，景慕二圣帝祷雨救旱之德，乃以香币粢盛瓶器，敬诣祠下拜请，圣水果获满涌。甘霖硔足，遂使岁之凶歉，忽变为丰穰。此非能捍大灾，能御大患者乎！

沁水历山舜王坪舜帝庙

历山"绝顶之上，有虞舜成汤二圣帝故行宫在焉"，是周边乡民春祈秋报之所。元朝海迷失后称制二年（1250），土沃乡民曾先后登析城上历山进香求雨，后因连年干旱，求雨路远，遂于元世祖中统二年（1261）在土沃之东"创构了虞舜成汤二帝之行宫"。土沃舜汤行宫碑指出，元朝至治年之前，历山已有舜庙。

中国庙宇历史悠久，最初是设坛祭祀天地山川，如天坛、地坛、山川坛、社稷坛，后逐步演变为宫庙，如中岳庙、西岳庙、南岳庙、北岳庙、岱庙等，此为神祭。既有神祭，便逐步出现人祭，祭祀已经故去的先祖或先贤。家族先祖祭祀设祠堂，或称家庙、祖庙、宗庙；先贤祭祀则设祠庙，如武侯祠、韩文公祠，以及孔庙、文庙，关庙、武庙。对于帝王朝廷祭祀，则设太庙、宗庙，其不仅仅是帝王朝廷之事，也是关乎江山社稷之国家大事。不论哪一种祭祀，其实还是神祭问题。

舜庙祭祀属于帝王祭祀，也属先贤祭祀。沁水历山舜王坪舜庙，以及遍布沁水各村落的舜庙之创建，年代应当更久远一些。舜庙祭祀，主要为纪念舜帝亲自躬耕，教民以稼，以及德化天下，使民风淳厚，天下大治，开创上古盛世的德风政绩。舜帝是中华道德的创始人之一，也是华夏文明的重要奠基人。他孝感天地，德播人间，在中华民族发展的历史长河中，有着极为重要的地位和作用。他的不朽功绩，与日月同辉，与天地同春，深刻影响了华夏历史五千余年。

舜帝祭祀主要是道德崇拜，舜帝被称为古代道德文化鼻祖，道德文化成为舜帝崇拜的基本内涵。《史记·五帝本纪》载："天下明德，皆自虞舜始。"舜帝崇拜可以简要概括为"德为先，重教化"，是一种标志着远古社会由野蛮走向文明的中华传统文化。炎帝文化以农耕文化为内涵，黄帝文化以政体文化为内涵，舜帝文化则以道德文化为基本内涵，共同构成了中华传统文化的三座里程碑。由于舜帝德风政绩，历代将其与尧帝相提并论，称为"尧天舜日"，便是用来称颂尧舜两位贤君帝王的盛德。

古代祭祀，既是一项非常重要的礼仪，又是一项重大的政治活动。舜帝是中华民族的人文始祖，自大禹以来，祭祀舜帝就成为祭祀活动的一个重要方面。历代朝廷以及地方官员，凡遇大事，都要祭告天地神灵，祭告三皇五帝，祭告祖宗先贤。祭祀舜帝，可能是古代沁水历史最为悠久又最为普及的祭祀文化。所祭祀的内容，首为舜帝的德风政绩，同时乡民还有求于舜帝。

古代沁水祭祀风气非常兴盛。沁水各地广有道宫佛寺，道教宫观有玉皇庙、东岳庙、关帝庙、城隍庙、玉清宫、真武庙、府君庙等，佛教有法隆寺、碧峰寺、鹿台寺、龙泉寺、崿山寺、楷山寺等。沁水境内最多的是舜汤庙，著名者如舜王坪、中村、张马、土沃、可封、南阳、交口等地的舜汤庙。

沁水百姓最敬奉的是舜帝，尤其是沁西地区，几乎村村都有舜庙。供奉舜帝，顺便将商汤请入庙内享祀，故沁水舜庙又多指舜汤庙。沁水境内多舜汤庙，原因在于，舜帝为上古五帝之一，亲自躬耕于沁水历山舜王坪，算是同乡先圣，教稼于乡民，使百姓丰衣足食，故而敬之。商汤也是一代圣主，他曾亲赴桑林，自咎其身，为百姓祈雨，感动天降甘霖，解除了天下旱灾，使五谷丰登，百姓丰足，天下百姓故而敬之。商汤建都于殷地（今河南安阳），他为百姓祈雨的桑林，就位于临近沁水的山西阳城之桑林，商汤算是沁水人的乡邻先圣。沁水人信奉舜汤，主要原因就在于舜汤解除了百姓现实生活中的忧愁。沁水山高水深，十年九旱，各地广建舜汤之庙，主要目的是为了祈雨。所以，沁水乡民祭祀舜汤，最主要内容是祈求上苍下雨免灾。

古代沁水百姓实际上很少有人崇信宗教，他们对宗教多采取一种实用主义态度。他们修寺建庙，烧香叩头，主要是带着对鬼神或佛道的敬畏心态，希望能保佑一方平安。古代沁水百姓特别信奉神巫，不论是家庭发生意外，或是家人生病有灾，以及参加科举、建房乔迁、红白喜事等等，人们都要到寺庙中进香祈祷，或者是请巫婆神汉以及阴阳先生亲自来到家中禳异除灾，希望得到神巫的保佑。对舜汤的敬奉，也属此种心态。沁水人对神巫的信奉，大大超过对佛道的敬畏。这说明沁水人的宗教观念是非常实际和现实的。唯独对舜汤二圣，不仅特别信奉，而且非常敬奉。沁水历史上有众多佛寺道庙，也有沁水籍的和尚道士，然而寺院名刹的住持，多是外来和尚好念经；道庙供奉的神主，也多是外来神仙。古代沁水历史上很少出现过修行得道的高僧和修炼成仙的真人，巫婆神汉与阴阳先生倒是村村皆可找到，随请随到。

笔者曾访问过历山舜王坪周边村庄，有老人曾经讲述，旧时每年农历二、八月上甲日，历山舜王坪周边村庄都要前往舜庙二度祭祀舜帝，以求舜帝庇护天下太平安定，社会民风淳厚，百姓丰衣足食。每逢舜帝祭祀，时有官方出面主持，祭祀仪式非常肃穆庄严又热闹非凡，并有戏班唱戏助兴。沁水土沃舜汤行宫存有一通民国《祀神赛会演戏碑记》，对此风俗记载颇详：

> 相公（行宫）庙创建由来久矣，实在为舜、汤帝行宫之地，肇始于元至治二年（1322）。后经明末兵燹之余，以至清初康熙之际，其间名公巨绅，经营筹画，几耗精力，缺者补之，废者兴之，施舍田亩，赡养僧人，相地制宜，联合远近村落，成一公共祈祷之所。每岁三五两月，演戏祀神，祈祷安康，以妥以佑，以重古风，载在碑铭，凿凿可考。降及后世，按村社之名次，遵鳌定之章程，不愆不忘，率由旧章赛会演戏，比比皆然，世世相传，轮流不息，同心同德，毫无异议。
>
> 陡于民国十五年（1926）三月十五日，本庙赛事轮至下沃泉社。修祀之期，不億伊忽生异念，破坏神赛，乃以家乐抵补演戏。于是十社人等，咸谓相公庙为众目昭昭之处，无论何社，皆踊跃从公，惟恐行闻交迫，况先辈费心劳力而起此赛，颇不易矣。刿是日各社俱齐焚香，仰瞻圣恩，宾礼对待，诚非易举。伊社决裂，独出不愿，并无挽回。斯时阖社人等，无可如何。忖思之下，又念香火不可缺，赛戏不可无。公同酌议，十社协力，公会一次，以重祀典。越十六年（1927）五月端阳，又轮该社承办，一往固执，势成参商，因而九社又公会一次。二年之中，十九社两次共化费钱五百余缗，均系按社分摊。是举也，虽事出于仓卒，变起于萧墙，而人心之所同，有不期然而然者矣。所以事无论乎巨细，人无问乎多寡，而今而后，各存公道之心；以似以续，克诚十全之美。悟已往之不谏，知来者之可追，永相好而不相尤。《诗》云："不识不知，顺帝之则。"其斯之谓乎？是为序。

舜帝祭祀仪式例有祭文，可惜多年来舜帝祭祀早已废弃，祭文逸失不传，笔者多方访问查找，至今无果，非常遗憾。不过，近几年来，湖南永州、宁远先后在九嶷山举行祭祀舜帝活动，山西运城也举行过祭祀舜帝活动，而且都有祭文传世。我国香港、澳门、台湾及美国、泰国等十多个地区和国家的舜裔宗亲会代表，曾出席湖南永州、宁远的祭祀舜帝活动。作为舜耕历山起源之地的沁水，是否也应当举行祭祀舜帝活动，以巩固舜耕历山起源之地的地位。

（4）沁水文人吟咏舜帝

沁水舜帝祭祀祭文虽然不传，由于历山舜王坪地处中条山之巅，山高入云，登临鸟瞰，颇有"会当凌绝顶，一览众山小"之气势。特别是雨后清晨，极目可观日出，遥望可见黄河，风景绝美。故而历山舜王坪又被视为雄胜之地，往往使天下文人墨客流连忘返，难抑性情，禁不住仰天长啸，留下千古诗篇，足可弥补沁水舜帝祭祀祭文不传之缺憾。清代嘉庆年间邑人张尔塘远登历山而寻圣迹，作《登历山》诗云：

> 古帝躬耕处，千秋迹已迷。举头高干近，极目乱峰低。
> 花气闻幽径，泉声过远溪。黄河遥入望，天际一虹晚。

张尔塘本为拜舜帝而登历山，登高一望，千秋圣迹已难寻踪。他似乎有点失望，仰天欲叹，忽觉历山高耸，可扪星月，低头四望，众山环拱，如在脚下。作者情趣突发，细细领略幽径浓浓的山花芳香，静静聆听山泉淙淙的流水击石，终于感悟到：历山不仅仅有古帝圣迹，还是宇内胜景，足已陶冶情操，极目南望，竟然可以望到远处的黄河，犹如彩虹一道，平静地镶在天边。明代嘉靖年间大学士阳城人王国光也曾有历山舜王坪之行，他作《游历山拜瞻舜庙》诗云：

> 西坪古庙接云崖，回首山川近帝家。
> 野草薰风还往日，令人寤寐忆重华。
> 龙见当年禾御天，终身甘自往尧田。

一从历数咨文祖，万国南风奏舜弦。

王国光，山西阳城人。嘉靖二十三年（1544）中进士后，初授吴江知县后，历仕朝廷六部，官至吏部尚书。王国光很受嘉靖朝首辅张居正赏识，曾协同张居正变革朝政，颇多政绩，一度有望入为阁臣，与张居正共同辅政。张居正逝世后失宠，连遭削官、抄家、追夺所赐玺书诰命，罪示天下，其在位时所用官员皆受株连，王国光因被指为同党而遭罢官削职。王国光先祖居沁水南阳，沁水是他的故乡。王国光身为朝廷重臣，因受株连被罢官削职，归来乡居期间，游历历山舜王坪，写了此诗。尽管此时王国光是位失宠的罢官乡宦，山水吟唱仍然关注天下百姓衣食与社会道德风尚，透出他以天下之济为大任的苍生之念。

历山舜王坪之道是很艰险的，与王国光同行的明代邑人柳遇春，也作《游西坪》诗云：

羊肠百叠步难留，猿鸟飞腾亦解愁。
独有神驹跨逐电，遥身直上碧云头。

由于历山舜王坪地偏路远，古代文人墨客登临题诗者不算太多，致使历山舜王坪犹如深山隐秀，声名难与济南历山相比。

晚唐五代之交，著名诗人杜荀鹤来到河东，曾登历山，拜谒舜帝，写有《题历山舜祠》诗云：

昔舜曾耕地，遗风日寂寥。世人那肯祭，大圣不兴妖。
殿宇秋霖坏，彬松野火烧。时讹竞淫祀，丝竹醉山魈。

人类早已结束了原始古风，进入了封建文明，进入了现代文明。如今的人们，有责任维护历山舜庙的尊严，切莫忘"舜耕历山，历山之人皆让畔；渔雷泽，雷泽之人皆让居；陶河滨，河滨器皆不苦窳"之圣德遗风，泽被后世，发扬光大。

元代作家王恽曾经长期寓居沁水历山之下的张村坂桥村，他最喜游历的就是舜帝所遗的圣迹。舜帝出生的姚墟，所耕的历山，所渔的雷泽及舜井舜祠，都是他多次游览的"圣地"。一天王恽来到历山之上的妫汭二水之滨，观望苍翠葱郁的历山，倾听汩汩的流水声，遥想舜帝耕历山圣迹，不觉感慨万千，吟成《舜井》长诗：

舍鞍夏阳西，褰裳蹑云顶。盘折下浚沟，失身堕幽阱。
孤松突危巅，望望双目炯。不图两芒屦，践迹圣人岭。
重华不复返，钦此孝慕炳。降观临帝泉，冠佩为肃整。
泓澄一勺多，浩若渊水迥。彷徉不忍去，抔饮濯蒂梗。
慨焉念高风，灭没翻倒景。野人前致辞，此事传岁永。
有鲧昔在下，怒为鸷所屏。穷归此来田，号泣痛自省。
空山无所得，扶耒孑孤影。彼苍彰圣诚，渴馁恐成瘠。
一入两崖间，二水出俄顷。北崖萦带流，南壑湛寒井。
至今山中人，饮食了二顷。我生千载后，怀古心耿耿。
风俗日沦丧，道义奚所秉。安得天瓢手，挹此霜露等。
千林摧奸枿，比屋化封颍。涤易臣子心，骫骳变骨鲠。
暮归田舍眠，有志安得骋。此心恐未能，作诗聊自儆。
且当就岩蕨，酌水煮殷鼎。

历代文人之所以喜欢歌咏舜帝，不仅因为舜帝是一位贤明的君主，还因为他也是一位多才多艺的艺术家与诗人。在文化艺术领域，舜帝也有诸多开创者。现在能够确认舜帝创作的诗歌有五首，分别是：《南风歌》、《古风歌》（《思亲操》）、《唐风歌》、《卿云歌》、《祠田辞》。清初诗坛盟主王士禛编选《古诗选》，把舜帝作为中国第一位有姓名的诗人，并把其《南风歌》编入其中。舜帝的

《古风歌》是这样写的:

> 陟彼历山兮崔嵬, 有鸟翔兮高飞。
>
> 瞻彼鸠兮徘徊, 河水洋洋兮清冷。
>
> 深谷鸟鸣兮嘤嘤, 设罥张置兮思我父母。
>
> 力耕日与月兮往如, 驰父母远兮吾将安归。

《古风歌》是舜帝从家中出来去历山耕地时吟诵的, 登上高大的历山, 抬头仰望盘旋天空的飞鸟, 俯视清清的河水, 听着鸟儿响亮的叫声, 他不由思念自己的父母。尽管自己已经长大成人, 如同往常一样在努力耕耘, 可是远离父母, 不知自己将要到哪里。这首简短的诗歌里反映了舜帝人生中两大重要的事实: 一是对父母的孝敬; 一是从家庭走出后, 躬耕于历山。

一位帝王能够成为文学家, 或者说一位文学家能够成为一位很好的帝王, 这是中国文人最为仰慕的事情, 因此远古的舜帝才成为中国文人心目中永远的精神偶像。

三、前后原国与两个沁水

1. 原国到底位于何地

光绪《沁水县志》卷二《方舆·沿革》记沁水："周，初为原国，属唐。"其《古迹》又记沁水为："原伯故城，县西北有碑，张大司马曾辨之，见《沿革》后。"《沿革》之后，随之附载张大司马所作《原地辨识》之文，又过录《山西通志·原辨》之文：

张大司马曰：旧志谓周文王第十六子封原，即此地。今考《左传》载晋文公伐原事，注云："原在沁水西北"，故旧志云尔。按《国语》及《淮南子》诸书云：周襄王以阳樊、温、原（攒茅）畿内四邑赐晋文公，其后温与原叛，文公伐之，三日不降。文公命班师曰："吾与诸大夫期三日。今三日不克，宁失原，不可失信于诸大夫。"原人闻之乃降，温人闻之亦降，则原与温固接壤也。按：温即今温县，阳樊皆在济源，俱属河南怀庆府，而原安得独在此地乎？盖沁水南流入河南，亦经怀庆，所云'沁水西北'者，固指彼处而言也。

《通志·原辨》曰：赵衰守原王屋山北，温与阳樊在王屋山南。按三日内闻风皆降，不必壤相接也，原城在沁水为核。然考覃怀沿革：汉置沁水，属河内郡，魏晋因之。北齐罢沁水为济

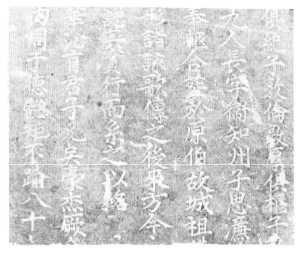

沁水县城西北凤原所存通刻有"原伯故城"的明代碑刻

源、王屋，隋唐因之。杜预《左传》注：原在沁水县西，似汉、晋沁水，今之济源也。又《通志》：河东郡端氏，河内郡沁水。《地形志》：安平郡领县二：端氏、濩泽。注：汉属河东，晋属平阳，似今之沁水，实非汉置。不然汉置沁水于濩泽、端氏之西，而属诸河内，置濩泽、端氏于沁水之东，而属诸河东，断无此理。《隋志》沁水注：旧置广宁，开皇十八年（598）改焉。邑志：县城，隋开皇间筑，似今之沁水，实隋置，而汉、晋端氏地也。沁水既核，不待辨，而知原在济源、王屋之间矣。

张大司马《原地辨识》之文所云"旧志"，应指万历《沁水县志》之前明代沁水石楼乡贤李瀚所编正德《沁水县志》，可能是李瀚首倡沁水"初为原国"之说。张大司马指明代沁水窦庄乡贤张五典，著有《大司马张海虹先生文集》，文集中不见收录《原地辨识》之文。张五典曾经编有万历《沁水县志》，其中可能载有《原地辨识》之文，以否认沁水"初为原国"之说。沁水历史上先后九次修志，皆以李瀚正德《沁水县志》与张五典万历《沁水县志》为蓝本，是沁水历代县志中最有影响的两部志书。正德志是《沁水县志》的开创奠基之作，万历志对后世重修《沁水县志》最有影响。

康熙年县令赵凤诏重修《沁水县志》，其卷一《地理志·沿革》，不用沁水"初为原国"之说而记曰："《禹贡》：属冀州。商初不可考，后祖乙迁都于耿，属畿内。周初属唐。"但却过录万历《沁水县志》张五典《原地辨识》之文，又在卷一《地理志·古迹》记："原伯故城：在县西北里许。沁水非原地也，张司马既辨之矣，今复存之阙疑。"嘉庆年县令徐品山重修《沁水县志》，其卷二《方舆·沿革》记沁水"周，初为原国，属唐"，亦过录张五典《原地辨识》之文，再过录前录《通志·原辨》之文。光绪年间县令秦炳煌重修《沁水县志》时，过录了正德《沁水县志》李瀚所倡沁水初为《原国》之文，又过录万历《沁水县志》张五典《原地辨识》之文，再过录嘉庆年《沁水县志》县令徐品山所录《通志·原辨》之文。惜正德与万历《沁水县志》皆未传世，康熙、嘉庆、光绪《沁水县志》所录之文，难以校正。

受历代重修《沁水县志》的影响，历代《山西通志》与《泽州府志》也受其影响。兹以雍正《山西通志》为例，其卷五十九《古迹·沁水县》节略过录张五典《原地辨识》之文：

> 原伯故城：西北里许，周原伯封国也。后赵衰为原大夫。张五典曰：旧志谓文王第十六子封原，即此。《左传》注："原在沁水西北。"今按《国语》及《淮南子》诸书，原与温固接壤也，温即今温县，樊阳皆在济源，属河南怀庆府，原安得独在此地乎？盖沁水南流入河，亦经怀庆。所云沁水西北者，盖指彼处言也。叔虞封唐，在今翼城县，与沁水相去甚近，故云属唐。《路史》："后杼居原。"杜预云："沁水西北有原城。"今河内轵县，夏季以原侯夸师者，当与张五典说互参之。

雍正《山西通志》卷一百七十八《辨证·沁水县·原辨》之文：

> 张五典曰：旧志谓周文王第十六子封原，即此地。今考《左传》载晋文公伐原事，注云：'原在沁水西北'，故旧志云尔。按《国语》及《淮南子》诸书云：周襄王以阳、樊、温、原畿内四邑赐晋文公，其后温与原叛，文公伐之，三日不降。文公命班师曰：'吾与诸大夫期三日。今三日不克，吾宁失原，不可失信于诸大夫。'原人闻之乃降，温人闻之亦降，则原与温固接壤也。温即今温县，阳樊皆在济源，俱属河南怀庆府，而原安得独在此地乎？盖沁水南流入河，亦经怀庆，所云'沁水西北'者，固指彼处而言也。叔虞封唐在今翼城县，与沁水相去甚近，故云属唐。《路史》、杜注及张氏说，当互参之。
>
> 《原辨》：赵衰守原，在王屋山北，温与阳樊在王屋山南。

然三日内闻风皆降，不必壤相接也。古史考赵衰居原，在原平县，即今代州崞县。按周穆王封造父于赵城，晋献公赐赵凤耿，凤生衰，世为晋卿。原守去耿远而去赵城甚远。后襄子无恤北灭代而并智氏，强于韩、魏，列为诸侯。赵武灵王拓地至燕代，西并云中、九原。崞县之原平，或襄子以后追祀其祖，非文公故封也。且霍太山以北，文公时尚属狄地，未为晋有。至平公败狄于太原，晋阳乃为赵氏邑，则原城在沁水为核。

雍正《泽州府志》卷四《方舆·五县分置》记："周为原国，春秋属晋。"卷十三《方舆·古迹考·沁水县》有文：

原伯故城，县西北里许，云周原伯封国也。晋以赵衰为原大夫。旧志谓文王第十六子封原，《左传》注："原在沁水西北"，即此。《省志》谓："《国语》、《淮南子》诸书，原与温固接壤，温即今温县及樊阳，皆在河南济源，原安得独在此地？"《路史》："后杼居原。"杜预云"沁水西北有原城"，当与旧说互参。今按：旧沁水县本在济源。桑钦《水经》曰："又南出山，过沁水县北，秦时所云河内轵县也。"今沁水县乃古阳阿、端氏地。杜注谓"沁水西北"，是指南流入河经怀庆之沁水。考济源县有原城，实在沁水西北。云"西北里许有原城"者，是误认传注所致。

之后，又辟《载〈通志〉原注》目，过录雍正《山西通志》卷一百七十八《辨证·沁水县·原辨》之文"《原辨》：赵衰守原，在王屋山北，温与阳樊在王屋山南"云云，其与雍正《山西通志·原辨》之文基本没有出入，但与光绪《沁水县志》所录《通志·原辨》之文明显不同。

清代雍正年之前，沁水已于明代永乐、正德、嘉靖、万历、崇祯，及清代顺治、康熙年，先后七次修志，如今只有康熙年县令赵凤诏重修《沁水县志》存世。雍正《山西通志》与雍正《泽州府志》中关于原国的记载，可能过录的是顺治志、康熙志中关于原国的记载。

《沁水县志》、《泽州府志》、《山西通志》所载诸文，透露出两个地理文化信息：李瀚主张沁水初为周文王第十六子原伯所封"原国"之地，沁水县城西北曾有"原伯故城"的碑刻可以为证。张五典则否认这一说法，认为周文王第十六子所封之"原国"，实在河内之沁水，即今河南济源，非指河东之沁水，即今山西沁水。其实，自宋朝以来，学术界就存在着"原国"初封在今山西沁水而后迁今河南济源，或说"原国"初封在今河南济源而后迁今山西沁水的不同说法。那么，文王第十六子原伯初封之"原国"，到底在何地呢？

周文王第十六子原伯所封之"原国"，本为周王朝时一个小小诸侯国，古代文献对其记载较为杂乱零散，而且头绪纷繁。清人李锴所撰《尚史》卷九十七《地理志·原》对原国历史记载较为简明系统而且全面，兹录如下：

> 原叔，武王之弟也，封于原（原地无考）。其后有原庄公，是为原伯。惠王元年（鲁庄公十八年，前676），使原庄公逆王后于陈。三年（鲁庄公二十年，前678）王子颓入成周，王居郑，子颓享大夫乐及遍舞。郑伯曰："哀乐失时，殃咎必至。子颓歌舞不倦，乐祸也。"明年，郑伯纳王杀子颓，郑伯享王于阙，西辟乐备（以王复辟享礼，亦备六代之乐）。原庄公曰："郑伯效尤其亦将有咎。"五月，郑伯卒。襄王时，有原伯叔带，以狄师伐周，获原伯。又有原伯贯者，周守原大夫。襄王十七年（鲁僖公二十五年，前635），晋文公平叔带之难，与之阳樊、温、原、攒茅之田。原不服，晋侯围原，原降，迁原伯贯于冀。又有原襄公者，周大夫。定王十三年（鲁宣公十五年，前594），王孙苏与召氏、毛氏争政。明年，晋使士会，平王室王享之原，襄公相礼焉。又有原伯绞，亦周大夫。景王十五年（鲁昭公十二年，前

530），原伯绞虐其與臣，使曹逃（與，众；曹，群也）。原與人逐绞，而立其弟跪寻，绞奔郊。原伯鲁者，亦周大夫，鲁人会葬曹平公，原伯鲁与之语，不说学。鲁闵子马曰："周其乱乎？原氏其亡乎？"敬王七年（鲁昭公二十九年，前513），周讨子朝之党，杀原伯鲁之子。（《左传》）

文中"襄王十七年（鲁僖公二十五年，前635），晋文公平叔带之难，与之阳樊、温、原、攒茅之田。原不服，晋侯围原，原降，迁原伯贯于冀"之句颇值关注。

周襄王时，王室内乱。襄王之弟王子带，又称叔带或大叔。周襄王四年（前648），襄王因王子带引戎人侵犯周都之故，派兵讨伐王子带，王子带逃到齐国。十年后，大夫富辰劝说襄王，从齐国召回叔带。叔带竟然盗嫂，与王后隗氏私通，周襄王废黜隗氏，叔带逃奔狄国。隗氏本狄君之女，狄君闻其女被废，驱兵直逼王城之下。襄王乃拜卿士原伯贯为将，出城御敌。周师大败，原伯贯与周公忌父、毛伯、富辰，皆做了俘虏。襄王逃奔郑国，原伯贯后逃回原城。狄人遂入洛邑，叔带僭称王号，立隗氏为王后。但周人恶之，叔带与隗氏出居于温邑（今河南温县），告难天下诸侯勤王，史称叔带之乱。《左传·僖公二十四年》记：

> 秋，颓叔、桃子奉大叔，以狄师伐周，大败周师，获周公忌父、原伯、毛伯、富辰。王出适郑，处于氾。大叔以隗氏居于温。

明年春（周襄王十七年，晋文公二年，前635），晋国大夫赵衰劝晋文公勤王救驾，尊王称霸。晋文公发兵救驾，护送襄王返回东周京都成周洛邑，攻占温邑，杀死了王子带，安定了王室，周襄王遂以畿内四邑，赏赐晋国。四邑包括温（今河南温县）、原（今河南济源）、阳樊（今河南济源西南）、攒茅田（今河南焦作东北），皆在与东周京都成周洛邑相距甚近的今河南之黄河以北、太行以南的河内地区。其语初载于《左传·僖公二十五年》：

> 晋侯辞秦师而下。三月甲辰，次于阳樊。右师围温，左师逆王。夏四月丁巳，王入于王城，取大叔于温，杀之于隰城。戊午，晋侯朝王，王飨醴，命之宥。请隧，弗许，曰："王章也。未有代德而有二王，亦叔父之所恶也。"与之阳樊、温、原、攒茅之田，晋于是始启南阳。阳樊不服，围之。苍葛呼曰："德以柔中国，刑以威四夷，宜吾不敢服也。此谁非王之亲姻，其俘之也！"乃出其民。冬，晋侯围原，命三日之粮。原不降，命去之。谍出，曰："原将降矣。"军吏曰："请待之。"公曰："信，国之宝也，民之所庇也，得原失信，何以庇之？所亡滋多。"退一舍而原降，迁原伯贯于冀。赵衰为原大夫，狐溱为温大夫。

原地即周文王第十六子原伯所封之"原国"，原伯之后裔原伯贯当然不服，晋文公遂用兵攻取原地，并承诺：三日不能攻占原地便退兵。三日后晋文公未能攻占原地，遂下令退兵。原地百姓见晋文公如此守信，纷纷出城归顺晋文公，原伯贯只好献城投降。晋文公遂将原伯贯举国迁往"冀"地，即今山西河津。这就是历史上著名的"伐原示信"之典故。《国语·晋语》：

> （晋）文公伐原，令以三日之粮。三日，而原不降，公令疏军而去之。谍出曰："原一过一二日矣！"军吏公告。公曰："得原而失信，何以使人？夫信，民之所庇也，不可失。"乃去之。及孟门，而原请降。

其事又载于《史记·晋世家》：

二年（周襄王十七年，晋文公二年，前635）春，秦军河上，将入王。赵衰曰："求霸莫如入王尊周。周晋同姓，晋不先入王，后秦入之，毋以令于天下。方今尊王，晋之资也。"三月甲辰，晋乃发兵至阳樊，围温，入襄王于周。四月，杀王弟带。周襄王赐晋河内阳樊之地。四年，楚成王及诸侯围宋，宋公孙固如晋告急。先轸曰："报施定霸，于今在矣。"狐偃曰："楚新得曹而初婚于卫，若伐曹、卫，楚必救之，则宋免矣。"于是晋作三军。赵衰举郤縠将中军，郤臻佐之；使狐偃将上军，狐毛佐之，命赵衰为卿；栾枝将下军，先轸佐之；荀林父御戎，魏犨为右；往伐。冬十二月，晋兵先下山东，而以原封赵衰。裴骃集解："服虔曰：'阳樊，周地。阳，邑名也，樊仲山之所居，故曰阳樊。'杜预曰：'河内沁水县西北有原城。'"

《史记·赵世家》亦有记载：

重耳为晋文公，赵衰为原大夫，居原，任国政。文公所以反国及霸，多赵衰计策，语在晋事中。司马贞索隐："《括地志》云：故原城在怀州济原县西北二里。《左传》云襄王以原赐晋文公，原不服，文公伐原以示信，原降，以赵衰为原大夫，即此也。原本周畿内邑也。"

明代冯梦龙历史演义小说《东周列国志》三十八回《周襄王避乱居郑晋文公守信降原》，对晋文公"伐原示信"之事，有详尽演绎，此节录相关内容：

晋文公闻太叔和隗氏俱已伏诛，乃命驾亲至王城，朝见襄王奏捷。襄王设醴酒以飨之，复大出金帛相赠。文公再拜谢曰："臣重耳不敢受赐。但死后得用隧葬，臣沐恩于地下无穷矣。"

襄王曰："先王制礼，以限隔上下，止有此生死之文，朕不敢以私劳而乱大典。叔父大功，朕不敢忘！"乃割畿内温、原、阳樊、攒茅四邑，以益其封。文公谢恩而退。百姓携老扶幼，填塞街市，争来识认晋侯，叹曰："齐桓公今复出也！"晋文公下令两路俱班师。大军屯于太行山之南，使魏犨定阳樊之田，颠额定攒茅之田，栾枝定温之田，晋侯亲率赵衰定原之田。为何定原之田，文公亲往？那原乃周卿士原伯贯之封邑，原伯贯兵败无功，襄王夺其邑以与晋，伯贯见在原城，恐其不服，所以必须亲往。颠颉至攒茅，栾枝至温，守臣俱携酒食出迎。

再说文公同赵衰略地至原。原伯贯绐其下曰："晋兵围阳樊，尽屠其民矣！"原人恐惧，共誓死守，晋兵围之。赵衰曰："民所以不服晋者，不信故也。君示之以信，将不攻而下矣。"文公曰："示信若何？"赵衰对曰："请下令，军士各持三日之粮，若三日攻原不下，即当解围而去。"文公依其言。到第三日，军吏告禀："军中只有今日之粮了！"文公不答。是日夜半，有原民绝城而下，言："城中已探知阳樊之民，未尝遭戮，相约于明晚献门。"文公曰："寡人原约攻城以三日为期，三日不下，解围去之。今满三日矣，寡人明早退师。尔百姓自尽守城之事，不必又怀二念。"军吏请曰："原民约明晚献门，主公何不暂留一日，拔一城而归？即使粮尽，阳樊去此不远，可驰取也。"文公曰："信，国之宝也，民之所凭也。三日之令，谁不闻之？若复留一日，是失信矣！得原而失信，民尚何凭于寡人？"黎明，即解原围。原民相顾曰："晋侯宁失城，不失信，此有道之君！"乃争建降旗于城楼，绝城以追文公之军者，纷纷不绝。原伯贯不能禁止，只得开城出降。髯仙有诗云："口血犹含起战戈，谁将片语作山河？去原毕竟原来服，谲诈何如信义多？"晋军行三十里，原民追至，原伯贯降书亦到。文公命扎住车马，以单车直入原城，百姓鼓舞称庆。原伯贯来见，文公待以

王朝卿士之礼，迁其家于河北。文公择四邑之守曰："昔子余以
壶飧从寡人于卫，忍饥不食，此信士也。寡人以信得原，还以信
守之。"使赵衰为原大夫，兼领阳樊。又谓郤溱曰："子不私其
族，首同栾氏通款于寡人，寡人不敢忘。"乃以郤溱为温大夫，
兼守攒茅。各留兵二千戍其地而还。后人论文公纳王示义，伐原
示信，乃图伯之首事也。

晋国占据温、原、樊阳、攒茅畿内四邑后，可直通太行山之南，因谓
之南阳。四邑临近东周京都成周洛邑，可扶持周王室，控制周天子，挟天
子以令诸侯。晋文公开始出兵中原，与一心想问鼎中原的楚国争霸，终成
齐桓公之后春秋五霸中第二位霸主，开创了晋国长达百年的霸业。

大概周襄王不满在王室内乱中原伯贯辜负使命，未能守住王城，迫使
襄王逃奔郑国，遂将温、原、樊阳、攒茅畿内四邑赏赐晋国。晋文公念其
与原伯贯同为周文王后裔，同为姬姓，不忍灭亡原国，遂将文王十六子原
伯之后裔原伯贯举国迁往"冀"地，重新立国。由此而观，周文王第十六
子原伯所封之"原国"，可以周襄王十七年（晋文公二年，前635）晋文
公攻占原国，原伯举国迁往"冀"地为界，分为前后原国两个时期，前原
国指文王第十六子原伯所封之"原国"，位于今河南济源；后原国指原伯
后裔原伯贯归顺晋文公后，举国迁往"冀"地之"原国"，位于今山西河
津，后来又迁往今山西沁水云云。山西三级方志，以及宋朝以来学术界，
之所以对"原国"到底位于何地之问题持续争论，关键就在于争论双方都
忽视了"前后原国"这一历史事实。如果能够按"前后原国"这一思路重
新思考，"原国"到底位于何地之问题，便可迎刃而解。

2. 前原国位于河南济源

关于前原国，或谓古原国，即周文王第十六子原伯始封"原国"之
地，位于今河南济源。

今日河南济源

　　周文王第十六子原伯之名不详。雍正《山西通志》卷六十二《封爵》记："原，伯爵，文王第十六子，名纹。武王十三年封，襄王三年，以其地赐晋文公。"文王十六子原伯名纹，在可以检索到的文献中，仅见此一例，是为孤证。

　　或说原伯又称原叔，因原伯封国是在武王之子成王即位之时，原伯为武王之弟，故称原叔。清李锴《尚史》卷九十七《志五·地理志下·原》云："原叔，武王之弟也，封于原（原地无考），其后有原庄公，是为原伯。"原叔只是成王对长辈的尊称，依然不知其名。

　　或说原叔即原公丰。《书·君奭》："召公为保，周公为师，相成王为左右。召公不说，周公作《君奭》。"孔颖达疏："皇甫谧云：原公名丰，是其一也，是为文王之子一十六国。然文王之子本无定数，并原、丰为一，当召公于中以为十六，谬矣。"宋魏了翁《尚书要义》卷十六《君奭·传以奭为周同姓经传无所考》："皇甫谧云：原公名丰，是其一也，是为文王之子一十六国。然文王之子本无定数，并原、丰为一，当召公于中以为十六，谬矣。"

　　所记周文王第十六子即原公丰很值得关注，他被奉为原国及后世天下原氏始祖。原公丰为公爵,其地位应与周公旦、召公奭、毕公高相当。周公旦、召公奭与毕公高之事迹,在古代文献中记载较详,唯原公丰事迹仅见孔颖达疏《书·君奭》所引皇甫谧之语。周公旦、召公奭、毕公高都曾在周朝京城宗周镐京(今陕西西安)先后辅佐周武王与周成王父子,与太公望姜子牙并称为"周初四圣"。同时,周公旦、召公奭、毕公高都曾在西周京城宗周镐京附近有封邑,后又有封国。周公旦初封周地(今陕西宝鸡),又封于鲁国,但未就封,仍留京城辅佐周武王与周成王父子,由长子伯禽前往就任,是为鲁公。召公奭初封召地(今陕西扶风),又封于燕国,亦未就封,仍留京城辅佐周武王与周成王父子,由长子克前往就任,是为燕侯。毕公初封毕原(今陕西咸阳),毕公高或其子辈,后来又在毕原建立毕国。按周公旦、召公奭、毕公高之例,原公丰也可能曾经就职于宗周镐京,初封原地。此原地按例应属公爵,应在西周京城宗周镐京附近。后来成王即位,周公大封诸侯,原公丰封于原国(今河南济源)伯爵。或谓原公丰亦未就封,由其子前往就任,是为伯爵,或即原伯纹。

周武王灭亡商纣,建立周朝,曾分封诸侯。《史记·周本纪》曰:"封商纣子禄父殷之余民。武王为殷初定未集,乃使其弟管叔鲜、蔡叔度相禄父治殷。"张守节《正义》云:"《地理志》云:河内,殷之旧都。周既灭殷,分其畿内为三国,《诗》邶、墉、卫是。邶以封纣子武庚;墉,管叔尹之;卫,蔡叔尹之:以监殷民,谓之三监。"《帝王世纪》云:"自殷都以东为卫,管叔监之;殷都以西为墉,蔡叔监之;殷都以北为邶,霍叔监之:是为三监。"又记:"于是封功臣谋士,而师尚父为首封,封尚父于营丘曰齐,封弟周公旦于曲阜曰鲁,封召公奭于燕,封弟叔鲜于管,弟叔度于蔡,余各以次受封。"周公旦、召公奭等,都曾受封于武王时期,封地都在西周京城宗周镐京附近,即今陕西西安附近地区。

武王灭亡商纣,建立周朝,仅二年便驾崩。《史记·周本纪》记:

成王少,周公恐诸侯畔周,公乃摄行政当国。管叔、蔡叔群弟疑周公，与武庚作乱，畔周。周公奉成王命，伐诛武庚、管叔，放蔡叔。

周公在平定武庚、管叔、霍叔之三监之乱后，为了巩固周朝天下，遂大封诸侯，形成众多诸侯国，以为周朝藩屏。周公分封诸侯，应在成王在位期间（前1024—前1005）。《左传·僖公二十四年（周襄王十六年，前636）》云：

惜周公弟二叔之不咸，故封建亲戚以藩屏周。管、蔡、成、霍、鲁、卫、毛、聃、郜、雍、曹、滕、毕、原、酆、郇，文之昭也。邢、晋、应、韩，武之穆也。凡、蒋、邢、茅、胙、祭，周公之胤也。杜预注："吊，伤也。咸，同也。周公伤夏殷之叔世，疏其亲戚，以至灭亡，故广封其兄弟十六国，皆文王子也。"

其中的"原"，即文王第十六子原伯始封之原国，位于东周朝京城成周洛邑（今河南洛阳）附近，即今河南之黄河以北、太行以南的河内地区。原国是在公元前11世纪周成王时期正式建国，下距周襄王十七年（晋文公二年，前635）晋文公攻占原国，原伯贯举国迁往"冀"地，约四百余年历史。

历代文献对文王第十六子原伯始封之原国位于今河南济源多有明确记载。《左传·隐公十一年（周桓王八年，前712）》云：

王取邬、刘、功萮、邢之田于郑，而与郑人苏忿生之田温、原、缔、樊、隰郕、攒茅、向、盟、州、陉、隤、怀。

杜预注：苏忿生，周武王司寇苏公也。（温）今温县。（原）在沁水县西。（缔）在野王县西南。（樊）一名阳樊，野王县西南有阳城。（隰郕）在怀县西南。（攒茅）在修武县北。（向）轵县西有地名向上。（盟）今盟津。（州）今州县。

（陉）阙。（隤）在修武县北。（怀）今怀县。凡十二邑，皆苏
忿生之田。攒茅、隤属汲郡，余皆属河内。

杜预将"原国"注解为隶属河内的"沁水县西"，指今河南济源县，
而非指今山西沁水县。

《史记·晋世家》曰："于是晋作三军，赵衰举郤縠将中军，郤
臻佐之；使狐偃将上军，狐毛佐之，命赵衰为卿；栾枝将下军，先轸佐
之；荀林父御戎，魏犨为右；往伐。冬十二月，晋兵先下山东，而以原
封赵衰。"裴骃集解："杜预曰：河内沁水县西北有原城。"

《后汉书·郡国志》"河内郡"有"怀有隰城，河阳有湛城，轵有
原乡"之记载，梁刘昭注补："《左传》曰：王与郑、原。杜预曰：沁
水西北有原城。"

晋代杜预《春秋释例》卷五《土地名第四十四之一·地名三十八》有
"原，河内沁水县西北原城"之记。

宋程公说《春秋分记》卷八十三《小国第三》："原，姬姓，伯
爵。《传》曰文王之昭，盖原伯之后世为王臣，或本封绝灭，食采畿
内。国在今孟州济源县。"

历代地理文献对文王第十六子原伯始封之原国位于今河南济源也有明
确记载，北魏郦道元《水经注》卷七《济水》曰：

今济水重源出轵县西北平地，水有二源。东源出原城东北，
昔晋文公伐原，以信而原降，即此城也。俗以济水重源所发，因
复谓之济源城。其水南径其城东故县之原乡。杜预曰：沁水县西
北有原城者是也。南流与西源合，西源出原城西，东流水注之。
水出西南，东北流注于济。济水又东经原城南，东合北水，乱流
东南注，分为二水。

历代河南方志对文王第十六子原伯始封之原国位于今河南济源也有明

确记载。《河南通志》卷五十一《古迹·怀庆府》云：

> 原城，在济源县西北十五里，晋文公伐原示信，即此，今名原乡。沁水城，在济源县东北沁水南，沁台西，今呼王寨城。

乾隆《怀庆府志》卷一《沿革志·沿革考·济源县》云：

> 夏为原。《旧志》："帝杼都。"周为原国。杜预《春秋地名》："原国即河南沁水县西北原城。"魏王泰《括地志》："古原城在怀州济源县西北二里。"《太平寰宇记》："即周畿内地，亦苏忿生之邑，今故城尚存。"按《乐史》所指，即原城也。春秋，晋原邑。《左传》：襄王以原赐晋文公，原不服，文公伐原以示信，原降，以赵衰为原大夫。《史记·赵世家》正义："原本周畿内邑也。"
>
> 汉为沁水、轵二县，地属河内郡。《汉书·地理志》："河内郡领沁水、轵二县。"孟康注："原乡，晋文公所围是也。"后汉因之，《郡国志》："轵、沁水并属河内郡。轵有原乡。"

乾隆《怀庆府志》卷四《舆地志·古迹·济源县》记："原城，在县西南。按：夏后杼居原。周武王封地原叔，晋文公伐原示信，即此。杜预曰'河内沁水西北有原城'，今呼为原村，遗址尚存。"又记："沁水县，在县东北沁水南，沁台西。按：《水经注》、《魏土记》曰：河内野王县西七十里有沁水，左经沁水城西，附城东南流也。"

《怀庆府志》提及"夏为原"、"帝杼都"、"夏后杼居原"等事。按《竹出纪年》卷上记帝少康"十八年迁于原"。清徐文靖统笺："按《郡国志》：'河内轵县有原乡。'《左传》杜注：'沁水西北有原城。'盖少康自夏邑迁原也。"又记帝杼："元年己巳帝即位居原，五年自原迁于老丘。"徐文靖统笺："按《水经注》：'济有二源，东源出原城，今孟州西北有古原城。'《路史》曰：'帝杼即位居原，即其地也。'"少康与帝杼先后为夏朝，即夏后氏第六、第七代帝王。夏都多变，少康与帝杼之时，曾迁都于原地。原地曾为夏朝都城，历史悠久，原本就是帝王之都。大概就是因为这个原因，周文王第十六子原伯才封至原国。

乾隆《济源县志》卷一《沿革》："济虽一隅，东周之畿内地也。春秋时荐赐晋、郑，原、缔、樊、向俱在济邑。"又："《禹贡》：冀州之域。东周为畿内地。春秋时初属郑，旋属晋，后又属郑，为原为向。"又："汉为轵县，为沁水，为波县，为司隶部河内郡。"

其《沿革·沿革年表》载：周"武王封地原叔"。又云："襄王十七年（晋文公二年，前635），赐晋阳樊、温、原、攒茅之田，在济者二。"又云："原国，今县西北有原城故址。"卷一《古迹》云：

> 原城，在县西北四里，今呼为原村。夏后杼居原，周武王封地原叔，晋文公伐原示信，即此。今济庙西龙潭东北遗址存焉。《水经注》云："俗以济水重源，所发因复，为之济源城。"
>
> 沁水城，在济源县东北沁水南，沁台西，汉时置，今呼王寨城。《水经注》云："沁水出山，过沁水县北，即此。"

河南济源至今保存着古原国的历史遗址"原城"与"王寨"。1993年《济源文史资料》第二集云：经济源有关人士考察，"在济源西北的几十个村中，唯有原昌村名含有史书记载的'原'。此村位于济源西北八公里，同时也在古沁水县旧治王寨村西北，两村相距十五公里，方向与史书记载相符"。当地村民传说昌乐村的来历："原昌村是夏朝的都城。春秋原昌是东周卿士原伯贯的采邑。"或谓原城遗址又称庙街遗址，位于济源天坛路火车站附近，属河南省文物保护单位。如今，济源方面在火车站广场原城遗址上建有"原城遗址"碑，以供人们凭吊观赏。

那么，周文王第十六子原伯始封"原国"之地，历代文献皆明确记载位于今河南济源，何以还出现原国到底位于何地的争论呢？周文王第十六子原伯始封之原国，原本就位于今河南济源。河南济源在汉代曾名沁水县，隶属河内郡，史称河内郡沁水县，历代沿革不废，至隋朝开皇年始废沁水县，改称济源县，隶属河内郡，至今县名沿革不变。与河南济源正好相反，山西沁水在汉代名端氏县，隶属河东郡，史称河东郡端氏县，历代沿革不废，北魏时分置东永安县，北齐时改名永宁县，至隋朝开皇年始废永宁县，改称沁水县，隶属长平郡，至今县名沿革不变。

山西三级方志及宋朝以来的学术界，之所以存在着"原国"初封在今山西沁水而后迁今河南济源，或说"原国"初封在今河南济源而后迁今山西沁水的不同说法，最主要的原因就在于，后人往往混淆"沁水县"这一地名在隋朝之前指河南济源而属河内郡，隋朝之后指山西沁水而属河东郡的界限，未能理清前后两个原国与两个沁水的关系，结果造成对两个原国之地的争论。所以，李瀚在正德《沁水县志》提出的山西沁水"初为原国"之说，及张五典在万历《沁水县志》中《原地辨识》之文提出的"原国"实在河南济源之说，皆不严谨。张五典在万历《沁水县志》中《原地辨识》之文提出的位于河南济源的"原国"，指的是前原国，即周文王第十六子原伯始封之"原国"；李瀚在正德《沁水县志》提出的山西沁水"初为原国"，指的是晋文公攻占原国后，将原伯贯举国迁往"冀"地，又迁往今山西沁水的后原国；或者李瀚所说的山西沁水"初为原国"指的就是后原国，因为表述不严谨，遂给张五典造成误解，张五典万历《沁水县志》才作《原地辨识》之文。

前录清人李锴所撰《尚史》卷九十七《地理志·原》之文，曾提及的"原庄公"，其为前原国的一位国君，可能是原伯贯之父。原庄公活动于周惠王（前678或前677—前653或前652）朝，惠王在位二十五年后传位于周襄王。原国君主谱系不可考，载入史册的原国之国君，除文王第十六子原伯外，另见晋杜预《春秋释例》卷八"世族谱第四十五之上"所载："原氏：原庄公，原襄公，原伯绞，公子跪寻，说曰绞弟，原伯鲁，原寿过。"宋吕祖谦《左氏传续说》卷十《昭公》解释曰："往者见周原伯鲁焉（十八年），晋文公已伐原，何故周又有原？原是原庄公之后，以原为氏。"

原庄公活动于周惠王朝。惠王元年（前676）受原庄公命，前往陈国，为惠王迎娶陈国女子为惠后。《左传·庄公十八年》曰：

> 虢公、晋侯朝王，郑伯使原庄公逆王后于陈。陈妫归于京师，实惠后。杜预注："虢、晋朝王，郑伯又以齐执其卿，故求王为援，皆在周倡义，为王定昏。陈人敬从，得同姓宗国之礼，故传详其事。不书不告。陈妫后号惠后，宠爱少子，乱周室，事在僖二十四年，故传于此并正其后称。"

惠后生周襄王与甘昭公王子带，王子带又称叔带，惠后宠爱叔带。周惠王驾崩，襄王继位。叔带竟与襄王隗后私通，致使兄弟反目，襄王出奔，叔带僭位。晋文公勤王救驾，平定内乱，乘机夺取了周襄王赏赐晋国的温、原、阳樊、攒茅田畿内四邑。原庄公为惠王迎婚不慎，不仅造成周室内乱，还造成自家故国之原国的沦丧，被迫从畿内迁往"冀"地。从活动时间分析，原庄公在周惠王元年（前676）为惠王迎娶惠后，惠后生襄王与叔带，至周惠王四年（鲁庄公二十一年，前673），原庄公还在世。《左传·庄公二十一年》所记可证："夏，同伐王城。郑伯将王，自圉门入，虢叔自北门入，杀王子颓及五大夫。郑伯享王于阙西辟，乐备。王与之武公之略自虎牢以东，原伯曰：'郑伯效尤，其亦将有咎。'五月，郑厉公卒。"杜预注："原伯，原庄公也。"原伯贯在襄王十七年（前635）举国迁往"冀"地，上距周惠王四年（鲁庄公二十一年，前673）仅三十八年，原伯贯应是原庄公之子。

3. 后原国迁入山西沁水

关于后原国，即文王十六子原伯之后裔原伯贯举国迁往"冀"地之原国，位于今山西河津，后迁山西沁水。

晋文公夺取周襄王所赏赐的温、原、阳樊、攒茅田畿内四邑之后，"迁原伯贯于冀"，原国进入后原国的历史。

冀指西周时的古冀国，位于今山西河津境内。《左传·僖公二年》云：晋国欲假道于虞以伐虢，"乃使荀息假道于虞，曰：'冀为不道，入自颠軨，伐鄍三门。冀之既病，则亦唯君故。今虢为不道，保于逆旅，以侵敝邑之南鄙。敢请假道以请罪于虢。'虞公许之，且请先伐虢"。杜预注："冀，国名，平阳皮氏县东北有冀亭。"皮氏县，战国魏皮氏封地，后为山西河津古称。相传冀国为唐尧后代，西周时被封在冀国（今山西河津），后被虞国所灭。春秋时晋献公又灭掉虞国，冀遂成晋邑。明傅逊《春秋左传属事》卷二《伯·晋文公之伯》云：僖公二十五年（前635），晋文公示信伐原，"退一舍而原降，迁原伯贯于冀"。属事："伯贯，周守原大夫。冀，晋邑，今山西河津县，有冀亭古国。"

然而，检索光绪《河津县志》及相关文献，并不见周文王第十六子原伯之后裔原伯贯迁原国于"冀"地及重建原国之原伯绞的记载；咨询河津有关人士，在河津境内也未发现相关原国的历史遗存或碑刻。不过，今河津市却有众多原姓居民。据曾任山西省社会科学院副院长的原方所撰而未发表的《原姓源流略考》之文云：

> 原姓后裔，当今居河津市者尚多。1988年山西省《河津县志》记载，河津有265姓，原姓有6765人，分居于北方平、樊村、固镇、龙门、连伯、寺庄、任家窑、杜家沟、清涧、范家庄、艳掌、东庄、城关、东关等村。2007年北方平村有原姓人口1700人。原姓何时至河津，因史料缺失，不可妄测。按现有资料，可能为公元前635年（周襄王十七年，僖公二十五年），晋灭原，迁

原伯贯于冀（今山西河津）之时。如是，迄今已2600余年矣。

河津应该有关于原国的相关文献史料或碑刻存世，很有必要前往河津做实地考察，或许能够发现一些关于原国的文献记载或历史遗存。

《左传·宣公十六年》载有"原襄公"一条记载：

> 秋，郯伯姬来归，出也。为毛、召之难故，王室复乱。王孙苏奔晋，晋人复之。冬，晋侯使士会平王室，定王享之，原襄公相礼，殽烝。武子私问其故。王闻之，召武子曰："季氏，而弗闻乎？王享有体荐，宴有折俎。公当享，卿当宴，王室之礼也。"武子归而讲求典礼，以修晋国之法。

事记周定王十四年（鲁宣公十六年，前593），周王室内乱，周朝卿士王孙苏逃亡至晋国，晋国重新恢复王孙苏卿士爵位。晋景公派士会前往调解王室纠纷，周定王设享礼招待，周大夫原襄公主持典礼，按王室礼节相礼殽烝。前录清人李锴所撰《尚史》卷九十七《地理志·原》之文，以为此事发生于周定王十三年（鲁宣公十五年，前594），上距周襄王十七年（鲁僖公二十五年，前635）晋文公"迁原伯贯于冀"仅四十一年，或四十二年。原襄公属于后原国的一位国君，在周朝任大夫之职。原襄公可能是后原国第二代或第三代国君，或为原伯贯的儿子或孙子。

《左传·昭公十二年》另有一条"原伯绞"的记载：

> 周景王十五年（鲁昭公十二年，前530）：周原伯绞虐其舆臣，使曹逃。冬十月壬申朔，原舆人逐绞，而立公子跪寻，绞奔郊。甘简公无子，立其弟过。过将去成景之族，成景之族赂刘献公。丙申，杀甘悼公，而立成公之孙鳅。丁酉，杀献太子之传庚皮之子过，杀瑕辛于市，及宫嬖绰、王孙没，刘州鸠，阴忌，老阳子。杜预注："原伯绞，周大夫，原公也。舆，众也。曹，群

也，跪寻，绞弟。郊，周也。甘简公，周卿士。（成景）成公，景公，皆过之先君。欲使杀过。刘献公亦周卿士刘定公子。悼公，即过。鳅，平公。过，刘献公太子之传。六子，周大夫及庚过，皆甘悼公之党。传言周衰原甘二族，所以遂微。"孔颖达疏："杜以原伯绞为周大夫，甘简公为周卿士，此无明据，以意言耳。"

"原伯绞奔郊"之事，发生在周景王十五年（鲁昭公十二年，前530），上距周襄王十七年（鲁僖公二十五年，前635）原伯贯迁原国于冀地已过105年，其属后原国的一位国君。"绞奔郊"，即出奔郊地。郊，古地名，春秋晋地，在今山西省运城市境。《左传氏·文公三年》云："秦伯伐晋，济河焚舟，取王官及郊。"杜预注："王官、郊，晋地。"清江永《春秋地理考实》引《汇纂》云："《史记》：'取王官及鄗。'《史记正义》曰：鄗音郊，当为临晋、平阳间小邑。"元程廷祚《春秋识小录》卷六《三地一名》云："郊，晋地。文（公）三年（周襄王二十八年，前624），秦伯伐晋，取王官及郊周地。昭（公）十二年（周襄王二十八年，前530），原伯绞奔郊，二十三年（周敬王元年，前519）晋人围郊曹地。定（公）十二年（周敬王二十二年，前498），卫公孟彄伐曹，克郊。"

王官与郊，皆与冀地相邻。据此推测，自河南济源迁至山西河津的原国，此时还在河津。原伯绞出奔郊地后，由其弟原伯跪寻继承原国之君位。宋罗泌《路史》卷十九《后纪·疏仡纪·高辛纪下》云："武伐纣，原公把小钺。原庄公后，亡。有原氏，佼（绞）氏，原仲氏，原伯氏，跪氏。"跪氏即原伯跪寻，原伯绞之弟，或谓原伯绞之子。

之后，原国又从山西河津迁至山西沁水，而且沁水成为后原国一个非常重要的活动地区，发现有较多的文献记载与碑刻。只是后原国何时迁至沁水，是一个难解之谜。

沁水历史上先后九次修志，仅康熙、嘉庆、光绪三部《沁水县志》

传世。三部《沁水县志》及雍正《泽州府志》、雍正《山西通志》等，皆有沁水"初为原国"、沁水为"原伯故城，县西北有碑，张大司马曾辨之"等记载，均附载张五典《原地辨识》之文。这充分证明，后原国确实迁至沁水。

据光绪《沁水县志》记，沁水为原伯故城，"县西北有碑，张大司马曾辨之"，意指沁水县城西北有块刻有"原伯故城"之文的碑刻。沁水县城西北里许有凤原，俗称"龙脖"，为沁水风水宝地，脉气很旺，故多古墓。如今的"龙脖"，已辟为居民小区，非旧时坟岗。但有好事者，在凤原之地，相继发现几通刻有"原伯故城"之文的碑刻，皆明代碑刻，兹列举于后。

明代陕西布政司参议奉旨侍亲翼城小溪刘志撰文、承仕郎行人司行人翼城前川史官书丹之嘉靖三十九年（1560）《明故周藩瑞金王府教授张公墓志铭》云："嘉靖三十八年己未十一月二十六日，涧松张公终于正寝。越明年二月二十四日，与初配徐孺人合葬于原伯故城祖兆之次冢。"墓主张公名镗，字振之，号涧松，沁水县城宣化坊人。此墓铭与后列几块墓铭，现今仍存龙脖居民巷中。

明代陕西等处提刑按察司使致仕前南京大理寺左寺正禹郡松堂徐衍祚撰文、河南道整饬□州兵备金事前翰林院庶吉士兵科给事中邑人眷生晋川刘东星书丹之万历六年（1578）《明宗教涧松张翁配孺人李氏合葬墓志铭》云：李氏"卒于万历六年正月十九"，张翁"其先代世系已备载涧松翁志矣，兹不复叙。邑令公将以四月十六日，奉枢合葬于原伯

今沁水城西二十里曲寨村大庙所存清代道光九年（1829）乡人所立碑刻

故城祖茔之兆焉，礼也"。墓主李氏为前碑张镗夫人。

明代知禹州事（沁水）张之屏撰之万历二十九年（1601）《明故寿官对峰张公墓志铭》云：张公"卒于万历四年七月十三日，享寿五十有三，将以十一月十四日葬于原伯故城祖茔之次"。母王氏"卒于万历二十八年八月十二日，越明年正月二十八日，启父穴而合葬焉"。墓主张公名知德，字学由，号对峰，县城宣化坊人。

清代浙江道监察御史钦差梯度江南苏松□等处学政前甲戌科进士眷侍生阳城陈昌言撰文、钦差布政司左参议川东道前癸酉科乡进士眷侍生高显生铭文之顺治十年（1653）《故文林郎直隶广平府威县知县万涵张公孺人王氏合葬墓志铭》云：张公"卒于崇祯四年（1631）十一月十九日酉时，享寿五十六岁。顺治十年十月十四日，合葬于原伯故城祖茔之左"。墓主张公名洪翼，号万涵，县城宣化坊人。

至今沁水县城之西的上沟居民点，仍有张氏后裔居住。另外，沁水西二十里曲寨村大庙，存有一通清代道光九年（1829）乡人所立碑刻，记曰："夫沁古原地也，西二十里有村，帽岭争崇乎伞山，印陵昌阜。鞍桥为显，特峙于艮干；笔架乐鼓，对侍夫巽坤。其间有寨，环绕盘旋，曰曲寨。说者晋文公攻卫得原，潜师屯此，未知是否？"后署"大清道光九年岁在强圉大渊献极如月谷旦立"。

上述碑刻共五通，撰写碑文者多属乡贤名流或名家名宦，皆赞同乡贤李瀚所编正德《沁水县志》中所主张的沁水"初为原国"，为"原伯故城"之说。沁水西北二十五里有王寨村，为沁水西北重镇。前文曾经有记：河南济源也有王寨村，又称王寨城。可能是原国迁至沁水时，原国之民有意取用故乡地名，以示对故乡的怀念与纪念。或者说，原国在迁入沁水之初，可能居于王寨，后又迁至沁水县城，沁水县城遂被称为"原伯故城"。

原国在春秋时期已经迁至沁水县城，这是沁水西部第一个行政建制，是沁水历史上的大事。那么，沁水县城就可以自周襄王十七年（鲁僖公二十五年，前635）原伯贯迁原国于冀地之100多年后的一个时间算起，迄今应该有2500多年历史，是个名副其实的千年古县。

唐杜佑撰《通典》卷三十一《职官·历代王侯封爵》，载有古代封爵之制：黄帝时方制万里，分建万国，各百里。殷制，天子之田方千里，公、侯百里，伯七十里，子、男五十里。不能五十里者，不合于天子，附于诸侯。"周之初，列爵惟五，公、侯、伯、子、男，分土唯三，公侯方百里，伯方七十里，子男方五十里，并因殷制。至周公居摄，制礼作乐，列爵分土，皆五等焉。公五百里，侯四百里，伯三百里，子二百里，男百里。凡诸侯世子世国，继世以诸侯，象贤。大夫不世爵，使人以德，爵以功。"

原国初属伯爵，应有"伯方七十里"或"伯三百里"的土地作为食邑。不过，迁至沁水的原国，已非西周周公时始封周文王十六子原伯之原国。原国自被晋文公迁至山西河津时，已非独立的诸侯之国，而是一个附属于晋国，任凭历代晋国国君摆布，不断迁徙的附庸小国。历代晋国国君随意给他一块土地作为食邑，便是恩赐施舍。所以迁至沁水的原国，到底有多大食邑土地，已不可

沁水西北二十里王寨村，原国在迁入沁水之初，曾经居于王寨，后又迁至沁水县城，沁水县城遂被称为"原伯故城"

考。以王寨距沁水县城二十五里计，原国在沁水的食邑土地，不会超过"伯方七十里"。

另有说法，原国在迁居沁水不知多少年之后，又东迁至今沁水县东北郜约170里处东峪乡的团里村。团里村今约180户人家，600口村民，其中

沁水东峪团里村地貌

大多为原姓。团里村原姓村民透露，其先辈是从沁水原国迁来的。

团里村曾有一通碑刻，据曾经看到过这通碑刻者透露，这通碑刻中有关于"团里村原姓先辈是从沁水原国迁来"的记载。惜碑刻已佚，无从考证，权且当作道听途说，以为参考。同时，团里村外有一规模较大的土包，村民称其为"天子墓"。至于其为哪一代天子之墓，因墓碑遗失，没有人能够说清，也无从考证。今沁水县城及周边与王寨村及周边，都没有发现有原姓之原居民集中居住的居民点或村落。以此推测，从山西河津迁居沁水的原国，可能不知何时又举国或举族迁徙至沁水东峪乡的团里村的传说，或许有一定的历史真实性，只是需要文献或文物证实。

沁水东峪团里村东南约三十里，与今山西高平西鄙交界处有原村，亦多原姓，境内有皇王寨、皇王头等地名。据坊间传说，原村曾有一古墓，多年前被盗，出土了一批编钟类文物。有方家从文物等级规格上分析，原村出土的文物，应属王侯等级规格的文物。当时一位执教山西大学的沁水籍历史专家江地闻说后推测：原村古墓可能就是春秋时原国之原伯的陵墓。这一说法非常惊人，如果属实的话，可以进一步追踪原国是如何从沁水迁至山西高平原村的。可惜高平原村的文物发现，信息不明，诚是遗憾非常。

不过，中华书局2014年版《晋城地名志》三章《居住地名·高平·原村乡·原村》有记："周武王封文王十六子绞于原，即此。"《晋城地名志》附录《地名大事记》云："约公元前1000年（周武王十三年），封周文王十六子绞为原公（沁水东北至高平原村一带）。"

不过，有沁水东峪乡团里村的原姓居民，很自信地说，高平原村等地、阳城下交村等地，包括晋城、长子、潞城等地的原姓，都是从沁水东峪团里村迁去的。河南济源华夏原氏文化研究会主办《原氏文化》2013年第2期所载原建华《安阳原氏聚散播迁初探》以及2014年第1期所载原贵松《从碑刻分析（林州）东岗原氏的世谱》等文也都透露：河南安阳、林州等地的原姓，是在明代从山西或山西潞城等地迁来；阳城下交村的原姓，在明代也曾经二次向河南济源移民。

这就引出一个问题，原国迁至山西河津后，何以如此频繁迁徙呢？这可能与其国运衰微有关。那么，原国衰微于何时？因何事衰微？河南济源之先祖文王十六子原伯始封原国之地，被晋文公攻占，原国被迫举国离开故土，迁徙山西河津后，原国已经元气大伤，国运衰微，一蹶难振，这是原因之一。

前录清人李锴所撰《尚史》卷九十七《地理志·原》之文，曾语及"原伯鲁"："原伯鲁者，亦周大夫。鲁人会葬曹平公，原伯鲁与之语，不说学。鲁闵子马曰：'周其乱乎？原氏其亡乎'？"此语出自《左传·昭公十八年》：

周景王二十一年（鲁昭公十八年，前524）：秋，葬曹平公。往者见周原伯鲁焉，与之语，不说学。归以语闵子马。闵子马曰："周其乱乎？夫必多有是说，而后及其大人。"大人患失而惑，又曰："可以无学，无学不害。"不害而不学，则苟而可。于是乎下陵上替，能无乱乎？夫学，殖也，不学将落，原氏其亡乎？

原伯鲁在东周第十二代国君周景王二十一年（鲁昭公十八年，前524）参加曹平公葬礼，上距周襄王十七年（鲁僖公二十五年，前635）迁原国之原伯贯于冀地已过100多年，其属后原国的一位国君，在周朝任大夫而辅佐周天子。葬礼间，鲁国使臣与原伯鲁交谈，发现他不乐于学，回国后告知闵子马。闵子马认为原伯鲁不乐于学，乃原氏将亡之兆，必然导致原氏灭亡。果然，十一年后，原伯鲁之子参与王子朝之乱，被杀。《左传·昭公二十九年》云：周敬王七年（鲁昭公二十九年，前513），"三月己卯，京师杀召伯盈、尹氏固及原伯鲁之子"。杜预注："皆子朝党也，称伯鲁子，终不说学。"原伯鲁不好学，导致儿子也不好学，带来杀身之祸，还祸及原国。原伯鲁不好学而亡家亡国，诚让人贻笑千古。古人曾广泛引用这一典故，以为教训劝惩。宋王应麟《困学纪闻》卷六《春秋》记有当时俗语："周之替也，自原伯鲁之不说学。秦之亡也，自子楚之不习诵。"宋吕祖谦《左氏传说》卷十三《昭公十八年·周原伯鲁不说学》又记：

曹平公之丧，诸侯大夫皆往会葬，鲁大夫往见周原伯鲁。原伯，周之大夫也。鲁大夫与之语，不说学，归以告闵子马。闵子马，鲁之贤者。言周其乱乎，夫必多有是说，而后及其大人也。盖言公卿不说学，必是一国风俗皆不说学也。想下面人此般说话多，然后渐渍到大人。夫人之不说学，自不居位之人，观之无利害，得失尚不能辨，况周原伯是周之大夫。方且战于人欲之地，见众人不说学，岂暇辨是非利害，亦随波逐流，何故？只缘他心无主，唯其如此，乃曰："可以无学，无学不害。"若怀无学不害之心，苟且因循，靲岁愒日，使人人皆怀此心，自然下陵上替，其能无乱乎？

原国是在周敬王之朝，原伯鲁之子参与王子朝之乱被杀之后，即东周第十三代国君周敬王七年（鲁昭公二十九年，前513）之后，最终衰败灭亡。200多年后的东周末代国君周赧王五十九年（前256），周朝也最终灭亡。

周朝由周文王之子周武王灭商之后，约于公元前1045年建国，国祚约为804年，是中国历史上国祚最长的朝代。西周共历12代君王，东周共历25代君王。原国自西周第二代君王周成王（前1042—前1021）在位，周公大封诸侯之时，周文王第十六子原伯始封河南济源之原国开始立国，历东周第六代君王周襄王十七年（鲁僖公二十五年，前635），再历晋文公迁原伯贯于山西河津而重新立国，原国开始衰败，至周敬王之后，即原伯鲁之子被杀之后，最终灭亡，其国祚约500年。周襄王十七年（鲁僖公二十五年，前635），晋文公夺取温、原、阳樊、攒茅田畿内四邑，迁原伯贯于山西河津，原国只是迁国而非亡国。迁徙山西河津的后原国，还有周定王朝之原襄公及周景王朝之原伯鲁等后原国之国君在周朝任职而辅佐周天子，可以证实当时原国的国祚仍在延续，只是衰败，而未灭亡。

原国最终走向了灭亡，但它创造的文化得到延续。周襄王十七年（鲁僖公二十五年，前635），晋文公夺取温、原、阳樊、攒茅田畿内四邑，将原伯贯举国迁至山西河津。按当时制度规定，原国臣民要全部迁离故土。于是，有一部分原国臣民被迁至温地（今河南温县），他们以国为姓，是为温地原姓，然后向周边播迁，形成河南原氏。原国大部分臣民被迁至冀地，同样以国为姓，是为冀地原姓，然后向周边播迁，形成山西原氏。晋文公夺取原国后，曾任晋国大夫赵衰为原大夫，赵衰后又举荐先轸为原大夫。赵衰后代有以地为姓者，形成赵氏原姓。先轸则又号原轸，形成先氏原姓。河南原氏与山西原氏，可称为原氏正宗；赵氏原姓与先氏原姓，可称为原氏旁流。不论河南原氏与山西原氏，还是赵姓原氏与先姓原氏，皆源于河南济源境内文王十六子原伯所封之原国。不论天南海北，不论来自何方，天下只有一个原姓，可称为一源二宗四派。如今原氏遍布全国，以河南与山西原氏最多，占到全国原氏的百分之九十以上，而且山西原氏又多于河南原氏。

源远流长的原氏，先后涌现出众多历史名人，春秋之际见诸史籍之原姓者，即有陈国（都今河南淮阳）大夫原仲，孔子弟子、鲁国（都今山东曲阜）人原亢、原宪，以及孔子故旧原壤，郑国（都今河南新郑）大夫原繁。按《古今图书集成·氏族典》一百五十六卷《原姓部列传》所载，周代有原繁、原仲、原伯贯、原轸、原縠、原伯鲁、原寿过、原壤、原宪、原亢、原过等，汉代有原涉、原亲、原意、原未央、原市等，唐代有原复等，明代有原韬、原杰、原性、原秉衷、原道、原轩、原采、原登云、原一魁、原一道、原之允、原富、原古、原厚、原美观等，清代有原良、原诘等。其中或卿相，或名士，或仁人，或孝子，不绝史册，他们为中华文明的持续繁荣做出了重要贡献。今人将这一文化现象，称之为"原氏文化"。

十年前的2005年，笔者曾作《沁水史话纵横》一书，针对《沁水县志》所记沁水"初为原国"之说，专辟《原地指迷》一文。此文以《左传》与《史记》所载史料为据，又受张五典《原地辨识》之文与其他文献影响，以为原国实在河南济源，而非在山西沁水，明代乡贤李瀚在正德《沁水县志》首倡沁水"初为原国"，为"原伯故城"之说，是历史误载。

《沁水史话纵横》虽对原国是否在山西沁水作有辩证并得出结论，然而多年来，笔者一直自问：明代乡贤李瀚是个大学问家，难道真的不知道文王十六子原伯所封之原国实在河南济源而不在沁水吗？到底什么原因使李瀚误载历史？十年间，笔者一直在思考这个问题而不能释怀，一直在思考如何才能对这个问题做出合理解释。因此，反复阅读、思考关于原国的史料。一日，读至《左传·僖公二十五年》文中关于晋文公攻破原国"迁原伯贯于冀"之句，突然有所省悟。

当年作《沁水史话纵横》时，谈到原国结局，因受著名历史学家林汉达的影响。林汉达所编《东周列国故事新编》第四十篇《信用第一》如此记：

> 原城的人瞧见晋国人真回去了，这才知道晋文公真是讲信义

的。再说他们已经听到了阳樊人并没遭到屠杀。大家伙儿乱哄哄地在城墙上插了降旗。有的用绳子从城墙上吊下来，要求晋侯回去。原伯贯一瞧人心变了，没法儿禁止，只好顺水推舟地打发人去请晋文公回来。幸亏晋国的兵马走得慢，一下子就追上了。晋文公把兵马驻扎下来，自己带了一班武士进了原城，先安抚安抚老百姓，然后很有礼貌地对待周朝的卿士原伯贯，请他搬到河北去住。晋文公叫赵衰为原城大夫，同时管理阳樊；叫郤溱为温城大夫，同时管理攒茅。晋文公虽然不能修条地道直通坟坑，可是得了四座城，再说这全是天王自己的城，这一份实惠可真不小。从此，晋国在洛阳附近也有了土地了。

前录明代冯梦龙《东周列国志》三十八回，也记晋文公将原伯迁往河北，遂不加思考，望文生义地以为"冀"指的就是"河北"，便随意写了一句："晋文公用兵收回原地，将原伯贯迁往河北。"

实际上"冀"字在此处的意思，是指位于山西河津的古冀国，其意应为："晋文公用兵收回原地，将原国从河南济源迁往山西河津。"由此继续思考：晋文公将原国从河南济源迁往山西河津，很有可能晋文公之后的晋君，又把原国从山西河津迁来沁水。按照这一思路，自然可以想到：初在河南济源之原国可以称为"前原国"，迁往山西河津之原国可以称为"后原国"，山西沁水之原国属于"后原国"。明代乡贤李瀚正德《沁水县志》关于沁水"初为原国"之说，准确的意思是：沁水"初为后原国"。于是，重新整理史料，按照"前后原国"的思路，写成此文，翔实地论证了"前后原国与两个沁水"的关系及历史。

清代嘉庆《沁水县志》乡贤张心至序云：邑之有志，犹国之有史也。凡一邑之风土人情，沿革变易，盛衰得失之故，鳌然毕具。长民者一披览焉，其所以因地制宜，补弊补偏，兴废举坠者，端赖乎此，方不失修志之功德。若修志有误记误载，不仅误记一时误载一地，至于误传后世千年，误传天下神州，诚是遗害不浅。所以，历代频繁修志，一为增补新的史料，再为纠正旧志之误，方成一代信史。

这是《沁水史话纵横·原地指迷》一文之小序，笔者再录于此，特作声明：《沁水史话纵横》对沁水"初为原国"的论证，不甚稳妥，它仅仅详细论证了位于河南济源的"前原国"，忽视了迁往山西河津后再迁往山西沁水之"后原国"的存在。故作此文，对笔者所作《沁水史话纵横》以及《沁水历代文存》、《沁水县志三种》等书中对沁水"初为原国"解释之误，特做更正，并向所有读者致以诚挚的歉意。

四、三家分晋与古代端氏

春秋末年至战国初年，中国发生了一系列重大历史事件，诸如魏、韩、赵三家分晋而迁晋君于端氏，鲁国季孙氏、叔孙氏、孟孙氏三分公室推行封建制，齐国田氏（陈氏）取代姜齐成为齐国诸侯，郑国七穆执政子产封建制改革，楚国任用吴起变法实行封建制，秦国李悝、卫鞅先后进行封建制变法等等，促使中国古代社会发生重大变革，终使奴隶制社会解体，中国进入封建社会。三家分晋等历史事件，便成为中国古代社会从奴隶制向封建制演变的一个重要标志，而三家分晋则是这一重大社变革的历史序幕。

1. 三家分晋迁晋君于端氏

春秋末年，魏、韩、赵三家瓜分晋地并迁晋君于端氏这一历史事件，就发生在今山西沁水境内的端氏聚，即今山西沁水郑庄沁河西岸的西城村，1982年被列入沁水县文物保护单位。

《史记》等古代文献对此有具体记载：

《史记·晋世家》："当是时，晋国政皆决智伯，晋哀公不得有所制。智伯遂有范中行地，最强。（晋）哀公四年（前453），赵襄子、韩康子、魏桓子共杀智伯，尽并其地。十八年（前437），哀公卒，子幽公柳立。（晋）幽公之时，晋畏，反朝韩赵魏之君，独有绛、曲沃，余皆入三晋。十五年（前422），魏文侯初立。十八年（前420），幽公淫妇人，夜窃出邑中，盗杀

幽公。魏文侯以兵诛晋乱，立幽公子止，是为（晋）烈公。烈公
十九年（前397），周威烈王赐赵、韩、魏皆命为诸侯。二十七年
（前389），烈公卒，子孝公颀立。（晋）孝公九年（前380），
魏武侯初立，袭邯郸不胜而去。十七年（前377），孝公卒，子静
公俱酒立。是岁，齐威王元年（实为齐威王二年，前377）也。
（晋）静公二年（前376），魏武侯、韩哀侯、赵敬侯灭晋后而三
分其地，静公迁为家人，晋绝不祀。"司马贞索隐："《纪年》
云：桓公（晋孝公）二十年（前369），赵成侯、韩共侯迁（晋）
桓公（晋孝公）于屯留，以后更无晋事。"又："《纪年》云：
'魏武侯以桓公（晋孝公）十九年（前370）卒，韩哀侯（前371
卒）、赵敬侯（前375卒）并以桓公（晋孝公）十五年，卒。'又
《赵系家》：'列侯十六年（前376），与韩分晋，封晋君端氏。其
后十年，肃侯徙晋于屯留，不同也。'"

《史记·赵世家》亦载："（赵敬侯）十一年（前376），魏、韩、
赵三家共灭晋，分其地。"又："（赵成侯）十六年（前359），与韩、
魏分晋，封晋君以端氏。"又："（赵）肃侯元年（前349），夺晋君端
氏，徙处屯留。"

宋吕祖谦《大事记解题》卷二："周安王二十六年（前376）魏、
韩、赵共徙晋靖公（晋静公）食一城而分其地。"解题曰："按《世家》
'靖公二年，魏武侯、韩哀侯、赵敬侯灭晋而三分其地（《楚年表》书：
晋灭其君。）'，所分者绛与曲沃之地也。其后又书：'赵与韩、魏分
晋，封晋君于端氏。'赵肃侯元年（前326）又书：'夺晋君端氏，徙处
屯留。'《水经注》：'《竹书纪年》：梁惠成王元年（前370），韩共
侯、赵成侯迁晋桓于屯留。'《竹书》所谓晋桓，即《史记》所谓晋靖公
（晋静公）也。徙屯留之岁，《史记》《竹书》所载虽不同。要之，三晋
既分晋地，尚奉靖公（晋静公）以一城，其后夺其城，徙之屯留，始夷于
编户矣。"

上述记载较为复杂，各家记载相互有所出入，系统梳理一下：

东周第十三代天子周景王（前544—前520）与第十五代天子周敬王（周敬王前周悼王在位半年，前519—前477）时，晋国第三十三代国君晋顷公（前525—前512）在位，晋国韩、赵、魏、范、中行及智氏等六卿日渐壮大，相互争权，不断兼并，逐步形成智、赵、韩、魏四卿纷争局面，智氏最强。

周定王十六年（晋哀公四年，前453）前后，智伯掌控晋国国政，国土多归智伯。赵襄子、韩康子、魏桓子三家共灭智伯，三分其地，晋国实际上已被三家瓜分，并由韩、赵、魏三家掌控国政。

周考王七年（晋幽公元年，前434）晋哀公死，晋国第三十七代国君晋幽公（前433—前416在位）即位，韩、赵、魏瓜分晋国剩余土地，只留绛与曲沃两地给晋幽公。

周威烈王二十三年（晋烈公十九年，前403），周天子封韩、赵、魏三家为诸侯，韩、赵、魏三家开始自立，晋国名存实亡。后晋国第三十八代国君晋烈公（前423—前394）传位晋孝公（前393—前377在位），晋孝公传位第四十代国君晋静公（前377—前349在位）。

周安王二十六年（晋静公二年，前376），韩、赵、魏三国彻底瓜分晋君剩余土地，并迁晋静公于端氏（今山西沁水境内）。晋静公在端氏聚大约生活十年（或说二年），赵肃侯又夺晋君端氏地，再徙晋君于屯留，遂杀晋君，晋国灭亡。

晋君迁于端氏，这是约自公元前500年前后原国迁入沁水之后，又一个迁入沁水的诸侯国，端氏实际上成为晋国后期的一个国都；被迁于端氏的是晋国末代国君晋静公，晋静公实际成为沁水历史上又一位地方长官，一位国君身份的地方长官，这是端氏一段十分荣耀的历史。

春秋末年，魏、韩、赵三家灭晋而分晋地，迁晋君于端氏，又夺晋君端氏食邑，再徙晋君于屯留。这是中国古代社会重大的历史事件，也是古代沁水最重大的历史事件。这一重大历史事件的发生，是以沁水为历史舞台而进入尾声的。地处深山偏邑的沁水，由于有了"三家分晋迁晋君于端氏"之重大历史事件，才在中国历史上有了自己的地位而被正式载入史册。所以，沁水远古历史，虽有下川遗址、舜耕历山、原国故地、乌岭会盟等史迹事件，然而正式载入史册者，实以"三家分晋迁晋君于端氏"为历史的第一页。

作为晋国后期国都的端氏，全称端氏聚，并非指今日之端氏，而指今日沁水郑庄沁河西岸的西城村。西城村是沁河岸边一个小小村庄，至今不过几十户人家，却有如此一段关系到中国古代社会进程的重大历史事件，成为沁水历史上又一个政治文化中心。

西城村原名端氏聚，三家迁晋君之时，已有端氏聚之名。这说明，晋君迁端氏聚之前，端氏聚已经是端姓人家的聚居之地。那么，端氏聚是如何形成的？

据说沁水县档案馆保存有一部河东沁水《端氏族谱》，清朝年间木刻印本。《端氏族谱》已不知下落，网上的信息是：《端氏族谱》认为端姓出自孔子弟子子贡，本姓端木氏，后省称端氏。

问题在于，据历代《沁水县志》所记人物及笔者所知，沁水虽有端氏之地名，并没有端氏之姓氏，有必要先探讨沁水端氏之姓氏与端氏之地名的来源问题。

远古社会姓与氏本两回事，姓起源于女系，氏起源于男系。《通志·姓氏略序》："三代之前，姓氏分而为二，男子称氏，妇人称姓。"秦汉之后，姓与氏始通称为姓氏。清代顾炎武《日知录·氏族》记："姓氏之称，自太史公（司马迁）始混而为一。"

姓最初为部落之名，后人口繁衍，部族扩张，遂分出许多支系，这个支系便是氏。古代姓早于氏，姓为起源，氏为支系衍生。姓最早出现于母系社会晚期至奴隶社会早期。母系社会以女氏为谱系，所以今日所见凡带"女"旁之姓氏，如姬、姚、姜、晏等姓，多是古代中国的老姓；其他不带"女"旁之姓，都是后出姓氏。后出之姓氏，多出现于奴隶社会时的父系社会，以后的姓氏，便以男子为谱系。如某李氏之妻，人们多称呼其为"李氏"，至于此妻原姓氏，反而逐步不太为人知。此即父系社会姓氏的明显变化。

端氏之姓氏溯源有二说：

其一，明人徐渭《路史》有记：春秋末年、战国初年，魏、韩、赵三家分晋，迁晋君于端氏聚，遂以居地为姓氏。然而三家分晋时，沁水已有端氏聚之名。所以端氏之姓氏的起源，应当早于晋君迁于端氏之说。

其二，唐人林宝《元和姓纂》又记：孔子弟子端木赐，字子贡。子贡后人以其字为氏而为贡姓，所以贡姓与端木氏实为同姓，后人简称端木氏为端氏。

据《明史·端复初传》："终洪武世，为刑部者亦几四十人，杨靖最著，而端复初、李质、黎光、刘敏亦有名。复初，字以善，溧水（今属江苏）人。子贡裔也，从省文，称端氏。"

明代吴宽《家藏集》卷五七《端友传》又记：

> 端友，盖春秋时卫人，端木叔之裔。端木叔好游，庄周称其维山川险阻无所不之者也。曾南游过五岭至端州日："此吾姓也。"止之，遂去木称端。端州，即今肇庆是也。

端木氏之姓，是由端木叔"去木称端"而简称"端氏"的，故端木叔之裔"端友"者，遂不称"端木友"而称"端友"，端氏之姓遂行天下。端木叔与庄子同时代，是为春秋时人。

端木叔为端木赐后代，端木赐即子贡，春秋卫国黎邑人（今河南浚县）。卫国辖地包括今河南北部与东北部、河北西南部，与山西东南部接壤。

子贡是孔门七十二高足之一，善言辞，先后在鲁国、卫国做过官。春秋时，齐国曾欲攻鲁国，孔子闻之，遣子贡游说齐、吴、越、晋等诸国救鲁。子贡奔波于诸国之间，促使吴国出兵大败齐师，又使越国破吴国，再使晋国大败吴师，终使鲁国幸免于难。因此而知，子贡曾经出使到过晋国。

《史记·仲尼弟子列传》记子贡赴晋一事：

> 子贡因去之晋，谓晋君曰："臣闻之，虑不先定不可以应卒，兵不先辨不可以胜敌。今夫齐与吴将战，彼战而不胜，越乱之必矣；与齐战而胜，必以其兵临晋。"晋君大恐，曰："为之奈何？"子贡曰："修兵休卒以待之。"晋君许诺。

> 子贡去而之鲁。吴王果与齐人战于艾陵，大破齐师，获七将军之兵而不归，果以兵临晋，与晋人相遇黄池之上。吴晋争疆。晋人击之，大败吴师。越王闻之，涉江袭吴，去城七里而军。吴王闻之，去晋而归，与越战于五湖。三战不胜，城门不守，越遂围王宫，杀夫差而戮其相。破吴三年，东向而霸。

> 故子贡一出，存鲁，乱齐，破吴，疆晋而霸越。子贡一使，使势相破，十年之中，五国各有变。

子贡又善经商货殖，经常往来于各国之间，有千金之富，是孔门最富有的弟子，也是中国历史上最早的一位儒商。

春秋时，晋国先后建都于今山西翼城、曲沃，皆在沁水西向。子贡无论是从鲁国入晋还是由卫国入晋，无论是去翼城还是曲沃，沁水都是必经之地。很有可能子贡在出使晋国途中或经商期间，路经沁水某地短暂停留。子贡是历史名人，名气极大，沁水人便将子贡停留过的地方称为端氏聚。

也有可能在春秋时期，端木家族中有一支迁入山西沁河岸边，才有端氏聚之地名。卫地子贡姓端木名赐，最早的端氏之姓氏可能就源于卫地，其子孙迁居沁水后，便称迁居之地为端氏聚。

这都是推测考证，也是对端氏之姓氏来源比较合理的解释。沁水端氏以孔门高足子贡为始祖，这是非常荣耀的事情。

2. 端氏侯国与古端氏县

进入两汉，西城端氏聚又迎来一段辉煌的历史，先是被立为端氏县治，又被封为端氏侯国。

> 《汉书·地理志》云：河东郡，秦置，辖县二十四，包括"安邑、大阳、猗氏、解、蒲反（蒲阪，即永济）、河北、左邑、汾阴、闻喜、濩泽（阳城）、端氏、临汾、垣（垣曲）、皮氏、长修、平阳、襄陵、垝、杨、北屈、蒲子、绛、狐讘、骐"等。
>
> 《后汉书·郡国志》云：河东郡，秦置，辖县二十，包括"安邑、杨、平阳、临汾、汾阴、蒲阪（永济）、大阳、解、皮氏、闻喜、绛、永安、河北、猗氏、垣（垣曲）、襄陵、北屈、蒲子、濩泽（阳城）、端氏"等。

西汉元封二年（前127），汉武帝颁"推恩令"，分封同姓诸侯王子孙，并给予封地食邑。湿成侯刘忠被封到端氏聚，即今沁水郑庄西城，建立了一个小小的端氏侯国。

《汉书·王子侯表》云："汉湿城侯刘忠，代共王子。（武帝三年）正月壬午封，后更为端氏侯。薨，亡后。"

《山西通志·封爵》云："汉湿城侯刘忠，代共王子。武帝三年正月封，后徙端氏侯。"

东汉建武十一年（35），光武帝族兄成武孝侯刘顺之子刘遵，也曾被封为端氏侯而居于端氏聚，仍指沁水郑庄之西城。《后汉书·宗室四王三侯列传·成武孝侯顺》云：

> 成武孝侯顺字平仲，光武族兄也。父庆，春陵侯敞同产弟。顺与光武同里闬，少相厚。更始即位，以庆为燕王，顺为虎牙将军。会更始降赤眉，庆为乱兵所杀，顺乃间行诣光武，拜为南阳

太守。建武二年，封成武侯，邑户最大，租入倍宗室诸家。八年，使击破六安贼，因拜为六安太守。数年，帝欲征之，吏人上书请留。十一年卒，帝使使者迎丧，亲自临吊。子遵嗣，坐与诸王交通，降为端氏侯（李贤注：端氏县，属河东郡，故城在今泽州端氏县西北）。遵卒，子弇嗣。弇卒，无嗣，国除。永平十年，显宗幸章陵，追念旧恩，封顺弟子，三人为乡侯。

《山西通志·封爵》曰："端氏侯刘遵，成武侯顺子，子弇袭。"

今沁水郑庄沁河西岸西城村之端氏聚

今山西沁水西城端氏聚在西汉，既为端氏县治，又为湿成侯刘忠所封端氏侯国之国都。刘忠去世后，因无后嗣，端氏侯国遂除。至东汉，又为刘遵所封端氏侯国之国都，而作为端氏县治，也得以延续。

端氏聚位于今沁水郑庄沁河西岸，西北背靠紫金山，东临沁河，南面县河。县河由西而东流，汇入南下的沁河，冲积出一块三面山峰环拱、一面临水的高平之地，西城端氏聚建于其上，依山傍水，一方形胜，诚属风水宝地，故可为春秋晋君迁端氏之国都、两汉端氏侯国之国都、两汉端氏县之县治。自汉高祖元年（前206）建国开始，至隋开皇三年（583），西城端氏聚为端氏县之县治，长达近800年。若自公元前500年前后三家分晋迁晋君于端氏算起，至隋开皇三年（583），端氏县之县治迁于今日沁水之端氏，端氏聚辉煌1000多年。

端氏聚原来是很有规模的，从地势来看，今之西城村与东面河头村原是连成一片的，才足以构成一个侯国国都的规模。随着时代的变迁，由西而来的县河之水连年暴涨，不断冲刷崖岸，连片之地被冲分为二，仅剩今日所见西城、河头两块弹丸之地。大约因县河冲刷之故，地脉变迁，气数已尽，曾为晋国国都、汉代侯国国都、汉代端氏县治的西城端氏聚，失去了旧日的辉煌与威势，随着沁河的东流，移治于今日沁水端氏之地。

后世端氏聚实际包括西城、河头两个村庄，西地即今西城村，东地即今河头村。先有西城村，即端氏聚之原地。两汉以降，先后两次为端氏侯国之国都。端氏聚封为端氏侯国以来，由于人口的繁殖，才辟今日之河头村。自三家分晋迁晋君于端氏聚之前，西城就叫端氏聚。端氏聚之地名，可能一直延续到隋代，端氏县治移今端氏地，端氏聚才改称西城。西城者，既保留了端氏聚曾为晋国国都之都城、汉代侯国国都之都城、汉代端氏县治之县城之意，又传达出所谓西城即位于端氏县西北故城之意，故而才叫西城。

另外一事值得一提，即今西城与河头两村，至今多刘姓，他们都是汉代刘氏皇亲的后裔，出身高贵，历史也很悠久。1982年，位于西城的端氏聚遗址被沁水县人民政府列入县级文物保护单位。实际上，三家分晋迁晋君于端氏之历史事件，作为促进中国古代社会发生重大变革，终使中国奴隶制社会解体而进入封建社会，使之成为中国古代社会从奴隶制向封建制演变的一个重要标志，可以列入省级文物保护单位，甚至可列入国家级文物保护单位，才足以体现端氏聚遗址不可估量的文物价值、历史价值，以及极其深远的社会文化价值、旅游价值、经济价值和政治价值。非常可惜，在全社会都在日益重视文物保护、重视文化开发的今天，西城村已被夷为平地而整村搬迁，端氏聚已被新建为一座变电站，古代沁水最早的一座已有1000多年历史的端氏聚遗址，就这样灰飞烟灭，荡然无存。沁水人真是奇怪，奇怪得不可理喻，竟然不要自己的历史，直到今天，依然不知道保护自己的文物，不懂开发自己的文化，不会算"端氏聚遗址"与一座变电站究竟孰轻孰重这一笔账。变电站可以选择不同的地址，端氏聚遗址则是不可以再造的文物古迹。

前文《县名钩沉与县治沧桑》有记：古代沁水以中部贯穿南北的沁河为界，很自然地分为沁西沁东，而古代沁水在元代以前的很长一个时期内，是东西分治的。

春秋时期，沁西有原伯故地之原国，沁东则有迁晋君于端氏之晋国。两汉、曹魏与西晋时期，沁西、沁东隶属端氏县，约500多年历史。从北魏开始，沁西、沁东复又开始东西分治。

西晋亡国，北方先后出现十六国政权，至南北朝时，北魏统一北方，在沁西设东永安（今山西沁水县西三十里固镇村）与西河（今山西沁水县西三十五里西河村）两县，隶属泰宁郡（治东永安，固镇村），分别立治于今沁水固镇与西河，固镇与西河遂成为沁西地区最早的县城。而且，固镇村还曾为泰宁郡郡治，历北齐、北周，废泰宁郡，改东永安县为永宁县，沿革直至隋朝。北魏同时在沁东设端氏县隶属安平郡（治端氏），端氏也曾为安平郡郡治，沿革直至隋朝。

不知北魏设置的安平郡端氏县位于何处，是位于沁水西城端氏聚，还是位于今沁水端氏地？那么，北魏时期的端氏县又是何时从沁水西城端氏聚迁徙到今沁水端氏地的呢？

据《中国历史地图集》记北魏司豫诸州图之图示，安平郡故治在今山西沁水端氏。不过，以《中国历史地图集》之图示，很难看出具体而准确的地理位置图示。故而，以《中国历史地图集》之图示，说北魏设置的安平郡端氏县位于今沁水端氏地，沁水西城端氏聚北魏时已迁徙到今沁水端氏地，还难以成立。

新编《沁水县志·大事记》以为，隋朝开皇三年（583）"端氏县治由西城村移至今端氏镇"。其《建置沿革》记：

> 公元583年（朝开皇三年），端氏县治迁至今县城东90里之端氏村。公元598年（朝开皇十八年），永宁县改为沁水县，县治迁至今县城。二县仍隶长平郡。

隋朝开皇三年（583），端氏县治由西城村移至今端氏镇，似乎很有依据，但终究未能指出具体依据何在，大概出于《旧唐书·地理志·河东道》所记：

> 泽州上，隋长平郡，武德元年（618，唐高祖年号，唐朝始建立）改为盖州，领高平、丹川、陵川，又置盖城，四县。又于濩泽县置泽州，领濩泽、沁水、端氏三县。三年，于今理置晋城县。六年废建州，自高平移盖州治之。八年（625）移泽州治端氏。九年省丹川、盖城。贞观元年（唐太宗年号，627），废盖州，自端氏县移泽州于今治。天宝元年（唐玄宗年号，742），改泽州为高平郡。乾元元年（唐肃宗年号，759），复为泽州，旧领县六。

唐肃宗以来泽州所领六县分别为晋城、端氏、陵川、阳城、沁水与高平。其中，"端氏，汉县，武德八年移泽州于此县，贞观元年又移于晋城。（中略）阳城，隋濩泽县，武德元年于县置泽州，八年移州治于端氏，天宝元年改为阳城。（中略）沁水，元魏置永安县，隋改为沁水，属盖州，州废来属"。

从《旧唐书》所记可以看出，沁水西城端氏聚应当是在唐朝以前的隋朝开皇年间（598—604）迁徙到今沁水端氏地的，但具体何时从沁水西城端氏聚迁徙到今沁水端氏地，还有待进一步考证。

《后汉书·成孝侯顺传》记刘顺之子刘遵"降为端氏侯"，李贤注："端氏县属河东郡，故城在今泽州端氏县西北。"李贤为唐高宗之子，封潞王。这说明端氏县治是在东汉之后、唐朝以前才从西城移至今日之端氏。所谓西城，就是位于端氏县西北故城的意思，故而才叫西城。

端氏自隋朝以来进入兴盛，至元代端氏县并入沁水县而废，兴盛亦千年，不仅为县治，还一度为州治，十分辉煌。端氏东依崑山，隔沁河与榼山相望。小河由北而来，至端氏汇入沁河；沁河由西而来，至端氏南折而去，留下一块三角洲沃地，端氏建于其上。端氏是沁水境内最丰饶之地，沁河流经沁水境内180余里，自王壁始，经三郎、郑庄、三大、端氏、窦庄、嘉峰，至尉迟终，沿岸气候温和，河水丰沛，土地肥沃，物产丰饶，村庄相望，人口稠密，又多胜景，鬼山、榼山皆是邑内名山。全沁河之锦绣，几乎全汇聚于此地，钟秀灵毓于端氏。

明代张五典同榜进士慈溪冯埏为万历《沁水县志》题序云：

> 空仓之南，吴山之西，有蟠龙。西以南之鬼与卧牛，东以北之榼，卯酉对峙，奇丽毕呈，而沁水之起绵山，经盘石者，潆洄于中，称奥区，实端氏遗址。

光绪《沁水县志·山川》记：

> 又西南数里，有鬼山，西下数里滨于沁河，而端氏镇在焉。鬼山与榼山东西相望，翠巘争奇，而沁河绕其中。故自端氏而下，二十余里之间，民居稠密，人文蔚起，灵秀所钟，盖不偶矣。

形胜所在，使端氏成为一方奥区，镇守统领沁东之地，适宜于建置县治。故自隋朝（581—618）以来，历李唐、五代、北宋、金源（1115—1234），至于元朝，端氏县并入沁水县之前，亦辉煌兴盛近七百年。

3. 关于端氏城的修筑

北魏孝文帝太和二十年（496）在沁东设安平郡，端氏县曾经一度为安平郡郡治。唐太祖武德八年（625），端氏县再度成为泽州州治，说明了端氏在当时具有十分重要的社会政治、经济地位。同时，端氏在当时也曾为一方军事重镇，隶属昭义（泽潞）节度使刘积管辖。

　　李唐王朝在安史之乱后，天下分裂，各地割据的藩镇多达46个，其中昭义（泽潞）节度使是一个令人关注的藩镇。唐肃宗至德元年（756），初置泽潞沁节度使，治所在潞州（今山西长治），领有泽州（今山西晋城）、潞州（今山西长治）、沁州（今山西沁源）二州。后所辖地不断扩大，至唐代宗大历元年（766）改为昭义军，后与泽潞沁节度使合为一镇，领有泽州、潞州、磁州、邢州、洺州等五州。唐穆宗长庆元年（821），义成军节度使刘悟移镇潞州，改任昭义军节度使。唐敬宗宝历元年（825），刘悟病逝，其子刘从谏继位为留后昭义节度使。唐武宗会昌三年（843），刘从谏病死，其侄刘稹继续留后担任昭义节度使，拥兵自立，公然叛乱。唐武宗令宰相李德裕领成德、魏博、河中等藩镇，平定讨伐刘稹，史称"会昌伐叛"。

　　宰相李德裕力主分兵四路进军泽潞，其西路即由河东出兵，以徐州人晋绛行营诸军副使石雄为帅，越过沁水西鄙乌岭，连克五寨，斩敌数千，刘稹败逃。《旧唐书·武宗纪》记：会昌三年（843）十月，"晋绛

今日端氏古寨门即唐代所建端氏城之城门

行营副招讨使石雄奏收贼砦五"。《新唐书·武宗纪》又记："晋绛行营节度使石雄及刘积战于乌岭，败之。"《旧唐书·石雄传》有较为详细的记载：

> 雄沉勇徇义，临财甚廉。每破贼立功，朝廷特有赐予，皆不入私室；置于军门，首取一分，余并分给，以此军士感义，皆思奋发。累迁检校左仆射、河中尹、河中晋绛节度使。
>
> 俄而昭义刘从谏卒，其子积擅主军务，朝议问罪。令徐帅李彦佐为潞府西南面招抚使，以晋州刺史李丕为副。时王宰在万善栅，刘沔在石会，相顾未进。雄受代之，翌日，越乌岭，破贼五砦，斩获千计。武宗闻捷大悦，谓侍臣曰："今之义而有勇，罕有雄之比者。"
>
> 雄既率先破贼，不旬日，王宰收天井关，何弘敬、王元逵亦收磁洺等郡。先是潞州狂人折腰于市，谓人曰："雄七千人至矣。"刘从谏捕而诛之。及积危蹙，大将郭谊密款请斩积归朝，军中疑其诈。雄倡言曰："贼积之叛，郭谊为谋主。今请斩积，即谊自谋，又何疑焉？"武宗亦以狂人之言，诏雄以七千兵受降。雄即径驰潞州降谊，尽擒其党与。贼平，进加检校司空。
>
> 王宰，智兴之子，于雄不足，雄以辕门子弟善礼之。然讨潞之役，雄有始卒之功，宰心恶之。及李德裕罢相，宰党排摈雄，罢镇。既而闻德裕贬，发疾而卒。

这是古代历史上发生在沁水乌岭最大的一次战役，李德裕令石雄等乘胜攻击，一路东进。刘积据守端氏城，企图顽抗，端氏成为双方争夺的军事重镇。

端氏城由唐朝昭义（泽潞）节度使刘从谏修筑，李德裕在刘积叛乱平定后，作有《昭义军事宜状》记曰：

右，今日见石雄报状，卢钧因出城至斐村兵马，步军遂回旗劫掠，以此知卢钧都不晓戎事。从前发遣兵马，节度使不合出子城，诸城门亦合先布腹心把捉。闻昭义军中畏惧石雄稍甚，如军乱未定，且要石雄提挈精卒，自至泽州，移牒索乱军头首。如送出首恶，其余不问，计必当无事。如指挥未定，且要分五百人，兼拣好将，镇守端氏城。

其端氏城是刘从谏近年修筑，非常牢固。去年刘稹阻命，安全庆军元在端氏，所以敢扰西界。今若分兵镇守端氏，即翼城尽无可虞。又恐乱军溃散，于诸处却杀，河阴兵马，切不可抽，亦须稍加警备。石雄忠勇，思虑恐未周至，伏望赐密诏处分。谨录奏闻。

平定昭义（泽潞）节度使刘稹叛乱时，双方曾在端氏激战，这是端氏历史上一次重要历史事件。后来的历代文人墨客，常在诗文中提及"端氏古城"，即指刘从谏（803—843）修筑的端氏城，距今将近1300年。

刘从谏，唐代范阳（今北京、保定一带）人，前任昭义节度使刘悟之子。唐敬宗时，刘悟病死，刘从谏以先父遗表而留后继任昭义节度使。唐文宗时，刘从谏入朝，本想归顺朝廷，在京城目睹政令混乱后，有意自立，朝廷则迁刘从谏任进同中书门下平章事。

唐敬宗开成元年（836），刘从谏曾为"甘露之变"被杀害的宰相王涯等人上书鸣冤，矛头直指宦官仇士良。自此，刘从谏与仇士良结隙，欲效河北藩镇，谋求节度使世袭。因其诸子年幼，刘从谏任命其弟右骁卫将军刘从素之子刘稹为牙内都知兵马使，准备兵变。

唐武宗会昌三年（843）四月，刘从谏病卒，刘稹接任昭义节度使，采纳昭义兵马使郭谊建议，蓄意反叛。

《资治通鉴·唐纪·武宗》记：

（会昌三年七月）刘稹上表自陈："亡父从谏为李训雪冤，言仇士良罪恶，由此为权幸所疾，谓臣父潜怀异志，臣所以不敢举族归朝。乞陛下稍垂宽察，活臣一方！"何弘敬亦为之奏雪，皆不报。李回至河朔，何弘敬、王元逵、张仲武皆具囊鞬郊迎，立于道左，不敢令人控马，让制使先行，自兵兴以来，未之有也。

朝廷无人理会刘稹，刘稹遂反，李德裕讨伐刘稹。石雄率军越过乌岭，破昭义军五寨。作为一方军事重镇的端氏，属五寨之一。刘稹军心渐怠，将士愈觉离心，邢州、洺州、磁州相继倒戈。刘稹亲信董可武、郭谊、王协等，杀死刘稹，出降，泽潞乱平。

唐宣宗即位后，李德裕在党争中失宠，被贬往崖州（今广东琼山）。离朝时，李氏想起自己剿平刘稹之功，满怀不平之气而作《离平原马上作》诗云：

> 十年紫殿掌洪钧，出入三朝一品人。
> 文帝宠深陪雉尾，武皇恩厚宴龙津。
> 黑山永破和亲虏，乌岭全院跛虺臣。
> 自是功高临尽处，祸来名灭不由人。

4. 窦氏迁居沁水端氏

窦氏最晚在五代时期，已经迁居沁水端氏，其始祖为宋哲宗妃子肃穆夫人祖父窦勋的"三世祖"之曾祖父。

端氏之南的窦庄村有窦氏祖茔。晋城李侁于北宋第八代皇帝徽宗崇宁四年（1105）所撰《宋故赠左屯卫大将军窦府君碑铭有序》记：

端氏之南窦庄村窦氏之
始祖窦将军墓

君讳璘，字廷玉，泽之端氏人，寔故韩燕国翊德保顺勠惠肃穆夫人皇考。自高祖已降，遁迹亩田，躬有善行。考讳勋（窦璘之父），故赠右领卫大将军。（中略）（窦璘）有女三，长适乐素，次适马衡，季即肃穆。（中略）肃穆被选禁掖保辅哲宗皇帝，逮事余圣前后，几三十余年，勤劳恭顺，夙夜匪懈，宫闱之间，上下辑睦。是以每承睿旨，恩渥优异。爵命之荣，上及祖考，旁禄其族，子官者凡十余人，窦氏遂为显族，而簪绅耀辉闾里之间，一时为盛。

清代康熙年间窦庄之窦斯在《窦将军墓碑》中又记：

（窦庄）始祖讳璘，字廷玉，宋哲宗朝以女肃穆夫人贵，赠左屯卫大将，配祖姚罗氏，赠宜春郡太君。初居本县端氏镇，后赐葬于此，子孙依家而居，遂家焉。考讳勋，右领卫大将军，坟在庄西本茔北。

端氏窦璘有女被宋哲宗纳为妃子，他是皇亲国戚，是宋哲宗的国丈，窦氏因此兴盛荣耀。窦璘死后，宋哲宗亲赐墓地于沁水卧牛山下，窦家为守墓而筑庐，世代居住了下来，便形成了天下闻名的窦庄。

窦斯在尊宋代窦璘为端氏窦氏始祖似乎不当，因为窦璘有父窦勋，亦葬窦庄。所以沁水端氏之窦氏，应以窦勋为始祖。

或有以五代宋初沂国公窦贞固为端氏窦氏之始祖者，窦庄存有乾隆二十六年（1761）窦氏裔孙窦汉辅所序《窦氏家谱》。其《窦氏家谱·原始》记曰：

吾氏家乘，自汉讳广国至宋讳勋，始祖而上，原祖贯本扶风平陵韩所，谱者皆扶风平陵人也。自不为无考，然而远矣。即所载沂国公因宦不返，流寓河东泽州端氏县窦庄村讳贞固者，今亦无考。唯村西及卧牛山下碑碣翁仲等岿然而存者，为三大将军墓，则吾氏奉讳勋祖为始祖，固于礼为甚洽也。谱原始第一。

始祖世系图（略）。

本贯陕西扶风平陵人。一世勋，宋赠右领军卫大将军，娶吕氏，封建安郡太君。二世璘，左屯卫大将军，娶罗氏，封宜春郡太君。

所载"沂国公因宦不返，流寓河东泽州端氏县窦庄村讳贞固者，今亦无考"不实。据《宋史·窦贞固传》："窦贞固字体仁，同州白水人。"窦贞固历经五代，至后周，"周祖兵起，贞固与苏逢吉奉隐帝兵次于野，败。逢吉仓皇自杀，贞固遂诣周祖。周祖称太后制，委贞固与苏禹珪、王峻同掌军国政事。周祖登位，加兼侍中。会以冯道为首相，改监修国史。俄罢相，守司徒，封沂国公。世宗即位，以范质为司徒，贞固遂归洛阳，输课役，齿为编民。贞固不能堪，愬于留守向拱，拱不听。宋初，以前三公赴阙陪位，诣范质，求任东宫三少，预朝请，质不为奏。乃还洛，放旷山水，与布衣辈携妓载酒以自适。开宝二年病困，自为墓志，卒，年七十八"。入宋后，窦贞固功成身退，居河南洛阳，自为墓志，因病而逝，不存在"流寓河东泽州端氏县窦庄村"事者。

《窦氏家谱》后附《阖族旧谱》韩君恩嘉靖二十二年（1543）序，也记沂国公窦贞固"因宦不返，流寓河东泽州端氏县窦庄村，即今山西泽州端氏县窦庄村是也"。《窦氏家谱》后又有《附考》辩曰："右节略《宋史》，按此则（沂国）公流寓洛阳矣。韩公所谱：宦不返，流寓河东泽州端氏县窦庄村者，不知何所考？"

不过，据《宋史·窦贞固传》："同光（五代后唐庄宗年号，923—925）进士，补万全主簿。丁内艰去官，服除，授河东节度推官。时晋祖在藩，以贞固廉介，甚重之。及即位，擢为户部员外郎、翰林学士，就拜中书舍人。"《资治通鉴·后晋纪·高祖》："己亥（五代后晋高祖石敬瑭即位，936），制改长兴七年为天福元年。推官白水窦贞固为翰林学士、军城都巡检使。"胡三省注："军城，谓河东军城。"窦贞固在河东做官十多年，也许曾在山西沁水端氏居住过一个时期，因此遂被端氏窦氏尊为始祖。但此推论没有证据，只能存疑待考。

那么，端氏窦氏到底是应该以五代宋初沂国公窦贞固为始祖，还是应该以窦勋为始祖呢？两种说法，哪一种更符合端氏窦氏的历史真实？

《窦氏家谱》载端氏窦氏始祖窦勋，生于北宋第三代帝王真宗大中祥符七年（1014），逝于北宋第四代帝王仁宗庆历六年（1046），年仅32岁。家人遂于"沁湍之上，槿嵬之旁"，将其"卜兆斯告，万世安葬"，安葬于端氏之南的窦庄村。

端氏窦氏应在窦勋之前就已经迁居山西沁水之端氏。古代迁徙有规定：凡迁徙新地者，须过三代（世）方可占籍。以窦勋出生大中祥符七年（1014）计，前推三世，一世三十年，三世约百年，正好处于五代之初的后梁（907—923）、后唐（923—936）时期。所以沁水端氏之窦氏，应前推三世，即窦勋三世祖之曾祖父时，最晚在五代初年已经迁居沁水端氏，距今约1100年。

窦贞固生于唐昭宗大顺二年（891），逝于宋太祖开宝二年（969），16岁时的唐哀宗天祐四年（907），唐朝灭亡，后梁、后唐相继而立，中国历史进入五代时期。窦贞固于后唐庄宗同光年间考取进士，授河东节度推官，为官清廉，得河东节度使石敬瑭器重。之后，窦贞固又相继出仕后梁、后晋、后汉、后周与北宋，而且皆为朝廷高官，是个名副其实的六朝元老，皆为官于京城朝廷。窦贞固的时代，正好与窦氏迁入山西沁水端氏的时代相合，而且窦贞固又正好在河东做官。刚刚迁入山西沁水端氏的窦氏，当然需要窦贞固这样一位朝廷高官为庇护，遂尊窦贞固为山西沁水端氏窦氏之始祖。而实际上，山西沁水端氏之窦氏，还是依据窦庄先祖墓碑记载，尊窦勋三世祖为始祖的。

5. 古代端氏人物风流

北宋晋城人李铣在《宋故赠左屯卫大将军窦府君碑铭》中记：

窦氏著望扶风旧矣，勋德伟烈，世不乏人。式淑范懿行，为椒房之冠；或磷绩钜功，登麟阁之列。载之青史，光耀炳然。故无待于扬榷，则后之传姓而立族者，皆其裔也。

最早见于史载的古代端氏风流人物，首见于隋代源雄。《隋书·源雄传》记：隋朝上柱国、西平（治今青海西宁）乐都人源雄，曾"从秦王俊出信州道，及陈平，以功进位上柱国，赐子崇爵端氏县伯，褒为安化县伯，赐物五千段，复镇朔州"。朝廷曾封源雄之子源崇端氏县伯之爵位，爵位是虚职，是一种荣誉，源雄崇实与端氏无涉。

宋程颐《叔父朝奉墓志铭》记：北宋大儒程颐之胞兄程颢曾为泽州晋城县令，其叔父程珫，也曾为泽州端氏县令，"年四十五始以伯兄大中恩补郊社斋郎，调怀州修武县主簿。秩满，受权泽州端氏县令。阅岁，即真用荐者，改大理寺丞，复四迁至朝奉郎"。权泽州端氏县令，即代理泽州端氏县令。光绪《沁水县志·职官》补遗记："宋：程珫，河南人。端氏令。明道叔父，权端氏令。阅岁即真。后改大理寺丞。"即真者，指官员由代理转为正式官职。

宋李心传《建炎以来系年要录》卷六十三记：金朝初年，端氏曾经出现过一位抗金英雄李吉。绍兴三年（宋高宗年号，金太宗十一年，1133），"河南镇抚司统制官李吉，败伪齐兵于伊阳（今河南汝阳）。初孟邦雄既为镇抚使翟琮所执，而邦雄之党梁进者，复为刘豫守袭琮所寓治凤牛山寨，琮设伏击之尽歼。吉，端氏人也"。

（1）关于肃穆夫人

端氏历史上最有影响的一件事是在北宋哲宗年间，端氏窦氏家族养有一女，长成后被选入皇帝后宫，哲宗纳为妃子，封为肃穆夫人。窦氏家族因此无比兴盛，端氏百姓也感到无比荣耀，称其为"端娘娘"。意即端氏之地窦氏家族出了一位后宫娘娘，非端氏之地端氏家族出了一位后宫娘娘。

前录北宋晋城李侁所撰《宋故赠左屯卫大将军窦府君碑铭有序》记：

"君讳璘，字廷玉，泽之端氏人，寔故韩燕国翊德保顺懿惠肃穆夫人皇考。"清代窦庄窦斯在《窦将军墓碑》又记："始祖讳璘，字廷玉，宋哲宗朝以女肃穆夫人贵，赠左屯卫大将。"

韩燕国翊德保顺懿惠肃穆夫人者，指的是端氏窦氏女被选入后宫封为韩燕国之国夫人。翊德、保顺、懿惠、肃穆者，指其封号，是对端氏窦氏女在后宫"勤劳恭顺，夙夜匪懈，宫闱之间，上下辑睦"的褒奖，即对其人格品德的评价。言端氏窦氏女有"翊德、保顺、懿惠、肃穆"之德，才被封为韩燕国夫人，得以侍寝幸御皇恩，成为帝王嫔妃，这是端氏窦氏家族的无比荣耀。

夫人者，指其在后宫的品级。古代皇宫，分朝廷与后宫。朝廷是皇帝与百官听政议政之地。后宫亦如朝廷，也设后宫官职。《礼记·昏仪》记：

> 古者天子后立六宫、三夫人、九嫔、二十七世妇、八十一御妻以听天下之内治，以明章妇顺，故天下内和而家理。天子立六官、三公、九卿、二十七大夫、八十一元士以听天下之外治，以明章天下之男教，故外和而国治。故曰：天子听男教，后听女顺；天子理阳道，后治阴德；天子听外治，后听内职。教顺成俗，外内和顺，国家理治，此之谓盛德。

在西周后宫内，王后为六宫之主，妃嫔的地位据说与西周的官爵等级是相对应的。"三夫人"位同三公、诸侯，"九嫔"如同九卿，"世妇"如同大夫，"御妻"如同士。虽然很多学者认为，这些记载不无附会或者带有理想色彩，但是《周礼》、《礼记》的记载确实对后世的后妃制度产生了颇为深远的影响。

所以，后世朝廷百官分九品，后宫嫔妃也分品级，只是历代各有差异，如唐代设八品，宋代则设五品。

关于唐代后宫嫔妃品级，《旧唐书·后妃传序》记：

三代宫禁之职，《周官》最详。自周已降，彤史沿革，各载本书，此不备述。唐因隋制，皇后之下，有贵妃、淑妃、德妃、贤妃各一人，为夫人，正一品；昭仪、昭容、昭媛、修仪、修容、修媛、充仪、充容、充媛各一人，为九嫔，正二品；婕妤九人，正三品；美人九人，正四品；才人九人，正五品；宝林二十七人，正六品；御女二十七人，正七品；采女二十七人，正八品；其余六尚诸司，分典乘舆服御。

龙朔二年，官名改易，内职皆更旧号。咸亨二年复旧。开元中，玄宗以皇后之下立四妃，法帝喾也。而后妃四星，一为正后；今既立正后，复有四妃，非典法也。乃于皇后之下立惠妃、丽妃、华妃等三位，以代三夫人，为正一品；又置芳仪六人，为正二品；美人四人，为正三品；才人七人，为正四品；尚宫、尚仪、尚服各二人，为正五品；自六品至九品，即诸司诸典职员品第而序之，后亦参用前号。

关于宋代后宫嫔妃品级，《宋史·职官志·职官三》记：

内命妇之品五：（一品）曰贵妃、淑妃、德妃、贤妃，（二品）曰大仪、贵仪、淑仪、淑容、顺仪、顺容、婉仪、婉容、昭仪、昭容、昭媛、修仪、修容、修媛、充仪、充容、充媛，（三品）曰婕妤，（四品）曰美人，（五品）曰才人、贵人。

宋代后宫嫔妃分五品，未涉夫人。另有资料概括宋代后宫制度称，嫔妃初入宫时，名号有（五品）侍御、红霞帔等，再进为（四品）封君、封夫人等。南宋改君为夫人（四品），再进为（三品）才人、美人、婕妤等，再进为（二品）昭仪、昭容、昭媛、修仪、修容、修媛、充仪、充容、充媛等，再进为（一品）贵妃、贤妃、德妃、淑妃（或宸妃）等。宋代后宫的显著特点是无定位，由初级开始，随宠遇进，不断晋级。《宋史·后妃传》记：太宗李贤妃，"太宗即位，进夫人。生皇女二人，皆早亡，次生楚王元佐。妃尝梦日轮逼己，以裾承之，光耀遍休，惊而悟，遂生真宗"。孝宗蔡贵妃，"初入宫，为红霞帔，封和义郡夫人，进婉容。淳熙十年冬，拜贵妃"。宁宗恭淑韩皇后，"初，后与姊俱被选入宫，后能顺适两宫意，遂归平阳郡邸，封新安郡夫人，进崇国夫人。王受禅，册夫人为皇后"。

按上述文献记载分析，宋代后宫嫔妃有郡夫人、国夫人，端氏窦氏之女被封为韩燕国之国夫人。大概端氏窦氏之女入宫时，初为五品之侍御、红霞帔等，侍奉帝王"几三十余年"后，被封为四品"韩燕国翊德保顺懃惠肃穆夫人"，郡夫人为从四品，国夫人为正四品。

按前《礼记·昏仪》所记对照，宋代后宫嫔妃中"夫人"相当于西周后宫内的"二十七世妇"，如同宋朝朝廷百官中四品"大夫"之官，如通议大夫、给事中、中书舍人、太常卿、宗正卿、秘书监、诸卫大将军、殿前副都指挥使、承宣使、开国伯、上轻车都尉等，皆为正四品，算得上朝廷大员。

端氏窦氏女选入后宫被封为四品肃穆夫人，按古代封赐制度，朝廷按例要按其"四品"之品级，封其家中长者以同等品级的官职，故朝廷封赠肃穆夫人之父窦璘以"四品"左屯卫大将军之官职。左屯卫大将军只是封号，而非实职。

总之，不论品级高低，沁水端氏窦氏家族出了一位皇妃总是一件荣耀之事，为端氏窦氏家族增辉，为沁水、为端氏增辉。

窦氏在古代历史上，原本就是一个名人辈出，非常辉煌，而且久盛不衰的大姓望族。

（2）关于窦氏得姓

窦氏得姓，起源甚早，可远溯到夏代，已有4000多年历史。端氏窦氏或许是沁水境内今知最古老的姓氏。《风俗通》记："夏帝相遭有穷之难，其妃方妊，逃出自窦而生少康，子孙以为氏。"窦者，墙根小洞也，指墙根的排水道，沁水俗称"水道眼"。

早在尧舜禹时代，天子即位实行禅让制。尧王禅位于帝舜，帝舜禅位于大禹。大禹即位后，嬴民族部落先祖伯益辅佐大禹治水有功，曾被大禹选定为继承人。然而大禹死后，其子启却抢先继承天了之位，并杀死伯益，即位后建立了夏朝，这是我国历史上第一个奴隶制国家。从此，禅让制被世袭制所取代，形成古代天子传位于子孙的宗法制度。

大禹先都平阳（相传今山西临汾西南）、安邑（相传今山西运城夏县东北）等地，启迁都阳翟（相传今河南许昌禹州），传位太康，又迁都斟鄩（今河南洛阳附近偃师二里头村一带）。太康是大禹的孙子，夏朝第三代帝王。由于太康失政，东夷各族，尤其是有穷氏酋长后羿乘机发难，攻占夏都。太康逃奔阳夏（今河南太康），死后遂葬在阳夏。后羿立仲康为夏帝，仲康死后传位子相，后羿实际操纵朝政，相被迫迁都商丘（今属河南）。后羿好狩猎，不理政事，其亲信寒浞杀死后羿，并派子浇进攻夏帝相。夏帝相闻讯，逃往帝丘（相传今河南濮阳西南）。浇又奔袭帝丘，攻入城中，杀进夏帝相的宫城，夏帝相自刎而死。皇后有仍氏国君之女后缗自窦逃出，归有仍国，生下少康。少康子孙因事得姓，遂以窦为氏。

有仍氏是东夷昊部落太昊、少昊后裔建立的国家，称"有仍国"，是夏王朝时期居于东方的一个部落方国，国都位于今山东济宁一带，少康中兴后封有仍国为"任国"。

少康是位中兴之主，长成后联合夏朝同姓部落，在有仍氏帮助下，除掉了寒浞，恢复了夏朝，史称少康中兴。所以，窦氏得姓是非常荣耀的，是大禹的直系后裔，其先祖为夏朝天子。即使后羿，也是家喻户晓的历史名人。据说后羿善射，古代有后羿射日之传说，即指夺取太康江山的后羿。后羿妻子就是嫦娥，非常漂亮，传说嫦娥误食西王母灵药而奔入月宫。总之，窦氏是非常荣耀的，和大禹、后羿、嫦娥都能拉上关系，而后羿射日之地，就在沁水北边的屯留县。

少康中兴后，将留在有仍氏部落的两个儿子杼、龙赐姓为窦，世代相传至今，少康因被窦氏尊奉为得姓始祖。

窦杼后来即位为夏朝第六代帝王，窦龙生平不详，其第六十九世孙窦犨，字鸣犊（一称鸣铎），来到晋国任为大夫，窦氏遂居于平阳，逐步散居各地。

西汉吕后八年（前180），清河郡观津（今属河北）窦氏有女猗房，以家人子身份入宫侍候吕太后，后被赐予代王刘恒为妃。刘恒即位文帝后，立窦猗房为皇后。窦皇后生一女二男：长女馆陶长公主刘嫖，长子汉景帝刘启，少子梁孝王刘武。景帝即位后尊窦皇后为皇太后，汉武帝即位尊其为太皇太后。窦皇后有兄窦长君，弟窦广国。后来窦氏一族有三人封侯，窦长君之子窦彭祖为南皮侯，窦少君（窦广国）为章武侯，窦婴为魏其侯。

章武侯窦少君（窦广国）七世孙窦融之高祖，汉宣帝时在扶风郡平陵（今陕西咸阳西北）为官，逐渐成为扶风望族窦氏。故而，有仍氏是窦氏得姓发源地，后世窦氏则多以扶风（今陕西兴平、咸阳一带地区）为郡望。此外，窦氏还有河南望（今河南洛阳一带）、清河望（今河北清河至山东临清一带）等郡望。

窦氏得姓另有几种源流，或源于战国时期魏国大夫窦公，其后裔称复姓窦公氏，后省称单姓窦氏；或源于周穆王赐皇后氏族为窦氏。还有源于晋朝末期氏族库狄宥连部的首领以所居之地"屋窦城"（今内蒙古呼和浩特托克托古城乡）为姓氏，称窦羽泥，又称窦羽氏，后省称单姓窦氏，属于汉化姓氏。再者就是源于南北朝时期鲜卑族没鹿回部，晋朝末期称为纥豆陵氏。北魏孝文帝迁都洛阳后，推行汉化，纥豆陵氏被改赐为汉姓窦氏。

窦氏得姓虽然多源，其中以扶风窦氏最有影响。山西沁水端氏之窦氏，即为扶风窦氏后裔，其以扶风为郡望。

已有4000多年历史的窦氏，历代涌现出大批名人。端氏《窦氏家谱》所载《阖族旧铺》，列有窦氏历代名人名录30人，现综合其他资料，举其要者列后：

窦鸣犊，前文已见。

窦婴，西汉窦太后侄，景帝封为大将军，封魏其侯，武帝初任为丞相。

窦融，扶风平陵（今陕西咸阳西北）人，东汉光武帝时历任冀州牧、大司空、代行卫尉事兼领将作大匠。一门先后一公、二侯、三公主，府邸相望京邑。

窦固，扶风平陵人，东汉名将，窦融之侄。娶光武帝女涅阳公主，历任光禄勋、卫尉等职。

窦宪，即抢夺沁水公主田园者，扶风平陵人，破匈奴，登燕然山，刻石纪功，拜大将军。

窦武，扶风平陵人。长女为桓帝皇后，拜侍中，改宫城门校尉。党锢之祸，上书为党人求情。桓帝死，无子，与其女窦太后迎立灵帝，任大将军辅政，封闻喜侯。

窦建德，漳南（今河北故城东北）人，隋末聚众起事，称夏帝。

窦怀贞，唐代京兆始平（今陕西兴平）人，玄宗朝宰相，封魏国公。

窦贞固，前文已见。

值得关注的是，古代窦氏竟然出现了七位皇后、皇太后、太皇太后，计有：

西汉文帝皇后窦猗房，前文已见。

东汉章帝窦皇后，扶风平陵（今陕西咸阳西北）人，与妹妹同时入宫，妹妹封为嫔妃贵人。章帝去世，和帝尊窦氏为皇太后，临朝摄政。曾祖窦融官大司徒，父窦勋追爵安成息侯，母为东海恭王刘强女沘阳公主。

汉桓帝皇后窦妙，扶风平陵人，大将军窦武长女。入宫初封贵人，同年被立为皇后。桓帝去世，灵帝尊为皇太后。

北魏始祖神元皇帝窦皇后，鲜卑没鹿回部大人窦宾之女。北魏道武帝称帝后，追尊始祖拓跋力微为神元皇帝，窦氏为神元皇后。

北魏太武帝窦太后，浑源（今属山西）望族窦氏女，初因家族犯罪，窦氏与两个女儿被掳入皇宫做宫婢奴隶。因聪明贤惠，善治内外，北魏明元帝选其为太子保姆，封为太子养母。太子即位太武帝，尊封其为保太后，后封为皇太后，并将窦氏之弟封为辽东王。窦太后言传身教，精心培育了太武帝，使太武帝成为北魏政绩最为显赫的皇帝。

唐高祖窦皇后，北周定州（今属河北）总管神武公窦毅与北周文帝五女襄阳长公主，北周武帝姐姐的女儿。生隐太子李建成、秦王李世民、卫王李玄霸、巢王李元吉、平阳公主，隋大业年间在涿郡去世。唐朝建立后，高祖追封窦氏为穆皇后，太宗追尊为太穆皇后，玄宗追尊为太穆顺圣皇后。

唐睿宗窦皇后，扶风平陵人，唐朝宰相窦抗曾孙女，祖父大理卿、莘国公窦诞，父亲润州刺史窦孝谌。初为唐睿宗李旦孺人，李旦继位，册封为德妃。生唐玄宗，另有二女金仙公主、玉真公主。睿宗驾崩后，唐玄宗追尊为皇太后。

中国几千年历史，一个姓氏竟然出了七位皇后、皇太后、太皇太后，在中国几千个姓氏中，只有窦氏才独享此殊荣。大概因为窦氏祖宗余泽，北宋哲宗年间，端氏窦氏家族也出了一位"端娘娘"肃穆夫人。"端娘娘"不仅使端氏窦氏家族从此兴盛，还因为北宋朝廷赐葬窦氏先祖于窦庄，使窦庄从此崛起，至明代发展成为沁河流域的"小北京"。

6. 历代文人吟咏端氏

位于今日沁水郑庄沁河西岸西城村的端氏聚，春秋末年为晋国国都，两汉时先后为端氏侯国与端氏县。至隋开皇三年（583），端氏县之县治从西城端氏聚迁于今日沁水之端氏，辉煌约1000多年的端氏聚，遂逐步走向衰落。而位于今日沁水之端氏地的端氏县，曾经为唐代泽州州治，宋代帝妃故乡，历经李唐、五代、北宋、金源等朝，至于元朝而并入沁水县，在兴盛近700年后，亦逐步走向衰落。

清代雍正年间泽州知府杭州朱樟莅任后，曾有端氏之行，以观民风察民隐，没想到"因入其乡，妇子熙熙，鸡犬闲闲而佳哉，古城阘垣若旧。谒文成后，肃礼城隍，门庑荒榛，殿庭秽亵，牛栏豕栅，分布廊宇，深用喟恻"。朱樟因作《重修端氏镇城隍庙碑记》，追述端氏兴衰："夫端氏历汉唐宋元以来，率为邑治。玉溪西来迤北，沁水东注，与玉溪合流而南，实属古都会地。"朱樟不能接受任凭端氏的萧条衰败，因而鼓励乡民："神之在天，如水之在地，又奚必谓坛壝之所不设，即神灵之所不歆乎？"朱樟希望端氏乡民，能重修神庙，振奋民风，恢复端氏旧日之辉煌。

明代慈谿杨子器过端氏聚，作《端氏城》诗云：

> 端氏城西县路斜，行人无地问三家。
> 尊前休唱铜鞮曲，风刮椒条落细花。

三家即迁晋君之魏、韩、赵三家，铜鞮曲指产生于铜鞮之地的歌曲，为汉代清商曲。铜鞮位于今山西沁县境内，晋平公曾在此修筑铜鞮宫，借指春秋晋国，此指晋哀公所居端氏聚。椒条即花椒枝条，借指椒房，古人称皇亲后妃居处为椒房，此指端氏窦氏女贵为皇妃。作者沿着悬崖上的山路而行，沿路打听，行人竟然无法确指魏、韩、赵所迁晋君于端氏今在何处。晋国灭亡了，魏、赵、韩三家也灰飞烟灭，连宋代皇亲也如落花而去。杨子器诗写历史沧桑巨变，指出了辉煌一时的端氏聚的荒凉之至。

清代雍正年泽州知府朱樟也曾来端氏巡视，作有《端氏城怀古》云：

言寻鹿路转林腰，深喜居民未寂寥。

百折细泉收嫩堰，一梨寒雨立疏苗。

山遮岭北峰尤峻，水曝村南势渐骄。

城郊已开分昔旧，教人何处问椒聊。

椒聊指花椒子，喻指子孙。朱樟来到端氏，很想知道晋国子孙生活得如何。到处访查，依然找不到晋国子孙。朱樟也是误把今端氏当成古端氏，他要访查晋国子孙应该到沁水郑庄西城。不过，西城也不见了晋国的子孙，如今那里生活的是汉代皇室刘氏的后代。

杨子器与朱樟诗，都将今端氏与古端氏混为一谈，说明人们对端氏聚已经淡忘，端氏聚永远成了历史的过去。

历代的文人墨客，却始终对端氏聚与端氏城给予了极大关注，不管是沁水本土文人，还是前来沁水游历的墨客，以至于前来沁水做官的县吏，以及前来沁水巡视的大员等等，大多都要到端氏一行，都要登栎山一游。他们挥动如椽大笔，写端氏聚与端氏城，写德胜寺与翠闲堂，写西栎山与东崮山，写端氏皇妃与端氏孝廉等等，写尽了端氏山水胜景，写尽了端氏人物风流。据光绪《沁水县志·艺文》，共收历代沁水诗文273篇，仅以端氏为题材的者诗歌即达68篇。这充分反映了人们对沁水端氏悠久的历史与深厚的文化的关注。

端氏有元魏时修建的德胜寺，德胜寺内有翠闲堂。光绪《沁水县志·寺观》记：

> 德胜寺，在县东九十里端氏镇。元魏时建。熊翀有诗。内有翠闲堂，王溱有诗。明嘉靖间，乔宇、孟春、李瀚赋诗剧饮期中，名三老堂，刘龙记。

德胜寺有何因缘，引来如此多的达官显宦、文人墨客流连其间，高朋盛会，饮酒唱曲，赋诗唱和呢？

刘龙为明代山西襄垣人，弘治九年（1496）进士及第，且高中探花，官至南京吏部尚书、兵部尚书。刘龙之父刘凤仪，弘治三年（1490）进士，与沁水李瀚同朝为官，且为好友。

刘龙《端氏三老堂记》载：嘉靖十年（1531），吏部尚书山西乐平（今山西昔阳）乔宇辞官归乡之后，前往京口凭吊其师杨一清，返晋途中，受沁水李瀚之邀而游赏沁水，同时邀请致仕乡居的吏部侍郎泽州人孟春同游。李瀚携乔宇、孟春共同游历了沁水石楼、碧峰、汉天子岭、郎壁玉清宫、圣天寺、孔壁元真观之后，来到端氏。刘龙记曰：

> 嘉靖辛卯（十年，1531）九月，太宰白岩乔公至京口，吊其师少师邃庵杨先生北迁。登太行山，走书于泽，约少宰迟斋孟公，访大司徒石楼李公于沁水。择胜为会，敦友义、崇古道也。

三人游赏沁水许多名胜，每到一地，乔宇等皆留诗题赠，如乔宇有《汉天子岭》、李瀚有《陪乔白岩游圣天寺》诗等。李瀚等来到端氏，先游樅山大云寺，再会德胜寺。在大云寺，"白岩（乔宇）题三公名作，大篆勒石。逾宿，下端氏，止德胜寺之翠闲堂，相与赋诗赓歌，剧饮欢甚。镇人郡博杨君铅等，偕寺僧咸乐为筵，叹曰：'盛事也，请易堂名为"三老"。'许之，会既别去"。

明年壬辰（十一年，1532）春，刘龙路经沁水，闻知端氏德胜寺盛会，深感"予之缘薄也，适故吏驿丞何麟来谒，得石楼移书，属为堂记。因大喜慰，谓温公尝序耆英，今事亦暗合。岂曰无分，敢以不文辞哉！顾冗迫未能即应"。又记：

> 古人约会，竟不能成者多矣！虽一举可也。所重名德，不愧古人，使乡人崇慕，易其堂匾，耆英后当有三老。兹堂风韵，不减妙觉、德胜、禅林，恐与资圣院比美。端氏作镇深山，亦须与洛阳名都分胜概矣。石楼年八十，盖予父执。迟斋（孟春）年

七十三，白岩（乔宇）六十九，俱予子舍姻家。于事当纪，情亦实有，不得而辞者也，作《三老堂》记。

刘龙将三老相会沁水端氏德胜寺比作北宋名相温国公司马光的洛阳耆英会。宋神宗熙宁年间，王安石变法，司马光竭力反对，遂退居洛阳，与留守西都洛阳的韩国公富弼、潞国公文彦博等十三人，用白居易九老会故事，置酒赋诗相乐，谓之"洛阳耆英会"。事后，文彦博特请司马光作《洛阳耆英会序》称："一日悉集士大夫老而贤者于韩公之第，置酒相乐，凡十有二人，图于妙觉僧舍，仍各赋诗，时人谓之洛阳耆英会。"

这是古代沁水历史上最有影响的一次名士盛会。乔、孟二士皆山西籍，同出于明代名臣杨一清门下，且同为朝廷显贵。杨一清为云南安乐人，成化年进士，曾任山西巡抚，与李瀚同朝，撰有《沁水县庙学重修记》文与《六柳庄》诗。杨一清后迁绥远、宁夏、甘肃三镇军务总制，升华盖殿大学士，因不肯阿附武宗朝权阉刘瑾，得罪致仕，遂与宦官张永共同谋诛刘瑾。事成之后的嘉靖朝，杨一清入阁为首辅，后被诬去官。

乔宇亦为成化年进士，曾师从杨一清，又师从李东阳，二师皆明代名臣。乔宇在武宗朝任南京礼部尚书，转兵部尚书，嘉靖朝任吏部尚书。明武宗驾崩后无子继位，朝臣拥立武宗堂弟朱厚熜即位，即嘉靖帝。嘉靖即位后，欲加封生父兴献王为先皇帝号，观政进士张璁迎合帝意，上疏议大礼十余条。首辅杨廷和因此举不合封建正统礼法，联合乔宇等九卿极力反对，主张嘉靖帝应尊武宗之父为皇考，其生父为皇叔父。双方因起争议，史称"大礼仪之争"。最终以杨廷和失败告终，乔宇因被罢官。"大礼仪"是朱明王朝的重要事件，明中叶以后，朝廷党争激烈，实由"大礼仪"影响所致。

孟春为弘治年进士，嘉靖朝吏部侍郎，因触怒宦官张永而罢归。三老中，乔宇与孟春皆因"大礼仪"罢官而名节响亮，名垂青史。李瀚虽不涉"大礼仪"，从其与乔、孟之友情中，可看出他对"大礼仪"的政治态度。所以三老相会德胜寺，虽高朋盛会，名士雅会，明显带有司马光洛阳耆英会的政治盛会之意味。

三老相会沁水端氏德胜寺是千古美谈，事后，陈鳌、常伦、王溱、谷迁等人也曾慕名游历端氏德胜寺，常伦作有《德胜寺赏牡丹三首》，王溱作有《晚过翠闲堂》，谷迁作有《晚过翠闲堂次韵》等。陈鳌、常伦、王溱、谷迁等还曾同游檀山寺，步三老芳躅，以陶渊明"悠然见南山"诗句分韵作诗，其中陈鳌作《游檀山寺用陶令悠然见南山句分韵得"悠"字》：

昔眺已悠悠，往来成再游。云霞牵野意，花鸟待吟柳。
云海珠初出，林深翠欲流。雨苔樽酒地，乘兴拂云求。

常伦作《游檀山寺用陶令悠然见南山句分韵得"然"字》：

萦回溪屡度，高下本森然。碧殿云标望，丹梯树杪悬。
穷寻逾胜境，行乐慰芳年。榻转流苏合，疏排翡翠连。
梵花飘绮席，仙吹韵朱弦。振袂凌千仞，衔标眺八埏。
沧溟好去便，笙鹤醉浮天。

王溱作《游檀山寺用陶令悠然见南山句分韵得"见"字》：

窈窕入烟萝，峭壁俯璃殿。客来鹤移楼，松露下空院。
坐啸三生石，樽酒集群彦。萧骚开醉眸，云际奇峰见。
情理惬所适，心赏讵云倦。潜曜不可挥，秉烛偕长宴。

谷迁作《游檀山寺用陶令悠然见南山句分韵得"南"字》：

暇日曾高眺，清风破远岚。野花红欲烧，秋水碧于蓝。
鸟渡残霞外，樵歌叠嶂南。酒中期信宿，林际暂停骖。

四人联句作《游樆山寺用陶令悠然见南山句分韵得"山"字》：

心赏还留宿（谷迁），奔忙偶见闲（王溱）。
兴阑宜返棹（陈鳌），归促罢寻山（常伦）。
怅望回青盖（常伦），萧岑下碧湾（陈鳌）。
芳辰难屡得（王溱），高会渺重攀（谷迁）。

明代成化年，山西省府几位大员，来到沁水巡视，也游历端氏德胜寺，学步三老盛事，相互唱和，写了几首诗。山西副使迁按察使光州（今河南潢川）人熊翀发韵作《宿德胜寺》诗，山西佥事浙江萧山人来天球、山西副使顺天宛平（今属北京）人冯清、山西佥事河南郏县人王尚䌹作同题诗《宿德胜寺次韵》，试列于后与大家共赏。

熊翀《宿德胜寺》：

清秋过野寺，雨霁夕阳赊。远岫天连碧，长河浪拥霞。
石床僧定稳，玉宇雁行斜。客思昏钟后，空阶坐月华。

冯清《宿德胜寺次韵》：

沁水秋初到，行行道路赊。乱山藏古寺，落日绚晴霞。
雨过清溪急，崖深树影斜。良宵重寄宿，两度忆年华。

来天球《宿德胜寺次韵》：

两渡宿山寺，悠悠岁月赊。秋疏千岭树，晚动一川霞。
殿角出林杪，溪流渡石斜。尘缘当静地，客梦谢声华。

王尚䌹《宿德胜寺次韵》：

雨后昆庐阁，重山四望赊。哇田明涨水，戍垒破流霞。

月出渔人集，风来燕子斜。江乡浑未远，回首复京华。

熊诗用唐代李白《静夜思》之典，表思乡之情；熊诗写入寺赏月；来诗写夜深不眠，回忆少年风华；冯诗依然写岁月流逝之梦；王诗写他梦中都想回京华。诗写得实在不好，看不出他们是为巡视民情而来，似乎仅仅为悠闲游赏寻梦酬唱而来，有点无病长啸，非常无聊。

比较一下沁水常伦的《德胜寺赏牡丹三首》诗云：

青苔幽境暂徘徊，懊恼名花半未开。

漫留词客清平调，为借三郎羯鼓来。

寂寞浓花古佛前，自开自落已多年。

于今上客留欢饮，百倍精神对管弦。

长安城内曾相识，金谷园中赏更新。

相逢今日空山裹，冷雨凄风恼杀人。

与熊翀等人诗相比，常伦诗也是借用唐代李白《清平调》诗作意境，依据唐宋时长安、洛阳两地牡丹典故概括而成。全诗写牡丹曾经是唐代宫廷中的名花，李白为她做过词，杨贵妃为她唱过曲，唐玄宗为她奏过乐，如今却流落在深山古寺之中，自开自落，凄清寂寞。所以每遇有人来欣赏牡丹，牡丹便青春焕发。牡丹在唐代的长安城，曾遇过很多名流，到了宋代的洛阳，人们对她更是欣赏若狂。没想到今日在空无人烟的山寺里，任凭凄风冷雨吹打，真是令牡丹伤心不已。常伦是以牡丹自喻，抒发自己所遭遇的不平与心中难抑的孤愤。诗中寄寓深刻，有事有情，有气有愤，相比之下，熊翀等人之诗，过于平庸俗气。

端氏为沁水名区，樀山为端氏名胜。樀山满山松柏，中有三棵松树，可谓榼山一绝，令人称奇。沁河流经端氏，南折而去。河之东有崮山耸立，河之西有榼山巍立，相互对峙。

光绪《沁水县志·山川》记：

> 盖崮山与榼山，东西相望，翠巘争奇，而沁流绕其中。故自端氏而下二十余里之间，民居稠密，人文蔚起，灵秀所钟，盖不偶矣。又记：崮山西下数里，滨于沁河，而端氏镇在焉。

雍正《山西通志·沁水县关隘》记：

> 榼山，在县东九十里。清泉飞阁，松栢参霄。白松三，左二，围一丈五尺；右一，差小。高脣数丈，肤理莹腻似雪，山中万松皆然，此其巨者耳。明张五典《三松说》曰：密县白松彼一，此三，其数不敌也，今存二。

雍正《山西通志·寺观·沁水县》记：

> 大云寺，在县东九十里榼山。元魏时建，一名榼山寺，唐景福元年赐今额，明成化十六年修。殿前有白松三，每至月出，绿荫萧森，榼山夜月为邑景之一。杨继宗有《题榼山禅院三松》诗，明嘉靖间，乔宇、李瀚、孟春冒雪游寺，乔宇书三人名作，大篆勒石。常伦有《书大云寺壁》诗。

光绪《山西通志·山川考·乌岭山》云：乌岭山之东，"榼山，在县东九十里，万柏参云，千松翳日，清泉映玉，飞阁凭空，邑之最胜也"。

榼山被称为沁水境内最负盛名的名胜之地，其原因在于，其山势危拔高峻，屹立于沁河岸边，得沁河之水的滋润，满山松柏苍郁森秀，为端氏增荣。榼山既为沁水名山，佛教捷足先登，大云寺建于山巅，古刹佛塔，高阁危楼，为端氏增秀。大云寺内有天外楼与凌霄阁，固山之胜景，上拂浮云，下临沁河，登楼四望，飘飘欲仙，有身在天界扪星攀月之感。

明人张五典《画廊记》云："楂山，沁之名山也。自麓至巅仅三里许，而独以名胜称为秀异也。山不产他木，惟生柏与松，弥漫茂密，翳口蔽天，穿林而入，清荫满路，苍翠之色，历四时不变，故云秀异也。"楂山之名胜，得益于满山松柏。更为奇异者是在大云寺前的三株白松，"皆大十围，高千尺，玉干挺生，风枝旋舞，俨三寿之作朋，知九泉之莫识，则又海内仅见者也"。

张五典以为，楂山三松之奇观，即使三个高寿之人在九泉相见，也未曾见过。然而非常遗憾的是，尽管楂山三松为天下奇观，乡人习以为常而不以为奇观，外人看不到而不知为奇观。张五典因此专门写了《大云寺三松说》，其云：楂山三松，树干莹腻如雪，玉骨凌霄；枝叶繁茂苍郁，琼枝插汉，雄姿奇绝，海内仅见，却天下不名。作者将楂山三松与泰山松、密县松相比较发现，泰山枯松，枝干寻常，并无奇异，却被称为"秦封五大夫松也"，流传千古；山东密县白松，观者因其为白松，对其色异大加称扬，"以为宇内第一松也"，扬名海内。张五典认为，泰山、密县之松，皆不能与楂山三松相比，楂山三松，"玉骨凌霄，琼枝插汉。视岱岳枯松，不啻藐小；方之密县，彼一此三，其数不敌也"。

张五典《大云寺三松说》当然另有寓意，旨在借树喻世喻人，说明一个人若能处于一个最佳位置，会被人发现鼓吹，得到重用，而如楂山三松之"山林高隐之士，闳才硕抱，老死无闻，可胜数哉"？张五典是为自己怀才不遇而不平。同时，他也指出了沁水人的一个陋习，即沁水人对家乡的才俊之士，因习见之而不以为异，使之遭受了楂山三松的命运。这是沁水人的陋习，沁水人是否应当从楂山三松雄姿不在泰山枯松、密县白松之下却天下不名的教训中，得到一些启示呢？

沁水人对楂山三松习见而不以为异，游历沁水之人却皆为之倾倒。明代永乐年间，晋豫巡抚于谦巡视沁水，登上楂山，看到三松，赞叹不已，作《楂山禅院三松》诗云：

> 樆山古刹真奇地，殿下谁栽三大夫。
>
> 寒冒霜雪持劲节，静含雨露脱凡污。
>
> 栋梁伟器苍髯嫩，龙虎贞姿黛色敷。
>
> 一坐九重风大撼，近听琴韵奏天衢。

于谦赞美三松有志之士不惧风霜的坚贞节操，有仁人脱尽凡俗的纯正品格，有朝廷重臣的卓越才干，有英雄豪杰的凌云豪气等等。这是三松的品格，也是人的品格，人松一体。于谦在思考，自己应当像三松那样，坚贞、纯正、卓越、豪气，堪任大任，使英名远扬于天地间。

樆山三松在有识之士心目中，才有了它的不凡雄姿，而且还发生过一件非常神异的事情：清代顺治年间，山东淄川（今山东淄博）进士邱璐来到沁水任知县。邱璐没有留下关于樆山三松的诗文，但他观赏过三松，对三松的不凡深有体会，并向同乡友人王士禄去信介绍三松，邀请他来沁水观赏三松。

王士禄中进士后任吏部考功司员外郎，来沁水之前专门阅读了关于沁水历史文化之文章，对沁水山水人物留下深刻印象。他尤其欣赏张五典的《大云寺三松说》，故来到沁水后，迫不及待地要登樆山观赏三松。心切之际，竟然在睡梦中游赏了樆山，观赏了三松，梦醒后向阔别六年才相见的邱璐，述说梦游樆山观赏三松之情形，梦中之景竟然与樆山三松实景几无二样，邱璐也惊异不解。王士禄遂作《梦樆山三白松歌赠邱沁水荆石》一诗，写下了这一奇梦奇情奇景。诗云：

> 故人邱明府，六载始会面。
>
> 执手便诧樆山松，人间蓄眼谁曾见。
>
> 夜来遂有梦，梦入千山东。
>
> 阴霞截岭复截树，灭没隐见皆虬龙。
>
> 莲宫三松尤绝奇，两松磊磊一微欹。
>
> 十人萦手方合围，氤氲恍有神灵栖。

老干怪石色古雪，缨垂剑拔纷威仪。

玉树青葱那足侈，密县孑孑空为尔。

心骇目眩忽大叫，骤回奇梦徒嗟咨。

诘朝问明府："此境何所似？"

明府拍手向予笑："吾樀仿佛乃如此。"

乃知奇物诚有灵，神之听之宵梦形。

傥能夜夜揽林爽，何必青山曳杖行！

王士禄为山东人，熟知泰山五大夫松与密县白松，梦中看到樀山三松，方信张五典《大云寺三松说》所传不虚，因叹："玉树青葱那足侈，密县孑孑空为尔。"山东密县一棵白松与樀山三棵白松相比，实在是徒有虚名而已。

非常遗憾，沁水人身在宝山不识宝，不知樀山三松的珍贵奇异，使樀山三松未能得到很好的保护。光绪《沁水县志》记：

（樀山）上有大云寺，佛殿前有白松三株，围一丈五尺，高数丈，玉立殿前，世所罕有。先损其一，近复一株枯朽矣。山木被僧民偷伐，争讼不已。康熙间署县事项龙章断为官山。

康熙《沁水县志》亦记：

康熙间署县事项龙章断为官山，而寺僧仍行窃取。知县赵凤诏察其事得实，追获柏板，变价银四十两，修补城垣。

然而后世盗伐山林之事不绝，终于致使一代胜景不复存焉，犹如龙岗古塔翠松之景不复存一般，十分可惜。

三松不存，山林常被盗伐，这涉及古代沁水人对自己家园的生态保护意识问题。光绪年间垣曲知县薛之钊《三县重修舜王庙碑记》中提及历山周边，"狂徒买山，奸商伐木。三邑士民，集众共议，严禁炉厂，立止斧斤。山川由是而生色，草木亦为之增荣"。然而总是有一些不法之徒，盗伐树木，破坏自己家园的生态环境。好在古代沁水百姓，已经意识到了生态环境保护的重要性，才禁止在名胜之地建厂炉禁斧斤，环境得到保护，生态得到维护。清代雍正年间乡人张九皋《重修白云寺正殿碑记》，也提到今沁水郑庄境内佛庙岭之东熊耳山白云寺山林惨遭破坏情形：

> 沁邑白云寺，古建神庙俱全。当康熙君临天下之时，树木丛茂。往来兹土者，莫不叹为名山圣地焉。无如山场遥远，住持难以照应，四壁近庄者，偷盗不艾，然后放话，将山场采砍斧伐锯扯，每日人不计数。虽为一时之兴闹，实为兴之中立败之基也。由今以观，山林之木已尽。

盗伐林木，竟使名山不再，圣地不胜。

名胜樆山松柏也曾遭受过如此厄运。明代乡人张道濬专门写有《禁樆山伐松檄》，谈到樆山之所以称为名胜，在于"兹山松栝，列冠岩阿，佳气郁葱，黛颜蒸蔚"。满山松柏才造就了樆山风光的秀丽。然而，寺僧乡民认识不到保护环境的重要性，对满山松柏，"柯斧因加"，"缘为侵盗"，"旦旦伐之"，满山松柏"亦何难以坐尽"？张道濬因作此檄，呼吁人们保护每一棵树木："谁彰木德，免犯竹刑。"联系檄文中所云"刘庄靖止尔樵苏，我先宫保严其斩伐"云云，说明古代沁水，虽然盗伐树木之事时有发生，却也有许多有识之士早已有了保护家乡生态环境的强烈意识，只是没能成为全县百姓的共识，才有了樆山山林被盗伐、三松被损毁的不尽遗憾。

沁水境内佛寺众多，最负盛名者无过于樆山大云寺。光绪《沁水县志》记："大云寺，在县东九十里樆山，元魏时建。一名樆山寺，唐（昭宗）景福元年（892）赐今额。"樆山寺之所以名称大云寺，张五典《画廊记》有明确解释："兰若（佛寺）一区，在山之阳，灵气氤氲，每多云雾，朝霞暮霭，变幻千出，故山以大云名也。"

楷山寺佛教之衣钵，已不可考。明代乡人邓时忠《重修寺宇功缘记》中谈到岿山普安寺时言："其寺乃楷山之法，枝同一院。"岿山普安寺始建于何时？邓时忠称："兹者沁邑之东，有寺曰岿山，顶有浮屠，浮圣甚灵。峰高危峨，岚风摧倾，唯存旧迹。遇旱而四方庶士，祷雨而无不感应，因以奏朝。宋雍熙二年（985）敕谏议大夫恩善端氏令，重修宝塔，敕岿山寺普安禅院。"说明宋太宗之前，岿山已有佛寺。清代凤台人刘伯龄《岿山重修普安寺山门碑记》云：

> 三晋南隅有沁水，介万山中，长虹如带。县治东偏，耸一名山，曰岿山，上下周围约五里许，翠柏翠松，荟丛满径。虽远逊乎华岳，而幽泚意外，迥然则出。其殆入山唯恐不深，入林唯恐不密也乎！游览诸前辈，佥谓舍此高山，又何仰止焉！镇斯山者有普安寺，北坐西坐大殿，古佛参巍，栋宇宏敞。相对长白山祠二十四诸天，到其中别不具论。创建不知其始，历元逮本朝，皆为重修。山之巅有浮屠，祈祀祷雨者，响宣甚灵。相传唐宋间，奉旨敕建。

到底没有交代清楚岿山普安寺始创何时，仅大致交代建于唐宋之间。按一般规律，岿山普安寺既为楷山寺之分枝，其创建应在北魏之后的唐代。佛寺所建时代不同，关系到寺院所承佛教衣钵。《重修寺宇功缘记》云，普安寺佛教，"始于一气，常乐我净，佛之德也；智慧悲慈，破暗救苦，佛之功也"。读此佛教经义，说明楷山寺、岿山寺以及北魏之前传入沁水的佛教，属于大乘佛教；而从碧峰寺密公衣钵看，包括唐以后传入沁水的佛教，则属禅宗南宗。大乘佛教较多保留印度佛教原貌，禅宗则是中国化佛教宗派。

楷山以风光雄丽著称，大云寺又多灵气。明代乡人常轾《楷山大云寺记》赞其形胜"高数百仞，峰峦秀耸，岩壑万重，望之如画图然。旁之山，多荆棘杉苣，楛独宜松与柏。抱岗环谷，如龙蛇状者，皆松柏。山有佛寺，处山之顶，绝顶崇台延阁，甚宏丽，为沁邑之伟观"。唐玄宗开元二十五年（892），沁邑大旱，端氏知县张不孤祈雨于楛山，"（张）侯以国制，凡灵山必祀，因率僚采诣寺，斋戒请祷，翌日合境大雨，高下滂注。邻邑闻风，亦往祈诚，应期立降，秋遂获有年。张侯曰：佛力也"。

楛山真可谓是名山名松名区名寺，故而古往今来文人墨客，凡入沁境者，无不以登攀楛山、观赏三松、膜拜大云寺为切望，留下无数诗文，造就了楛山深厚的人文历史。清代乡人张道湜《大云寺二首》诗云：

> 高山清暑气，倚杖蹑烟空。树杪参差见，溪流宛转通。
> 殿悬青嶂外，僧卧白云中。坐觉尘氛净，披襟度谿风。
> 久负东林约，重来眼界新。细论支遁法，羞说宰官身。
> 世路空知己，山灵解媚人。巉岩松畔石，藓驳老龙鳞。

张道湜之孙张心基亦有《楛山烟雨》诗云：

> 灵山如楛势凌空，翠柏苍松一望中。
> 最爱云横烟锁候，缤纷花雨落花宫。

二诗皆写楛山烟雨云气，但张心基诗写得较好。四句小诗，对磕山烟雨之胜景做了具体形象的艺术概括：楛山凌空而立，青翠无限，云横雾锁，雨降花落，别有一番情致。楛山烟雨同样诱人宜人，足以与十景争胜。清代朱晓、朱樟也分别以诗写楛山之云雾。朱晓《登楛山天外楼》诗云：

> 峰状形如楛，山因以楛名。楼高能避世，心旷暂忘情。
> 远岫来青色，斜阳送晚晴。凭栏曾久立，顿觉一身轻。
> 谩道来天外，乘空得此楼。盘山松树密，楼上白云浮。
> 异境忽可接，纤尘无复留。莲心如有悟，身世托遨游。

朱樟《游榽山大云寺题天外楼二首》诗云：

> 潇洒秋容接玉溪，飞楼咫尺与云齐。
> 三四磴道欺苔滑，一桁阑干压翠低。
> 月冷僧窗看虎斗，雪消烟坞隐乌啼。
> 禅房却寄青萝上，踏遍松阴到寺西。
> 禅心无著本来空，木末秋云处处同。
> 顿觉此身游物外，不安一事累胸中。
> 蛩吟细韵松梢雨，雁警新寒槲叶风。
> 欲借僧毡勤坐卧，下方灯火隔溪红。

二诗皆写榽山天外楼之壮观："盘山松树密，楼上白云浮。""潇洒秋容接玉溪，飞楼咫尺与云齐。"大云寺天外楼高耸入云，可以用作"楼高能避世，心旷暂忘情"，给人以"顿觉此身游物外，不安一事累胸中"之感。榽山天外楼，以及凌霄阁，皆被称为榽山胜景绝胜处。清代张心至《修凌霄阁记》云："榽山大云寺，古刹也。群峰拱翠，万松插天，而飞檐危榭，更耸天外，奇观有雄伟绝特之概。"又云："天外楼，固山之胜景也，上拂浮云，下临沁渚，凭栏一望，莫不飘飘欲仙；而兹（凌霄）阁更高出其上，鸟革翚飞，直凌霄汉，百余里之景物，仅供一览。斯诚足以增诸天之壮丽，助佛地之光辉者矣。"

不过，凡登榽山者，或为拜佛，或为寻幽，或为避世，或为观松，更多的游赏者，登榽山是为了观月。康熙《沁水县志》记："榽山三松，玉立殿前，世所罕见。每至月出，绿荫萧森，故邑景谓榽山夜月。""榽山夜月"后来被列入沁水古代十景，明弘治九年（1496）进士及第钦点探花南京吏部尚书山西襄垣人刘龙，闻榽山夜月之奇，专程登山待月，作《榽山夜坐》诗云：

> 松风已可哀，梦月复飞来。

如何当此夜，万里独登台。

楶山松柏，清秋季节，天高云淡，暮晚松涛，玉盘高悬，仿佛天风送来，天净月朗，万千景观，尽现眼前，犹如身入仙境梦游月宫，令人不能置信。诗中流露一种难以言状的哀情，刘龙高中探花，官场顺利，何以而生哀情？此诗有"万里独登台"句，恐非刘龙之作，因此诗同时见于明代大思想家福建泉州人李贽《焚书》卷六。李贽与沁水刘东星为挚友。万历二十五年（1597），刘东星丁忧居乡，曾邀李贽赴上党，李贽在刘东星家乡坪上村留居半载。坪上村即位于楶山之下，李贽面对名山，不能不登，也不能不诗，遂作此诗。"如何当此夜，万里独登台"，有一种无可奈何不好明言的孤独之情，颇合远离家乡亲人之李贽此时此刻的心境。

清代雍正年间沁水知县福建侯官（今福建福州）人何陈宫，也是"万里独登台"而来到沁水的，他也有一段衷情，舍轿登山观月，看到的、想到的是一县百姓的疾苦，也作《夜宿楶山寺》诗云：

暂舍篮舆趁晚晴，群峰环绕似逢迎。
好凭今夜山中月，照尽民间疾苦情。

这是众多以楶山为题材的诗歌中写得最好的一首诗作。何氏登山赏月寄情，毫无闲情逸致，也顾不上感叹自身沉浮，他希望自己能够真正做到犹如楶山明月高悬，清醒地看到百姓的疾苦贫困。何诗是佳境苦情，是在对月反省。很多人登楶山主要是为了赏月，而何陈宫是赏月而思民情，何陈宫不愧为一方父母之官。

楶山为沁水佳境胜地，其满山松柏与三松、佛寺与楼阁、烟雨与夜月，皆楶山胜地奇景。然而沁水人有疑耳信目、贵远贱近之陋习，身在宝山不识宝，对楶山风光常常习而不见，不以为然。清代张心至对沁水人看不起沁水的风气有点不平，作《修凌霄阁记》云：

楣山大云寺，古刹也。群峰拱翠，万松插天，而飞檐危榭，更耸天外，奇观有雄伟绝特之概。余家居山之麓，图画天开，宛如屏障，烟云风雨，倏忽变化，皆可得之几席间，诚快事也。夫人情疑耳信目，抑或贵远贱近。生平足不出闾巷，一丘一壑，得以坐卧其间，私心窃据为名胜，而于海内灵区奥域，懵然无所见闻。即间有好奇者，目所未经，而以管窥蠡测之见，缪疑一切陋已。至若旅客遨游，纵心登览，及返旆桑梓，每侈谈异乡山水之秀，而于眼前佳境习焉不察。天地灵淑之气，湮没于庸耳俗目者，正复不少。楚则失矣，齐亦未为得也。

张心至指出沁水人两个陋习，一即疑耳信目，一些人足不出县，生活在一个有限的环境中，对外界一概不知，以管窥天，所见不大；以蠡测海，所知不深，完全是井蛙不知海、夏虫不知冬，却以为天下之美尽在自己眼前；即使偶尔外出，不能细察天下名胜，以为天下美景都不如自己家乡的山水，这是一种因不知外而盲目排外贬外的陋习，犹"不识庐山真面目，只缘身在此山外"之意。再者是贵远贱近，一些人外地游览一番，看了些名山胜水，又认为天下美景尽在异乡，回到故乡后，便向乡人侈谈异乡山水之美，而对家乡山水习而不见，不足为胜，这是一种不知家乡之美而盲目排斥自己、贬低自己的陋习，犹"不识庐山真面目，只缘身在此山中"之意。张心至指出了沁水人好求极端的思维陋习。

于是，张心至在游历了长江滟滪滩与三峡，又沿江而下，过夏口（武昌）、金陵（南京）、京口（镇江），登上镇江金山焦山，游赏江天阁、妙高台、北固山等"九江风物，三楚风烟"之后，细细比较了镇江金山焦山与沁水楣山风光，终于发现，金山焦山皆"产于通都大邑，为圣天子巡幸之所。以故桂殿琼宫，朱甍碧栋，掩映江流，以增山灵胜概。盖天产也，而人事居八九焉"。异乡山水虽好而名扬天下，实在于人工景观占了十分之八九。相对而言，"若楣山者，不假雕饰，天然秀丽，虽僻处乡曲，未获与金焦二山著名宇宙，而清泉碧巇，怪石奇松，盖亦灵异所钟"。张心至因而呼吁，沁水人既不可以为天下美景尽在沁水而学河伯自喜，夜郎自大，也"不可侈谈异乡山水之秀，而于眼前佳境习焉不察"，更"未可以为近而忽之也"，身在佳境不识美。张氏旨在提醒人们，要知异乡之美，更要珍视沁水山水之美，认识沁水山水之美，"欲一破疑耳信目、贵远贱近之习"，并希望沁水人，能够"睹目前之楷模，继振起之志气，其所望于将来者，更深且远也"。即希望沁水人像修筑凌霄阁一样，把樏山、把沁水建设得更美。

遗憾的是，沁水人并没有把樏山建设得更美，历代盗伐山林之事不断发生，使樏山日见败落。1914年秋，浮山洪汉军造反，转战浮山、安泽、沁水诸地，曾一度占据樏山寺。阎锡山曾派军攻打樏山，洪汉军逃离樏山。战后，樏山寺僧人唯恐官方追究通匪之罪，逃离寺院，樏山寺遂成空寺。抗战时，樏山寺又毁于战火。昔日胜景，至今一片瓦砾，无人过问，诚是遗憾不已。

五、柳氏民居与历史真实

　　沁水西南鹿台山之南麓，有一建于明代的村落，名西文兴，又名西大兴。西文兴村民皆为柳姓，其民居极其考究，称为柳氏民居。柳氏民居原有十三院落，另有文庙、关帝庙、真武阁、文昌阁、魁星阁以及柳氏祠堂等建筑。明末战乱，柳氏民居遭受很大破坏，清代几经复修，今存四座一进两院，共八个院落，另有关帝庙、文昌阁也得以保存，上世纪末柳氏祠堂也得以重修。现存柳氏民居虽然仅有明代之半，但被毁院落遗址仍存，村民至今仍可指点遗址名目。据村民指点的遗址名目以及现存建筑及保存至今的《祠堂仪式记》等各种碑刻来看，明代的西文兴是严格按照传统的儒家文化而建起的，儒家道德礼仪所规定的神庙社坛、宗祠牌坊等建筑，西文兴应有尽有，而神庙宗祠以及大小院落、宗族昭穆，排列有序，非常严格，一望而知正庶亲嫡辈分伯仲。西文兴是一个典型的体现儒家观念的古村落，文化内涵极其深厚。

　　西文兴柳氏民居，据说是唐代柳宗元后裔避难迁居于此。柳宗元是中国古代著名的思想家、文学家，唐代古文运动的倡导者和旗手，也是唐代

沁水西文兴柳氏民居

散文和唐代韩柳诗派的重要代表作家。关于柳宗元后裔到底落居于何地，一直是柳宗元研究中未决疑案。如果沁水西文兴柳氏民居真是柳宗元后裔落居之地，那是沁水的荣幸，庶可解决柳宗元后裔到底落居于何地之疑案。然而，当笔者费尽心力，检索大量文献，访问众多柳宗元研究专家，却得出非常令人遗憾的结论：柳宗元后裔并非落居沁水西文兴，而是定居江苏江阴戴君桥村，沁水西文兴柳氏实与柳宗元后裔无涉。此说有文献为据，故撰文以告乡人。

1. 柳宗元终生没有回过郡望河东

凡天下柳氏，多以春秋鲁孝公子夷伯展孙无骇生禽食采于柳下邑（今山东平阴孝直镇展洼村）而得姓，即以春秋贤士柳下惠为得姓始祖。秦王朝统一天下，柳氏迁入河东，柳下惠裔柳孙安始居解县，河东柳氏遂以柳安为始祖，并以河东为郡望。散居天下各地的柳氏，都是从河东迁去的。如果天下凡有一个柳氏集聚的地方，就毫无依据地说他们是柳宗元的后裔，岂不荒唐至极？

柳氏为河东望族，历代名人辈出。《新唐书·宰相世系表》记：

> 柳氏出自姬姓。鲁孝公子夷伯展孙无骇生禽，字季，为鲁士师，谥曰惠，食采于柳下，遂姓柳氏。楚灭鲁，仕楚。秦并天下，柳氏迁于河东。秦末，柳下惠裔孙安，始居解县。安孙隗，汉齐相。六世孙丰，后汉光禄勋。六世孙轨，晋吏部尚书。生景猷，晋侍中。二子：耆、纯。耆，太守，号西眷。耆，二子：恭、璩。恭，后魏河东郡守，南徙汝、颍，遂仕江表。曾孙缉，宋州别驾，宋安郡守。生僧习，与豫州刺史裴叔业据州归于后魏，为扬州大中正，尚书右丞，方舆公。五子：鸷、庆、虬、桧，鷟。晋太常卿、平阳太守纯六世孙懿，后魏车骑大将军、汾州刺史。生敏，字白泽，隋上大将军、武德郡公，从祖弟道茂。

平阳太守纯生卓，晋永嘉中自本郡迁于襄阳，官至汝南太守，四子：辅、恬、杰、奋，号东眷。柳氏宰相三人，奭，璨，浑。

柳宗元之柳氏，属河东柳氏之一支，以柳安为始祖。柳宗元八世祖柳僧习，属河东柳氏第二十二世，上距柳氏迁入河东660余年，河东柳氏已不知衍生多少分支。柳僧习曾出仕北魏，孝明帝（510—528）时，官至太中大夫，加前将军，出为颍川太守。北魏于孝文帝太和十四年（490）把都城从平城迁到洛阳。柳宗元之柳氏，应在此时离开河东，迁居北魏京都洛阳。柳宗元出生时，河东柳氏离开河东，迁居洛阳或长安已过八世约240年。

柳宗元七世祖柳庆，先后出仕北魏孝武帝、孝恭帝、孝闵帝三朝。曾任侍中，封平齐公。

六世祖柳旦，初仕北周，任中书侍郎，封济阴公。后仕隋，为黄门侍郎，开皇元年（581）封新城男，授掌设骠骑。大业年，迁为太常太卿，摄判黄门侍郎。柳宗元之柳氏，是在六世祖时开始兴盛的。隋朝建都大兴（今陕西西安），柳宗元之柳氏应于此时迁居隋朝京都大兴城。

五世祖柳楷，在隋朝曾任济州（治今山东茌平西南）、房州（治今湖北竹山）、兰州（治今甘肃兰州）、廓州（治今青海贵德）四州刺史。

高祖柳子夏，曾任徐州（今属江苏）长史。

曾祖柳从裕，曾任沧州清池（今属河北）令。

祖父柳察躬，曾任湖州德清（今属江苏）令。

唐代韩愈《柳子厚墓志铭》：

子厚，讳宗元。七世祖庆，为拓跋魏侍中，封济阴公。曾伯祖奭，为唐宰相，与褚遂良、韩瑗俱得罪武后，死高宗朝。皇考讳镇，以事母弃太常博士，求为县令江南。其后以不能媚权贵，失御史。权贵人死，乃复拜侍御史。号为刚直，所与游皆当世名人。

柳宗元曾伯祖柳奭，曾为唐高祖朝宰相。《旧唐书·柳宗元传》称："柳宗元，字子厚，河东人。后魏侍中济阴公（柳宗元七世祖柳庆为北魏侍中，封济阴公）之系孙。曾伯祖奭，高祖朝宰相。父镇，太常博士，终侍御史。"《新唐书·柳宗元传》称：柳宗元，字子厚，其先盖河东人。从曾伯祖奭为中书令，得罪武后，死高宗时。父镇，天宝末（唐玄宗天宝十四年，755）遇乱，奉母隐王屋山，常间行求养，后徙于吴。肃宗平贼，镇上书言事，擢左卫率府兵曹参军。佐郭子仪朔方府，三迁殿中侍御史。以事触窦参，贬夔州司马。还，终侍御史。"柳宗元家族，自高祖朝开始衰落，此后再未中兴。

清代文安礼《柳先生年谱》云，唐代宗"大历八年（773）癸丑，子厚生，代宗之十一年也"。柳宗元祖籍河东，祖上世代为官。柳氏与闻喜的裴氏、汾阴薛氏，号称河东三大望族。柳宗元的母亲卢氏属范阳卢氏，祖上世代为官，与陇西李氏（今甘肃东南部）、赵郡李氏（今河北赵县）、博陵崔氏（今河北安平县、深州、饶阳、安国等地）、清河崔氏（今河北清河县）、荥阳郑氏（今河南）、太原王氏（今山西）号称隋唐五大望姓。柳、卢二氏结姻，合门当户对之制。

柳宗元为先父所撰《先侍御史府君神道表》记其父柳镇：

先君之道，得《诗》之群，《书》之政，《易》之直方大，《春秋》之劝惩，以植于内而文于外，垂声当时。天宝末（十四年，755），经术高第。遇乱，奉德清君夫人（柳镇母，柳宗元祖母），载家书隐王屋山。乱有间，举族如吴，无以为食。

贞元九年（793），宗元得进士第。上问有司曰："得无以朝士子冒进者乎？"有司以闻，上曰："是故抗奸臣窦参者耶，知其不为子求举矣。"是岁五月十七日，（柳镇）终于亲仁里第，享年五十有五。七月某日，葬于万年县栖凤原。后十一年（795）宗元由御史为尚书郎。

柳宗元为先母所撰《先太夫人河东县太君归祔志》记：

> 先夫人姓卢氏，讳某，世家涿郡。寿止六十有八，元和元年（806）岁次丙戌，五月十五日，弃代于永州零陵佛寺。明年某月日，安祔于京兆万年先侍御史府君之墓。其孤有罪，衔哀待刑，不得归奉丧事以尽其志，俾泊太夫人兄之子弘礼承事焉。
>
> 某始四岁，居京城西田庐中，先君在吴，家无书，太夫人教古赋十四篇，皆讽传之。以诗礼图史及剪制缕结授诸女，及长，皆为名妇。

柳宗元为其妻杨氏所撰《亡妻弘农杨氏志》记：

> （杨氏死后）遂以九月五日庚午，克葬于万年县栖凤原，从先茔，礼也。是岁，唐贞元十五年（799），龙集己卯。为之志云：坤德柔顺，妇道肃雍。惟若人兮，婉娩淑姿。锵翔令容，委穷尘兮。佳城郁郁，闭白日兮。之死同穴，归此室兮。

唐代韩愈《柳子厚墓志铭》记：

> 子厚以元和十四年（819）十一月八日卒，年四十七。以十五年（820）七月十日归葬万年先人墓侧。

结合可以检索到的柳宗元传记、墓志等文献资料，尤其是依据清代文安礼《柳先生年谱》，参阅当代学者施子愉《柳宗元年谱》，以及中国柳宗元研究会会长吴文治《柳宗元年表》逐年考证，可以理清上述记载：

柳宗元先世为河东人，河东为柳氏郡望，故后世称柳宗元为柳河东。柳氏为河东望族，约自柳宗元八世祖柳僧习始，柳宗元先祖已迁离河东，六世祖柳旦时迁居长安万年，世代在长安做官，占籍长安万年，柳宗元遂为长安万年人，郡望河东。

柳宗元出生于长安万年，幼年随母在长安万年读书，后随父亲在任官之地湖北、江西生活。二十岁中进士之年，父亲去世，柳宗元便随叔父在邠州（今陕西邠县）生活。柳宗元二十六岁入仕，七年后被贬官邵州（今湖南邵阳）刺史，又贬为永州（今湖南零陵）刺史，再贬至柳州（今属广西）刺史，四年后病故于柳州，归葬长安万年。

"鸟飞反故乡兮，狐死必首丘。"古人乡土观念难移，人死之后，即使千里扶灵，也要归葬故土。柳宗元出生于长安万年，故其死后与妻子杨氏皆归葬于长安万年先茔，而不是归葬于河东，其父母也葬于长安万年，其祖茔也在长安万年。说明柳家早已离开了河东，并把长安万年当成故乡籍里。柳宗元终生没有回过河东，死后也没有归葬河东。

学术界忽视了一个问题，即河东之地对于柳宗元来说，是其原籍，还是为其郡望？柳宗元出生长安万年之时，柳宗元前八代世祖已离开河东，迁居洛阳，再迁居占籍长安万年。因此，河东之地，学术界一般只称河东为柳宗元之郡望，并不称河东为柳宗元之原籍。如柳宗元好友韩愈，为河南河阳（今河南孟州市）人，自谓郡望昌黎（今属河北），世称韩昌黎。但学术界没有人认为韩愈是昌黎人，世称柳宗元为柳河东，也是指其郡望而非故乡原籍，搞清楚这个问题，对于理清沁水西文兴柳氏民居与柳宗元之关系，至关重要。

2. 周六、周七并未落居沁水西文兴

柳宗元生于唐代宗大历八年（773），唐德宗贞元九（793）柳宗元二十岁中进士。是年五月其父柳镇去世，享年五十五岁。其父死后十三年的唐宪宗元和元年（806），其母死于柳宗元贬地永州。柳宗元因贬官在身，不能返长安万年安葬母亲，心情十分沉痛。

柳宗元父亲柳镇，出生于唐玄宗天宝七年（748）。天宝末年，即天宝十四年（755），发生安史之乱。此年柳宗元父亲年七岁，奉母避难王

屋山。又乘安史之乱间隙，举族迁徙江南。柳氏在王屋山避难，时间很短便离去，安史之乱平息后又返长安。安史之乱平息后约十年，其父柳镇约二十五岁，生柳宗元，柳镇只有柳宗元这一个儿子。柳宗元有两个老婆，正配杨氏，贞元十五年（799）杨氏故去，无出。六年后的永贞元年（805），柳宗元贬官永州，在永州聚妾，元和十年（815）随柳宗元贬迁柳州，先后生二女二男。柳宗元去世时，二女皆幼，长男周六也仅四岁，季男周七在柳宗元死后才出生。《旧唐书·柳宗元传》记柳宗元"元和十四年十月五日卒，时年四十七。子周六、周七才三四岁。观察使裴行立为营护其丧及妻子还于京师，时人义之"。

柳宗元子女，最后都落居于京师长安之万年。柳宗元临死前，曾将自己的子女及文稿委托给几位好友。刘禹锡《故唐柳州刺史柳君集》记，柳宗元曾遗书刘禹锡托孤托编而曰：

> 又谪佐永州，居十年，诏书征不用，遂为柳州刺史，五岁不得召归。病且革，留书抵其友中山刘禹锡曰："我不幸，卒以谪死，以遗草累故人。"禹锡执书以泣，遂编次为四十五，通行于世。子厚之丧，昌黎韩退之志其墓，且以书来，吊曰："哀哉！若人之不淑，吾尝评其文雄深雅健似司马子长，崔、蔡不足多也。"

柳宗元死后，其子周六持先父书信，拜见刘禹锡。刘禹锡不负友人重托，编辑了《河东先生集》三十卷，使柳宗元诗文得以流传后世。刘禹锡《祭柳员外文》又记：

> 呜呼！子厚卿真死矣，终我此生无相见矣。何人不达，使君终否。何人不老，使君天死。皇天后土，胡宁忍此。知悲无，奈恨无巳。君之不闻，余心不理。含酸执笔，辄复中止。誓使周六，同于己子。魄兮来思，知我深旨。呜呼哀哉，尚飨。

刘禹锡没有辜负柳宗元，收养了周六，并将周六抚育至进士及第。

关于柳宗元的子女，中国柳宗元研究会、柳州市柳宗元学术研究会合编《柳学研究动态》2007年8月第七期发表吕国康之文《柳宗元的婚姻与子女》，有具体详细的介绍。

根据目前掌握的资料，柳宗元的继娶乃马雷五之姨母，并随柳宗元一起到柳州，共生育两男两女。元和十四年（819）十月五日，柳宗元因病去世，年仅四十七岁。长子周六年四岁，次子周七是遗腹子，长女不到十岁，幼女比周六稍长。柳宗元病逝前，曾分别给刘禹锡、韩愈、卢遵、崔群写信托孤，帮助编辑文集。柳宗元为官清廉，家无遗财，是裴行立为孤儿寡母筹措了丧葬费用。一直和柳宗元一起生活的表弟卢遵于次年七月，将其归葬于万年县先人墓侧。

柳宗元身后两男两女，分别由刘禹锡、韩愈、卢遵、崔群抚养。韩愈、卢遵、崔群抚养何人不甚明了，可以确定的是刘禹锡抚养的是周六。唐武宗会昌二年（842），刘禹锡去世，周六已二十七岁。十年后的唐懿宗咸通四年（863），周六登进士第，曾官仓部员外郎。《御选唐宋文醇》卷十收韩愈《柳子厚墓志铭》：

> 子厚以元和十四年十一月八日卒，年四十七。以十五年七月十日，归葬万年先人墓侧。子厚有子男二人：长曰周六，始四岁；季曰周七，子厚卒乃生。女子二人，皆幼。其得归葬也，费皆出观察使河东裴君行立。行立有节概，重然诺，与子厚结交，子厚亦为之尽，竟赖其力。葬子厚于万年之墓者，舅弟卢遵。遵，涿人，性谨慎，学问不厌。自子厚之斥，遵从而家焉，逮其死不去。既往葬子厚，又将经纪其家，庶几有始终者。铭曰：是惟子厚之室，既固既安，以利其嗣人。

文后有朱熹按语曰："此志作于袁州，公之志子厚详矣，其《祭文》推许尤厚。刘梦得序子厚集曰：'子厚之丧，昌黎韩退之志其墓，且以书来吊曰：哀哉，若人之不淑，吾尝评其文，雄深雅健，似司马子长，崔蔡不足多也。'安定皇甫湜于文章少推许，亦以退之之言为然。又按咸通四年，右常侍萧仿知举试，谦光赋《澄心如水》诗。中第者二十五人，柳告第三人，韩绾第八人。告即子厚之子，字用益。绾即退之之孙。"唐懿宗咸通四年（863），距柳宗元去世已过44年。

刘禹锡为河南洛阳人，自言系出中山（今河北境）；韩愈为河南河阳（今河南孟州市）人，自谓郡望昌黎（今属河北）；崔群，武城人（今属山东）；卢遵，涿郡（今河北涿州）人。刘禹锡、韩愈、卢遵、崔群等皆为朝廷官员，他们抚养柳宗元子女，应在各自任所，或者是在各自家乡。他们都会像刘禹锡那样，精心抚养已故好友子女的，岂能辜负已故好友之重托，将柳宗元子女送到处于中条山深处的沁水西文兴呢？尤其是刘禹锡"誓使周六，同于己子"，他将周六视为己子而置于自己身边，才培养周六进士及第。

依据柳氏年谱与诗文而追寻考证柳宗元行踪，学术界因此认为，柳宗元仅以河东为郡望，所以他一生未回过河东。他的诗文写长安写万年，写永州写柳州，却不见写河东及中条山。他的后代，据《旧唐书·柳宗元传》所记柳宗元去世后"观察使裴行立为营护其丧及妻子还于京师"之说，也应当生活于长安附近的万年，没有回到河东。柳宗元父亲柳镇避难王屋山时，年刚七岁，且留居时间不长，便离开了。因为在王屋山中生活困难，难以生存，柳宗元之子周六、周七何必再返王屋山？所以，周六、周七并未避难沁水西文兴，而是落居于京师长安之万年。又有文献可证，周六、周七之后裔最终迁居于江苏江阴戴君桥村，沁水西文兴柳氏实与柳宗元后裔无涉。

3. 沁水西文兴非柳宗元后裔避难之地

沁水西文兴并非柳宗元后裔避难之地，这可以从三个方面进行论证。

其一，柳遇春没有勇气自称西文兴柳氏是柳宗元后裔。

柳氏是河东望族，支系繁多，西文兴柳氏自然属于支系繁多之河东柳氏中的一支，与柳宗元同属河东柳氏。西文兴存有明代柳遇春嘉靖二十九年（1550）撰写的《柳氏宗支图记》云：

> 按：氏族柳氏，系出鲁大夫展获公，食邑柳下，因姓焉。厥后谱代有闻人，而惟唐为尤盛，名贤继出，卒流声于史炳如也。唐末，始自河东徙沁，历国初迄今，以甲分者四，以户分者十，而其初则一人也。

明代沁水刘东星撰《柳遇春墓表》记：

> 公讳遇春，字时芳，号柳泉，一号三峰。甚先世河东人，唐末徙居沁。

清代沁水窦心传撰《柳春芳墓志铭》记：

> 公讳春芳，圣和其字也。始祖琛，由翼城县迁邑之文兴村，以耕读为业。

另外，常建国主编的《沁水文史资料·柳氏民居专辑》载西文兴柳氏曾存有《河东柳氏族谱序》抄件残页：

> 元和祸及族人，万年世祖（先祖之意）永（蒲）州河东传训以照贤孙。皇恩食邑中条道中，五谷为生，耒读为本，忠恕廉洁，忧国忧民，弃府始徙，盛名勿扬……唐末始祖遵训，自河东徙沁，历旧家翼关，永乐居沁文兴。

按："万年世祖永（蒲）州河东"不知何意？中国柳宗元研究会、

柳州市柳宗元学术研究会合编的《柳学研究动态》2007年8月第7期发表吕国康之文《柳宗元的婚姻与子女》引用此文时，过录王良、潘保安之中国文联出版社2003年版《柳氏民居与柳宗元》中文："据王良先生在该村抄录的《河东柳氏族谱》序：'元和（唐）祸及族人，万年世祖永州河东传训，以照贤孙。'"

沁水西文兴柳氏与长安万年柳宗元虽然皆出河东柳氏，但二者之间没有更近一些的直接关系。因为查阅西文兴现存可以看到的碑刻，除抄件残页《河东柳氏族谱序》提及柳宗元事之外，明代西文兴柳氏代有闻人，书香相继，再没有看到柳家文士撰碑写文时提及柳宗元。常建国主编的《沁水文史资料·柳氏民居专辑》过录《河东柳氏族谱序》抄件残页后附有说明：

> 此碑文1978年9月抄于西文兴柳赠寿家藏《柳氏族谱序》残页，柳赠寿1997年去世后，其侄孙将《柳氏继志堂家谱》当废纸卖掉，残页也遗失无存。

此"残页"真伪有待考证，且不论"《河东柳氏族谱序》"、"此碑文"、"《柳氏族谱》"、"《柳氏继志堂家谱》"等行文非常混乱，或说"碑文"，或说"残页"，或说"废纸"等，检索《四库全书》、《四库全书存目》、《续修四库全书》等，并未见西文兴所存抄件残页《河东柳氏族谱序》。

所以，如果西文兴柳氏真是传说中的柳宗元后裔的话，明代的柳遇春等辈不会不在《柳氏宗支图记》等碑铭文献中提及柳宗元的，柳遇春似乎也没有勇气自称西文兴柳氏是柳宗元的后裔。

也许是文献所限，只能得出上述结论，除非有新的碑铭文献面世，庶可重新论证。据说西文兴还有很多碑刻铺在土沃乡政府的院子里难见天日，另有许多碑刻存在收藏者手中没有公布。如果有机会能读到这些碑铭文献，也许可以得出另外的结论。

中国柳宗元研究会、柳州市柳宗元学术研究会合编的《柳学研究动态》2007年8月第7期发表吕国康之文《柳宗元的婚姻与子女》也称：

> 2004年2月，笔者与谢汉强先生等人到"柳氏民居"进行过考察，根据目前掌握的资料，只能推测此处有可能是柳宗元后裔的居所，也可能是柳宗元同祖同宗的后裔居所，尚无法确定是周六或周七后代居所。

其二，西文兴柳氏是河东柳氏一支而不是罪犯后代。

也许有人会如《河东柳氏族谱序》中所说，由于担心"元和祸及族人"之原因，柳遇春等辈才没有勇气把西文兴柳氏与柳宗元拉近关系，但这不是原因。

柳宗元在唐德宗贞元年间参加王叔文政治改革，失败后贬官南方，死后方魂归故里。唐代刑法没有一人犯罪株连九族之规定与先例，除非是谋逆造反才有株连九族之祸。柳宗元在贞元革新失败后，是遭受政治迫害而被贬官，他在邵阳、永州、柳州还一直担任地方职官，是位谪臣，而不是罪犯。

认清这一点，很多问题都好解决。唐代被贬官的为数不少，一人遭遇贬罢就株连九族，社会何以安定？再昏庸的帝王与权臣也不会有如此不明智之举。唐代的白居易也曾被贬官为江州司马，没有看到白氏家族因此被株连的记载；柳宗元好友韩愈，也曾因谏阻唐宪宗迎佛骨被贬为潮州刺史，后又复官至吏部侍郎。尤其是柳宗元好友刘禹锡，与柳宗元共同参加王叔文政治改革，失败后连贬朗州司马、连州刺史、夔州刺史、和州刺史，刘禹锡后来又复官回到长安，刘禹锡的后代不仅没有去避难，反而在刘禹锡去世之后，继续抚养柳宗元之子周六，直到周六考中进士。

所以，作为河东柳氏繁多支系中的西文兴柳氏，用不着因柳宗元贬官而去避难的。然而，主张西文兴柳氏是柳宗元后裔避难之地者，毫无历史常识地把柳宗元视为"罪犯"。把柳宗元视为罪犯，就意味着今天的西文兴柳氏自然也就成为罪犯的后代了。因此，认清这一点很重要，西文兴柳氏只是河东柳氏迁入西文兴的一支，不是柳宗元的后代；柳宗元是位谪臣而不是罪犯，西文兴柳氏也不是罪犯的后代。

柳宗元实际上在晚唐已被朝廷平反，所以唐懿宗咸通四年（863），其子周六才可以登进士第，并且曾官仓部员外郎。如果"元和祸及族人"的话，其子周六应当首先遭受株连，是不可能高中进士第的。

吴文治与谢汉强所主编《柳宗元大辞典》附录《柳宗元年表》有记：

> 唐宪宗元和十五年（820），庚子，宗元逝后一年。是年，宗元遗腹子周七生。宗元逝后，由裴行立资助，表弟卢遵运宗元棺梓回长安万年县，七月十五日藏于栖凤原祖茔。柳州人士在原停枢处，建衣冠冢以纪念。

如果柳宗元是个罪犯的话，柳州人能去为一个罪犯建衣冠冢吗？

其三，李梦阳、何景明沁水之行不提及西文兴柳氏。

宋元明以来，柳宗元不断受到朝廷封赐，其地位是很高的。著名学者、柳宗元研究专家、中国柳宗元研究会会长吴文治与谢汉强主编的《柳宗元大辞典》附录《柳宗元年表·附记》有记：

> 后北宋哲宗元祐七年（1092），朝廷赐柳州罗池庙"灵文庙"额，徽宗崇宁三年（1104）七月七日，追封宗元为文惠侯；南宋高宗绍兴二十八年（1158）八月二十六日，加封宗元为文惠侯灵侯，元泰定帝泰定元年（1324），加封宗元为文惠昭灵公，曾称柳侯祠为灵文庙。同时，永州也在北宋仁宗至和年间（1054—1056）于朝阳崖侧畔建柳祠，纪念宗元。后迁至潇水之西、愚溪之北，先后称柳庙、柳司马祠、柳子庙等，今仍称柳子庙。

柳宗元在晚唐已被朝廷平反，在宋代仁宗、哲宗、微宗、高宗，以及元代泰定帝时，又被追封为侯，永州人民在柳宗元去世后不久，即为柳宗元建庙立祠。永州学者翟满桂女士《一代宗师柳宗元》记：

> （柳州人民在柳宗元去世）三年后，即长庆元年（821），就在柳州的罗池建庙，把柳子供奉为罗池之神，又特地派人去长安找到韩愈，请韩愈写了《柳州罗池庙碑记》，这碑文全面记录了柳子在柳州的政绩。柳子的灵柩运回北方去了，柳州人民在罗池庙旁，修建了柳子的衣冠冢。

柳宗元在柳州虽为谪臣，但他不甘沉沦，改革弊政，为柳州百姓做了许多好事。柳州百姓非常敬重柳宗元，敬称他为"柳柳州"，柳州至今保存有柳侯祠、柳宗元衣冠墓等。柳宗元在柳州曾率民广植黄柑，并作《柳州城西北隅种甘树》诗，柳州百姓便在此地建起"柑子亭"，纪念柳宗元"手种黄甘二百树"之惠政。柳州人民没有将柳宗元视为罪犯，还将柳宗元视为有政绩的贤臣而纪念他。已经到了明代的西文兴柳氏，何必还要把柳宗元视为罪犯呢！

柳宗元在明代名气是很大的，早在宋代初年，欧阳修发动新古文运动，欧阳氏打的旗号是以唐代韩愈与柳宗元为宗师的。明代嘉靖年间以唐顺之、归有光为代表的唐宋派改革文坛，也是以韩愈、柳宗元、欧阳修、苏轼为代表的唐宋八大家相号召的，并编有《唐宋八大家文钞》流行天下。宋代学子常讲"韩柳文章李杜诗"，柳宗元在宋代已取得了不可动摇的思想文学领袖地位，成为对宋代影响最大的唐代四大文化名人之一。

柳遇春是西文兴柳氏代表人物，明嘉靖间人。柳遇春时代，正是明代唐宋派与前后七子兴盛之时，柳宗元名气更大。如果柳遇春有柳宗元这样一位先祖，他会身价百倍，名噪天下的，岂有不把柳宗元写入《柳氏宗支图记》之理呢？柳遇春因何不以柳宗元后裔自居？有一问题很值深思，即在明代，凡天下之人，以至于沁水人，并不知柳遇春其人！

明代前七子领袖李梦阳、何景明在弘治年曾有沁水之行。前七子在明代文坛影响很大，他们以复古相号召，提出"文必秦汉，诗必盛唐"之文学主张。李梦阳、何景明二贤在沁水曾到过土沃一带，并作有《岳将军砦》诗作。前七子是以唐诗为宗的，而柳宗元则是唐代一位重要诗人。李梦阳、何景明来到所谓柳宗元后裔避难的沁水，并未提及西文兴柳氏。柳氏至晚是在明初就迁居西文兴的，弘治年以后已经开始兴旺。我们只能理解，西文兴柳氏只是河东柳氏迁入沁水的一支，它与长安万年柳氏没有更近的宗姓关系。故而，李梦阳、何景明来到沁水，并不认为西文兴柳氏为柳宗元后裔。

几年前，西文兴曾经新编了一部《柳氏家谱》，新编《柳氏家谱》记西文兴柳氏在宋朝的始祖名"柳文"，元朝的始祖名"柳学"等等。明眼人一眼就可看出，这部新编《柳氏家谱》有伪造之嫌疑。

所以，对西文兴柳氏民居，搞点商业炒作，宣扬其为柳宗元后裔是可以的，可以提高柳氏民居的知名度，提高柳氏民居的文化品位，有利于促进沁水文化与旅游业发展。但作为西文兴柳氏宗姓之人，应当对自己宗族历史负责任，搞清自己的宗族历史，不要随便给自己找个祖宗，以免叩错头、烧错香。下跪叩头是人生大礼，古礼规定，一个人唯有对天地君亲才行下跪叩头之礼。今天的西文兴柳氏，岂能让人随便给自己找个祖宗，就不分真假下跪磕头而行人生大礼呢？

沁水人也应当清楚历史的真实，不要以误传误，给后世留下一段不真实的史话。历史是严肃而真实的，真实一些就非常好！

4. 柳宗元后裔定居江苏江阴戴君桥村

吴文治与谢汉强主编《柳宗元大辞典》附录《柳宗元年表·附记》有记：

> 唐懿宗咸通四年（863），癸未，宗元逝后四十四年。是年，宗元子告进士及第。告，字用益，但不知为周六或周七。

《柳宗元年表》提及柳宗元之子柳告进士及第事，并称不知柳告为周六还是周七。但有文献明确记载，进士及第的柳告，是柳宗元之子周六。周六行踪并非雪泥鸿爪，无迹可寻。

2005年前后，浙江青田发现了一套《河东柳氏宗谱》。此宗谱本文作者未曾亲眼目睹，不敢置喙，仅过录中国柳宗元研究会、柳州市柳宗元学术研究会合编的《柳学研究动态》2007年8月第7期发表的吕国康之文《柳宗元的婚姻与子女》所记：

> 2005年7月，《光明日报》报道：浙江青田发现《河东柳氏宗谱》。此次发现的柳氏宗谱有三个版本，分别修于清朝光绪戊戌年（1898）、民国丙寅年（1926）、1996年。整个宗谱谱系完整，从柳宗元到当代，穿越千年。该宗谱还收集了《柳子厚墓志铭》等名著，同时出现了柳宗元画像，及一些当地名流撰写的谱序。乾隆四十二年的《柳氏宗谱》，记载了"宋嘉祐八年五世孙诏公登进士第宁波鄞县居焉"，以及其人"迁居金华浦江横溪（今浙江省兰溪市梅讲镇横溪），数年游艺括州下河暂居，即浙江省丽水市"。柳宗元的第十四世孙柳梅礼迁至青田乌云山村。该村的柳姓人家有2000多人，有上百人移居海外。据宗谱记载，该村柳氏已延续了十三代，最新的一代是柳宗元第三十三代后裔。柳哲认为："青田这支后裔是柳宗元其中一个儿子周六的后代，这也是全国唯一有谱可查的柳宗元后裔。"家谱保存在柳英女家中，她年过七十，系柳宗元第二十九代后裔，20世纪70年代出国到瑞典经商，2007年10月在永济参加了柳氏宗亲会，自称周六后代。

2006年，江苏又发现了清代嘉庆丙子年纂修的《泾川柳氏宗谱》，保存于江阴戴君桥村。这是柳宗元研究的重大发现，合肥工业大学江阴籍教授袁建明在2006年6月30日《江阴日报》发文《柳宗元嫡系后代定居江苏江阴市戴君桥村》记：

申港镇戴君桥村的《柳氏宗谱》半年前就开始续修，日前，修编者发现，在1500多年的家族发展史上，唐宋八大家之一的柳宗元赫然在列。经过认定，戴君桥村是柳宗元嫡系后代的居住地，而该宗谱也是全国屈指可数的记录较为完整的柳宗元族谱之一。

该族谱共12册，大开本线装。虽然年代久远，但这些族谱依旧保存完好，只有少数几张纸出现了残破。谱中记载了南宋至民国十七年（1928）柳氏家族1500多年的发展历史。柳氏第42代孙柳锡仁昨天告诉记者，族谱是在该村村民柳锡坤家梁上发现的，后来在柳志芳家里又发现一本。据族谱上记载，常州武进塘桥村柳永先家也有一套，因此柳氏族谱一共有3套。

翻开柳氏族谱，柳宗元的名字出现在第三册第五页上，上写"远祖源流系表"。族谱记载，柳宗元有二子，长子柳周六，次子柳周七。柳周六后人为躲避元朝寇乱，从陕西南下迁往苏州，最后定居在江阴申港戴君桥村。柳锡仁告诉记者，柳氏后人定居戴君桥村后，一直过着隐姓埋名的生活，而随着时代的变迁，该村已有不少人迁往了外地，除了夏港镇三观殿村外，省内的南京、丹阳、武进等地区也均有柳氏后人的分。

五月份，柳锡仁等人在修编族谱时意外获悉，北京有个"柳哲寻根工作室"，专门从事柳氏族谱研究，同时也是国内这方面的权威。为了方便续修，同时也想证明戴君桥村民是柳宗元的后代，柳锡仁将族谱的主要照片寄往了北京的柳哲。经过一段时间的等待，北京寻根工作室负责人柳哲打来了电话，他告诉柳锡仁，"族谱记载的内容属实，在全国来讲是记载较为完整、翔实的一本。根据族谱反映，戴君桥村确实是柳宗元之子柳周六后人的定居点，戴君桥村民是柳宗元的嫡系后代"。

　　笔者有幸于2007年10月参加山西永济《第四届柳宗元学术讨论会》，会议期间与河东柳氏后代、著名宗谱专家、北京大学学者柳哲相遇。柳哲展示了《泾川柳氏宗谱》，笔者对《泾川柳氏宗谱》有关内容进行了拍照。《泾川柳氏宗谱·柳宗元传》有记：

　　　　公宪宗元和元年第试进士，补授左拾遗。周六赐丽正书院修
　　书。……周六生子诚，周七生子正元、正□。

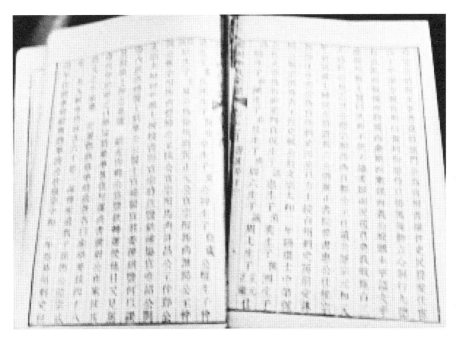

　　江苏江阴戴君桥村《柳氏泾川谱》记柳宗元之子：周六生子诚，周七生子正元、正□

　　《泾川柳氏宗谱》关于柳宗元之子周六的记载，古代文献亦见记载。前引刘禹锡《祭柳员外文》言周六由刘禹锡抚养，五代王定保《唐摭言》卷十四又记：

　　　　柳告是柳州之子，凤毛殊有，而名字陆沉。

保存于江苏江阴戴君桥村的《柳氏泾川谱》　　江苏江阴戴君桥村《柳氏泾川谱》柳宗元画像

《御选唐宋文醇》卷十韩愈《柳子厚墓志铭》后附有宋代朱熹按语：

> 咸通四年（863），右常侍萧仿知举试，谦光赋《澄心如水诗》，中第者二十五人，柳告第三人，韩绾第八人。告即子厚之子，字用益，绾即退之之孙。

明代王士祯《香祖笔记》卷二记：

> 唐萧仿咸通四年知礼部贡举，责授蕲州刺史。有与浙东郑大夫书云：韩绾即文公之孙，柳告是柳州之子。凤毛殊有，而名字陆沉，皆仿是年所举士也。

咸通为唐懿宗年号，咸通四年（863）上距柳宗元逝后四十四年。五代王定保记载、宋代朱熹按语、明代王士祯记载，与《泾川柳氏宗谱》及吴文治与谢汉强主编的《柳宗元大辞典》附录《柳宗元年表·附记》记载一致，周六是在江浙地区进士及第的，与韩愈之孙韩绾同榜。

这些文献皆可证实，柳宗元之子周六、周七的后裔最终迁居于江苏江阴戴君桥村，沁水西文兴柳氏实与柳宗元后裔无涉。

关于柳氏家谱、宗谱、族谱，目前各地多有发现。专门研究柳氏文化的柳哲工作室，公布有目前已经发现的民国之前各地编撰的关于柳氏家谱、宗谱、族谱三十四种，其中有最早见于"谱初修于明成化五年"者，修于清代民国者居多，最晚见于修于1948年者。编撰者地域分布于江苏、浙江、福建、湖南、山东、甘肃等地，其中江苏十六种，浙江十三种。说明唐朝以后，柳氏家族主要向南方迁移，分布于江浙地区者居多。

三十四种柳氏家谱、宗谱、族谱，不包括2005年前后在浙江青田发现的《河东柳氏宗谱》以及2006年在江苏江阴发现的《泾川柳氏宗谱》，皆为2003年之前发现而统计，其与柳宗元有无关联，内容不详。

5. 河东柳氏于元代迁入沁水西文兴

其实，认真探讨天下柳氏的渊源，它最早的郡望并不在河东，而在山东的柳下，出于姬姓，是周文王姬昌的后代，春秋鲁国宗室的后裔，非常高贵辉煌。

柳氏的始祖，是春秋鲁孝公之子——鲁国的开国君主周公姬旦之子伯禽。周公东征东夷胜利后，周武王之子周成王把山东一带土地封给周武王之弟周公姬旦之子伯禽，国号鲁，后传位至鲁孝公。鲁孝公有子夷伯展，夷伯展之子无骇，取祖父之名而姓展，展无骇生子名禽字季，称为展禽，又说名获字禽，即《柳氏宗支图记》所说的展获公，为鲁国大夫，食邑于柳下，死后谥惠，世称柳下惠，又称柳下季。

柳下惠是春秋时历史名人，古代著名贤士，深得圣人孔子赞许，后世称誉为"复圣"。古代成语"坐怀不乱"之典故，即指柳下惠，此事见载于《荀子·大略》。柳氏有柳下惠这样一位始祖，当然是很荣耀的。所以，天下柳氏最早的郡望应当在鲁国的柳下。后世柳氏不以柳下为郡望，主要因为柳氏还有一位始祖，即柳下惠的弟弟柳下跖，春秋时期一位著名的大盗，世称盗跖。柳下跖的名气比柳下惠要大得多，元杂剧有《伍子胥鞭伏柳盗跖》，演春秋时天下诸侯盟会临潼斗宝，柳盗跖混入盟会盗宝，被吴国伍子胥发现痛打一顿了事。柳下跖是以春秋大盗于史留名的，后世柳氏因有柳下跖这样一位大盗先祖而感蒙耻，又岂肯以柳下为郡望呢？

雍正《山西通志》卷六十四《氏族一》记：

> 柳（河东），商音。鲁大夫展禽食邑于柳下，以邑为氏。秦并天下柳氏遂迁于河东，秦末有柳安，即展禽裔。
>
> 柳氏出自姬姓。鲁孝公子夷伯展孙无骇生禽，字季，为鲁士师，谥曰惠，食于柳下，遂姓柳氏。楚灭鲁，仕楚。秦并天下，柳氏迁于河东。秦末，柳下惠裔孙安，始居解县。安十四世孙轨，晋吏部尚书，生景猷，晋侍中。二子，耆、纯。耆太守，号西眷。耆子恭，南徙汝颖，遂仕江表。四世孙僧习，与豫州刺史裴叔业据州归于后魏。纯，平阳太守，生卓，晋永嘉中迁于襄阳。四子，辅、恬、杰、奋，号东眷。安孙隗，齐相。六世孙丰，后汉光禄勋。六世孙轨，二子，耆、纯，号东西眷。耆，宗元之先。柳宗元叔父殿中侍御史府君墓版文：柳氏之先，自黄帝历周鲁，其著者无骇，以字为展氏，禽以食采为柳姓。厥后昌大，世家河东。柳冕，芳子，字敬叔，博学，富文词，且世史官父子，并居集贤院。

在秦灭山东六国时，柳下惠裔孙柳下安迁居河东，始称河东柳氏。由于柳下不仅有柳下惠，还有柳下跖，名声不佳，柳氏遂以河东为郡望，"直把他乡作故乡"了。晋代之时，柳氏又分为居于河南汝颖、襄阳的东眷柳氏，以及留居于河东的西眷柳氏。留在河东的柳氏，自秦代至唐末，历1000多年三十余代，不知又繁衍出多少柳氏支系。

河东柳氏不是"唐末始自河东徙沁"的。关于河东柳氏迁徙沁水，有几种不同的说法。《柳氏宗支图记》称唐末从河东迁徙沁水，《河东柳氏族谱序》说唐末徙沁，又旧家翼城，明代永乐年间才迁徙沁水西文兴的。《柳遇春墓表》言唐末徙居沁水，《柳春芳墓志铭》记明初由翼城迁居沁水西文兴云云。西文兴柳氏到底何时又因何事自河东迁徙沁水的？合理的说法是：西文兴柳氏在唐末自河东迁翼城，明代永乐年再由翼城徙沁水，先后两次迁徙。

唐朝末年，正是藩镇割据，黄巢起义，五代纷起，军阀混战之时，而河东正是主要战场。唐武宗曾经二次遣李德裕经河东攻打潞泽昭义节度使刘稹。黄巢起义攻占长安，李克用自山西北部起兵南下，在河东与黄巢激战，然后渡过黄河攻占长安，被封为河东节度使，拥兵自立，建立了后唐。五代后梁朱温先投黄巢，又降李唐，被任为河中行营招讨使，后又篡唐，建立后梁，与李克用长期混战于河东地区。

晚唐五代近百年，河东几无宁日，百姓难以安居，纷纷离开家园，避乱深山。河东柳氏之一支，因避战乱而迁至翼城。迁至翼城的柳氏，可能在沁水历山一带置有庄田产业，或者柳氏此时已有家人在沁水居住，每年例行收获或收租，因此才有"旧家翼关""由翼城县迁邑之西文兴"诸说。《三国演义》作者罗贯中，另有小说《残唐五代史演义》，对晚唐五代河东战乱纷起，社会动乱，有详细叙述，可备参考。

西文兴柳氏整个家族是在明代永乐年间正式迁入沁水从而成为西文兴主人的。明朝初年，是中国古代历史上一次大规模移民的时代。朱元璋在驱逐元时，曾与元长期激战，河北、山东、河南、江苏、安徽等地的社会经济受到极大破坏，人口大量减少，城邑空虚无人，土地大片荒芜，经济严重倒退。朱明王朝建立后，为发展生产，恢复经济，开始大规模移民。元明战争中，山西较少战争破坏，经济繁荣，人口稠密，朝廷鼓励甚至强迫山西无田者向外迁移。从洪武三年（1370）至永乐十四年（1416），官府先后七次在山西洪洞大槐树下为移民办理手续。

在移民的过程中，河东地区百姓多被迁往河北、山东、河南、江苏、安徽等地，故而这些地区民间至今仍有"我们的祖先是从山西大槐树下迁来的"之传说，俗语称："要问我家在何处，山西洪洞大槐树。"迁居翼城的柳氏，在沁水境内可能已有庄田产业。当时的沁水境内地广人稀，也需要外来移民前来开发。山西百姓原本有故土难移的观念，就近迁入沁水，总比迁往外省要好一些。于是在这样的情况下，迁居翼城的柳氏，遂举族迁入沁水西文兴。

明朝初年，不仅仅是柳氏从河东迁入沁水，还有许多家族也是在此时迁入沁水的。光绪《山西通志》载："李瀚，字叔渊。其先翼城人，徙沁水。成化庚子举乡试第一。"明代张铨《常伦传》："公名伦，字明卿，其先曲沃人，后徙沁水。"清代陈廷敬《张铨传》："张太公铨字宇奇，别字见虚。先世阳城人，元末迁沁水之窦庄。"相信还有很多家族是在元末明初迁入沁水的。这些家族，多属富庶之家，他们在沁水广置田产，促进了沁水社会经济的发展；他们又属于书香之家，迁入沁水，耕读传家，连中科举，又促进了沁水社会文化的发展。古代沁水自明代以来，文化发展，人才辈出，迁入沁水的外来家族，是做出了巨大贡献的。

不过，另有迹象表明，明代之前，沁水西文兴已有柳氏人家，西文兴村名在元代已经定名。距西文兴不远处的土沃之东五里，有修建于元代至治年间的舜汤行宫，存有元代沁水教谕缫励所撰《修建圣王行宫之碑记》，碑阴列周边土沃、宿场等十七个村庄村民布施者的村名与人名录，其中载有：

大兴：乔安、王珪、柳兴、张信、乔□、乔思、王贵、王荣、王成、王七、高忠、高二。

西文兴又称西大兴，有人将"大兴"解释为"以文待兴"之意，元代的"大兴"也是如此解释吗？大兴村民"柳兴"，是否是明代之前已经迁入西文兴的柳氏之先祖呢？元代大兴村之"柳兴"，应当引起有关方面的关注，庶可进一步理清河东柳氏迁居沁水西文兴的踪迹。

《修建圣王行宫之碑记》还透露，大兴村在元代之前已经出现，村中姓氏较杂，以王姓、乔姓为主，柳氏不是西文兴最早的主人。"大兴"村名并非因柳氏而定名，柳氏在明朝之前，还没有举族迁入沁水，只有少数柳氏人家居于沁水。西文兴村有两通碑刻可以进一步说明这一问题。

明代柳遇春《重修关王庙碑记》云："西文兴之有关王庙，其来尚（远）矣，建置始末，靡得而考焉。"清代柳茂源《重修关王庙宇募缘碑叙》云："吾乡旧有关帝庙，不知创自何时？"西文兴关帝庙至今尚存，历代由柳氏宗族重修，但柳氏族人，竟不知其创建于何时，说明关帝庙非柳氏创建。一个深山村落，建有关帝庙，说明柳氏迁居西文兴之前，西文兴已经是个很有规模的村落。两通碑刻进一步证实，柳氏迁居西文兴之前，西文兴已有他姓居民。

另外有条资料可以关注一下，尤其是致力于柳氏民居研究的学者，此资料可能更重要一些：古今天下各地以"大兴"为名者颇多，如今日北京近郊有大兴区云。唐代长安附近之万年县，始置于汉高祖时，隋朝时曾改万年县为大兴县，并建大兴城，立为京师。《隋书·高帝纪》云："诏曰：长安城从汉形势日久。龙首山川原秀丽，民丰物阜，宜建都邑。诏左仆射高频等创造新都，名曰大兴城。"柳宗元先祖由河东迁居万年县，隋代时曾名大兴县。此大兴县是隋朝时已经有的，其意《隋书》解释得十分明白。

如果想深入考证沁水西文兴柳氏与柳宗元到底有无关系，长安万年县隋代曾名大兴县，或许是一条线索。

6. 沁水西文兴柳遇春没有考中进士

据《柳氏宗支图记》，明代永乐年间迁入沁水西文兴的柳氏始祖名柳琛，历明初至嘉靖年间，先后已历六世，柳氏"其初则一人也，以一人之身，而甲者四，户则十"，至六世柳遇春、柳逢春，柳氏已经兴盛，繁衍为四支十余户，分别在四个村庄居住，以西文兴柳氏为宗脉，明清两代，兴盛不衰，成为一方望族。

以光绪《沁水县志·选举》为据，不论官职，仅谈科举，明清两代西文兴柳氏有科名之人，以科举名目轻重，名录如下：

沁水明清两代共有进士39人，无柳氏中人。

沁水明清两代共有举人138人，其中柳氏有2位举人：明代成化庚子（十六年，1480）科柳骤，与李瀚为同榜举人，李瀚为解元；明代嘉靖丙午（十三年，1534）科柳遇春。

柳氏明清两代仅此两位举人。其他：

墨贡、拔贡（即贡生）、副榜等，柳氏无人。

岁贡，柳氏5人，正德年间柳儒，天启年间柳之才（柳遇春之子），乾隆年间柳润泽，嘉庆年间柳芳泽，道光年间柳王廷等。

清代武举，沁水4人，无柳氏中人。

世爵，柳氏6人，明代柳大纶，清代柳春芳、柳旭东、柳茂源、柳魁甲、柳琳等。

封赠，柳氏6人，清代柳月周、柳月桂、柳擢兰、柳瘠兰、柳春芳、柳茂中、柳太平等。

世爵、封赠其实不算科目，除去两目，明清时西文兴柳氏通过科举考试金榜题名取得正路科名者，仅柳骤、柳遇春2人，他们考取的是举人，柳氏另有没有通过科举而取得异路科名者13人。

西文兴柳氏没有通过科举考中进士之人，这是个很大的遗憾。柳遇春很有希望考中进士，刘东星所撰《柳遇春墓表》记柳遇春考中举人后，赴进士考，"丙午（嘉靖二十五年，1546）领乡荐，每会试，辄咨闽浙知名士，探讨穷究，分题课艺，士多以大魁期之。然而鏖战者九，点额者三，卒不售"。明清科举考试规定：秀才参加乡试考取举人，举人参加会试考取贡士，贡士参加殿试考取进士，进士中前三名分别为状元、榜眼、探花。进士是科举考试最高科名，人们常说的金榜题名即指进士及第。柳遇春中举人后，曾先后九次参加会试，但最终还是名落孙山。九次会试皆落榜而归，共费去二十七年，未能鱼跃龙门，蟾宫折桂。用今天的话说，柳遇春先后参加九次二十七年高考，都未能考上大学，真是可惜。所以，《明史》中，无柳遇春传记。古代修史规定：未取进士科名的官员，一般情况下不入国史。

因为没有考中进士，自然难以春风得意。西文兴村中柳骐、柳遇春的成贤牌坊，只好镌刻为"丹桂传芳，庚子科柳骐"、"青云接武，丙午科柳遇春"。常建国主编的《沁水文史资料·柳氏民居专辑》载有如下文字：

柳骐，字云程，治诗，县学廪膳生，中明成化十六年（1480）庚子科进士。

柳遇春，字时芳，治易经，由保正柳承佩、杨泽举县学廪膳生，中嘉靖二十五年（1546）丙午科进士。

此记载无论源于何处，都是错误的，柳骐、柳遇春皆仅考中举人而未高中进士。不过，按古代乡俗，考中举人却未能考中进士者，可以称为"乡进士"。柳遇春也自称为乡进士，即乡试进士，却不敢自称是进士。如沁水龙泉寺有一通明代碑刻《重修敕赐龙泉寺碑记》，开首刻有三行字："己酉（嘉靖二十八年，1549）科乡进士邑人西河李从高撰，丙午（嘉靖二十五年，1546）科乡进士邑人柳泉柳遇春书，乙卯（嘉靖三十四年，1555）科乡进士邑人心田卫天民篆。"自称乡进士，是一种心理安慰，是一种俗称，犹如今日有人官为副县长或副局长，人们出于礼节，称其为某县长或某局长，而不称其为某副县长或某副局长。

西文兴柳氏以耕读传家，明代柳骐、柳遇春皆科举入仕，清代柳春芳则经商致富，遂有柳氏民居的修建。柳遇春是西文兴柳氏家族中最负盛名者，柳氏民居即修筑于其手。柳遇春于明代中举人后，九次参加会试皆败北，只好以举人资格赴吏部铨选，先后任陕西巩昌府（今甘肃陇西）通判，迁山东宁海（今山东牟平）知州（未到任），又迁陕西同州（今陕西大荔）知州，在任官声政声皆佳。

7. 沁水柳遇春与北京名妓杜十娘无涉

柳遇春因为不是进士出身，故《明史》无传。不能理解的是，柳遇春在历代《沁水县志》竟也无传，光绪《山西通志》收柳春芳小传，却不收柳遇春小传。史志无传，非常清楚地说明，西文兴柳氏在明清两代，名气不大。所幸刘东星为柳遇春撰写的墓表存世，柳遇春还有少量碑刻诗文传世，西文兴柳氏一代名人总算没有被湮没。

巧合的是，明代万历年间冯梦龙"三言"之《杜十娘怒沉百宝箱》中，有一人物亦名柳遇春，有人便说"三言"中的柳遇春，就是沁水柳遇春。细读"三言"，考证杜十娘等人本事，知"三言"中柳遇春并非沁水柳遇春。

《杜十娘怒沉百宝箱》之本事，最早见载于明代万历河南开封人宋幼清《九痟集》卷四《负情浓传》中《杜十娘》：十娘为北京名妓，李甲为浙东人。杜十娘与李甲故事，是万历年间轰动一时的社会事件，故当时无名氏《文苑楂橘》、宋存标《情种》、潘之恒《亘史内纪》、刘心学《史外丛谈》以及冯梦龙《情史》等笔记，还有郭彦箱《百宝箱》传奇，皆有记载。杜十娘里籍不可考，李甲则被明确记载为"万历间浙东人"。

冯梦龙在《情史》基础上，汇集其他记载，写成的《杜十娘怒沉百宝箱》，亦记李甲为万历年间"浙江绍兴府人氏"，与其他文献所记一致。《杜十娘怒沉百宝箱》中明确记载柳遇春与李甲为同乡，亦浙江绍兴人。柳遇春在故事中共出现过四次：一是李甲借钱无果，"今日就无处投宿，只得往同乡柳监生寓所借歇"。柳监生即柳遇春，此时是个太学生，在国子监读书。二是杜十娘赠李甲一半银两，柳遇春闻知，见杜十娘情真，也赠李甲一半银两，并鼓励李甲莫辜负十娘。三是杜十娘随李甲离开妓院，无处安身，"暂住柳监生寓所，整顿行装"，准备返回绍兴。四是杜十娘投江瓜洲渡后，"柳遇春在京坐监完满，束装回乡，停瓜洲渡"，梦中与十娘相遇，深为十娘遭遇痛惜。

从各种笔记到小说，众口一词记柳遇春与李甲同乡，为浙江绍兴人氏。宋幼清《九痌集》云："余自庚子秋闻其事于友人，岁暮多暇，援笔叙事。"之后，冯梦龙作《情史》节录宋幼清文，然后才作《杜十娘怒沉百宝箱》小说。庚子秋即万历二十八年（1600）秋天。

据刘东星《柳遇春墓表》，西文兴柳遇春于嘉靖丙午二十五年（1546）中举人，九次赴京会试金榜无名，不得不于隆庆辛未五年（1571）"谒选铨部，授巩昌别驾，驻河西"。此年柳遇春49岁。柳遇春先后做了三任官，大约在万历庚辰八年（1580）前后致仕还乡，约58岁。致仕三年后的万历癸未十一年（1583），柳遇春在西文兴主持修筑关王庙，并撰《重修关王庙碑记》，十三年后的万历丙申二十四年（1596），柳遇春死于西文兴家中。柳遇春死后四年，北京才发生了杜十娘事件，宋幼清才记录了故事，之后冯梦龙才作《杜十娘怒沉百宝箱》小说。

乡人传说的沁水西文兴柳遇春与江南名妓杜十娘的故事始末大致如此，柳遇春死后，杜十娘故事才发生。已经死去的沁水西文兴柳遇春，岂能与在世的江南名妓杜十娘风流自命？《杜十娘怒沉百宝箱》中柳遇春另有其人，非沁水西文兴柳遇春。今天的西文兴柳氏，应当珍视自己的历史价值，正确认识西文兴柳氏的历史真实，不要为自己的先辈自命风流，真实一些就非常好！

因此，我们肯定地认为，沁水西文兴柳氏，不过只是河东柳氏迁居沁水西文兴的一支，它与柳宗元嫡系后裔并无关系，柳宗元嫡系后裔并非避难于沁水西文兴，而是定居于江苏江阴戴君桥村。

另有一事值得一提。沁水西文兴柳氏最辉煌的时代，是柳遇春时期。读书、耕种、做官，还经商，从而造就了西文兴柳氏家族的辉煌。柳遇春身后，西文兴柳氏以经商传家，百年兴旺，直到清代才逐步衰落。西文兴柳氏的读书，自柳遇春身后，已见不昌之象。明末崇祯年间，陕西农民军进入沁水，曾据西文兴。明张道濬《兵燹琐记》记：崇祯六年（1533），"贼至大兴村，破诸生柳之标家。家属尽被执，独逸柳，许四骡赎。柳不谙世法，遂走县城，贷银买骡，未行城陷。守备张进孝图卸执柳，诬导贼，遂抵法。大兴贼又以柳遁，杀其家属，仅兄嫂安子逮奴仆，无一免者。此虽柳前劫，然巢破卵空，身复网罟，竟莫有肯听讼冤者，惨矣"！柳之标不知西文兴柳氏谁家之后。柳遇春有二子，名之林、之才，柳之标应是柳遇春近亲侄辈。这位柳之标，是个诸生，书生气十足，一点不谙世法，完全没有了柳氏族人的大家气度。

总之，西文兴柳氏在明清两代，足称沁水望族，由于不知的原因，西文兴柳氏在明清时名声不是太大，历代县志均不载柳遇春等人传记可证，柳氏民居也因此长期被埋没。20世纪60年代普查文物，沁水县博物馆田文高先生在1964年前后参与编写《沁水县志》（参见山西人民出版社2010年版《沁水县志逸稿》）时，对柳氏民居做了全面考察，发现并肯定了它的文物价值，上报省府文物部门。由于"文化大革命"的原因，柳氏民居于1981年才被列为沁水县重点文物保护单位，1986年又被列为山西省重点文物保护单位，1987年新编《沁水县志》出版，柳氏民居首次正式载入史册。柳氏民居这一深山碧玉，始露芳容，名声四扬。柳氏民居被列为重点文物保护单位之际，有关单位曾拨款若干，用于柳氏民居的维护。直到今天，改革开放，旅游开发，柳氏民居被开发为沁水重点旅游景区，正式对外开放，名气四扬。2006年5月25日，柳氏民居作为明至清古建筑，被国务院批准列入第六批全国重点文物保护单位名单。柳氏民居能够有今日的辉煌，田文高老先生是首功！

附录：柳宗元的婚姻与子女

（永州师范学院教授吕国康2008年12月《柳州师专学报》第6期）

贞元元年（785），13岁的柳宗元与当时任礼部、兵部郎中杨凭的女儿订婚。贞元十二年，24岁的柳宗元与杨凭之女完婚。三年后，杨因足疾，孕而不育去世。杨凭是文人出身，曾任太常少卿，出为湖南观察使、江西观察使，后入朝为京兆尹。元和四年（809）被贬为临贺尉，后迁杭州长史。元和七年，他又入朝为太傅。柳的岳父在元和十二年去世。柳在柳州写了《祭杨凭詹事文》，记述了岳父一生德操政绩，对杨勤于养德、治政以仁的品格给予了高度赞扬，同时借此怀念去世多年的发妻杨氏。他回忆起自杨氏死后十八年"家缺主妇，身迁万里。谤言未明，黜伏逾纪"的沦落生涯，无限伤感涌上心头。可见，柳子与岳父一家的关系非常亲密，对妻子的感情十分深厚。在这里，柳宗元提到自杨氏后一直未娶，在元和十年写的《祭弟宗直文》中说"吾又未有男子"，还在永州说过"茕茕孤立，未有子息"。而《旧唐书·柳宗元传》写道："元和十四年十月五日卒。时年四十七。子周六、周七，才三四岁。观察使裴行立为营护其丧及妻子还于京师，时人义之。"明明有儿子妻子，为何两种说法如此矛盾？

专家们对柳的婚姻问题做了一些研究，取得了一定的进展，由于缺乏史料，他的家室之谜尚未完全解开。基本事实是，柳宗元丧妻后，虽未正式再婚，但曾与地位较低的妇人同居，生有多个子女。

元和四年，柳宗元写信给许孟容说："荒陬中少士人女子，无与为婚，世亦不肯与罪大者亲昵。以是嗣续之重，不绝如缕。"唐代严等级，重门第，法律禁止良民与贱民通婚，良民中士族（贵族）与庶族（平民）也难联姻。柳虽遭贬，但终究还是"吏"，六品官，受封建等级的制约，续娶要考虑门当户对。由于永州地处蛮荒，难觅士人之女，即使遇到适合的女子，谁又愿意与负罪的钦犯结亲？受孟子"不孝有三，无后为大"的影响，子嗣问题一直困扰着他，他使感到莫大的痛苦。元和五年，他的女儿和娘因病去世，年仅十岁。柳很悲伤，写了《下殇女子墓砖记》："下殇女子生长安善和里，其始名和娘。既得病，乃曰：'佛，我依也，愿以为役。'更名佛婢。既病，求去发为尼，号之为初心。元和五年四月三日死永州，凡十岁。其母微也，故为父子晚。"

这里提供的信息是：和娘生在长安善和里柳氏旧宅，其母身份较低，地位卑微，可能是侍妾或外妇，故子厚拘泥于礼，未敢公认。柳谪永州时，和娘已五岁，公方认为己女，抛开顾虑，带着她南下，所以"为父子晚"。和娘其母没有跟随来永州。元和十年，柳宗元曾写诗五首与挚友刘禹锡讨论书法，互相酬赠。柳诗中有"在家弄土唯娇女，空觉庭前鸟迹多"之句，在地上学习写字的小孩应有四五岁。有人认为是指殷贤，她大约在元和六年左右生于永州。

由此可知，柳在永州曾同一女子共同生活，由于属非"士人女"，所以没有正娶为妻。这位女子是谁？据柳子《马室女雷五葬志》可知，雷五"姨母为妓于余"，与其同居的是马雷五姨母。

也有研究者认为，柳宗元之继室为吕恭、吕温兄弟之从姊。其理由是："柳宗元集中有《祭吕敬叔文》一文，是帮助我们弄清楚柳宗元之继室为谁的重要资料。是文有云：维年月日朔，友人从内兄守永州司马员外置同正员柳宗元，谨以酒肉之奠，致祭于亡友吕敬叔之魂。吕敬叔即吕恭，为时任衡州刺史的吕温亡弟。柳在祭文中自称为吕恭的'从内兄'，则与其再婚之女子为吕恭之从姊也就甚为明白。

按吕氏兄弟不仅与柳宗元俱为河东（今山西永济市）人，而且三人自幼就互相结识。柳宗元贬永州后，吕温于元和五年即为衡州刺史（见两《唐书》本传），吕恭则在此间亦南下为桂管都防御副使，吕氏兄弟供职的所在地均与永州毗邻，合勘之，知柳宗元再婚乃为吕氏兄弟所撮合。而吕温元和五年至元和六年在衡州刺史任上之时间，又与上考柳宗元续弦再娶的时间叩合，可证柳宗元之继室为吕氏兄弟之从姊是绝无疑义的"。

2007年10月，在山西永济参加第五届柳宗元国际学术讨论会时，王先生在小组讨论会上重申了这一观点，但没有提供新的证据。表面上，似乎言辞凿凿，实质上纯属猜测，毫无依据。首先，柳宗元与吕温、吕恭的关系是中表亲。因为吕温母亲是柳识之女。柳浑是柳识的弟弟，柳宗元称自己是柳浑"从孙"。柳写有《送表弟吕让将仕进序》，吕让为吕温的弟弟。柳自称为吕恭的"从内兄"，即表兄，也是从与其母的关系来讲的，而非柳与继室的关系。其次，如果柳妻为吕氏兄弟之从姊，属门当户对，应予公开。再次，柳与吕温的关系，是志同道合的战友，师从陆质，两人同朝为官，在集贤殿书院共事两年，一道参加王叔文政治革新集团。吕氏兄弟不幸英年早逝，柳宗元痛写悼文，寄托了无限哀思，而并非因为继室乃吕氏兄弟之从姊的关系。柳的事实婚姻，囿于当时的等级观念没有公开，这是今人不能加以苛责的。柳的堂弟宗直，一直跟随柳在永州、柳州生活，不幸英年早逝，"知在永州，私有孕妇"，留下未正式婚配的"孕妇"。可见在唐代，这类事情较为普遍。

根据目前掌握的资料，柳宗元的续娶乃马雷五之姨母，并随柳一起到柳州，共生育四个小孩，两男两女。韩愈《柳子厚墓志铭》记载："子厚有子男二人：长曰周六；季曰周七，子厚卒乃生。女子二人皆幼。"元和十四年（819）十月五日，柳宗元因病去世，年仅四十七岁。长子周六，年四岁；次子周七是遗腹子；大女儿殷贤不到十岁；小女儿应比周六大些。柳病逝前，曾分别给刘禹锡、韩愈写信托孤、编辑文集。柳为官清廉，家无遗财，是裴行立为孤儿寡母筹措了丧葬费用。一直和柳生活的表弟卢遵于次年七月将其归葬于万年县先人墓侧。

柳的四个子女托付给卢遵、刘禹锡、崔群、韩愈照顾。因为柳宗元生前的政治遭遇与死后的寂寞状况，他的子女情况不甚明了。比较清楚的是，刘禹锡《祭柳员外文》有"誓使周六，同于己子"，在《重祭柳员外文》有"幼稚甬上，故人抚之。敦诗（崔群字敦诗）、退之（韩愈字退之），各展其分"（崔群字敦诗，韩愈字退之），在《为鄂州李大夫祭柳员外文》中说："遗孤之才与不才，敢同己子之相许。"可见，刘禹锡抚养的是周六。韩愈在《祭柳子厚文》中说："嗟之子厚，今也则亡，临绝之音，一何琅琅。遍告诸友，以寄厥子，不鄙谓余，亦托以死。凡今之交，观势厚薄，余岂可保，能承子托？非我知子，子实命我，犹有鬼神，宁敢遗堕！"子厚逝世后，由内弟卢遵料理其家，返归长安。是崔群还是韩愈抚养了周七，我们不得而知。因为韩愈的话讲得比较含蓄。按理，子厚应写过托孤遗嘱，但至今未见面世。刘禹锡比柳多活了二十多年，对周六、周七的情况肯定清楚，为何未留下只言片语？是由于对友人嘱托的应诺，还是考虑其后代的安全？这已成千古之谜。

周六、周七及其后裔的下落为柳学学者所关注。据李浩先生考证：柳告，字用益，即周六，由刘禹锡抚养成人，"于咸通四年登进士第，还曾官仓部员外郎"。史料详细，理由可靠。

20世纪80年代，在山西省东南部地区的沁水县土沃乡西文兴村，发现了保存完好的明清古建筑群、历代名人书法碑刻。特别是该村60余户人家，260多口人，95%以上的均为柳姓，只有几户异姓是1946年实行土改时安置的贫雇农。专家将西文兴村古建文物群命名为柳氏民居，1986年公布为省级重点文物保护单位。据王良先生在该村抄录的《河东柳氏族谱》序："元和（唐）祸及族人，万年世祖永州河东传训，以照贤孙……弃府始徙，盛名勿扬……吾族世居沁（水）历（山）文兴，子孙耒耕发达，勿忘河东，每逢三坛祭祀，合族报本……"当地学者根据柳氏民居的建筑风格及深刻文化内涵，认为与柳宗元的生平及思想密切相关，寓意丰富。又依柳遇春墓志铭"柳自河东，隐于沁水，代有闻人，昌于刺史，博学考文，履绳蹈轨，为国发奸，为民申理，未究厥施，施于孙子，既享寿祺，亦公繁祉"就是河东柳氏西眷后人隐居西文兴的证据。他们分析：柳宗元是河东柳氏西眷之后，由表弟卢遵携其遗腹子周七遁迹天涯北归乡间，重返山西王屋山沁（水）历（山），"以为文人代兴者"故名"西文兴村"，又曰"西代兴村"，这就是现在的柳氏民居。柳遇春为柳宗元第二十三代后人，是明代永乐年间西文兴的柳氏振兴之后的第六代为官者。

年二月，笔者与谢汉强先生等人到"柳氏民居"进行过考察，根据目前掌握的资料，只能推测此处有可能是柳宗元后裔的居所，也可能是柳宗元同祖同宗的后裔居所，尚无法确定是周六或周七后代居所。

值得一提的是，在永济东姚温村发现的《明敕封太安人展母柳氏墓志铭》记载："太安人，姓柳氏，蒲文学里巨族，唐子厚先生裔，父北庄公永，母高氏，生三女，太安人其季也。"碑现移放到永济市文物局收藏，是柳宗元后代回归故里的一条线索。

2005年7月，《光明日报》报道：浙江青田发现《河东柳氏宗谱》。

此次发现的柳氏宗谱有三个版本，分别修于清朝光绪戊戌年（1898）、民国丙寅年（1926）、1996年。整个宗谱谱系完整，从柳宗元到当代，穿越千年。该宗谱还收集了《柳子厚墓志铭》等名著，同时出现了柳宗元画像及一些当地名流撰写的谱序。乾隆四十二年的柳氏宗谱，记载了"宋嘉祐八年五世孙诏公登进士第宁波鄞县居焉"，以及其人"迁居金华浦江横溪（今浙江省兰溪市梅讲镇横溪），数年游艺括州下河暂居，即浙江省丽水市"。柳宗元的第十四世孙柳梅礼迁至青田乌云山村。该村的柳姓人家有2000多人，有上百人移居海外。据宗谱记载，该村柳氏已延续了十三代，最新的一代是柳宗元第三十三代后裔。柳哲认为"青田这支后裔是柳宗元其中一个儿子周六的后代，这也是全国唯一有谱可查的柳宗元后裔"。家谱保存在柳英女家中，她年过七十，系柳宗元第二十九代后裔，20世纪70年代出国到瑞典经商，2007年10月在永济参加了柳氏宗亲会，自称周六后代。

2006年6月30日《江阴日报》刊登《柳宗元嫡系后代定居江苏江阴市戴君桥村》："经过认定，戴君桥村是柳宗元嫡系后代的居住地，而该宗谱也是全国屈指可数的记录较为完整的柳宗元族谱之一。""柳宗元的名字出现在第三册第五页上，上写'远祖源流系表'。族谱记载，柳宗元有二子，长子柳周六，次子柳周七。柳周六后人为躲避元朝寇乱，从陕西南下迁往苏州，最后定居在江阴申港戴君桥村。"柳宗元的后裔有可能来到吴越之地，因为他的祖父曾任"湖州德清令"，父亲柳镇为避"安史之乱"，先隐居王屋山，后举族入吴。总之，这些家谱为寻找柳宗元后裔提供了重要线索，尚须认真研究，多方求证，以得出科学的结论。

六、沁河城堡与窦庄忠烈

乡语传曰："天下景，有苏杭；天下庄，数窦庄。"这应当是明清之时窦庄人说的一句话。窦庄人敢于把窦庄与"人间天堂"之苏杭相提并论，可见气度不小。这是自古以来沁水人最底气十足的一句豪言壮语。

窦庄位于沁水端氏之南的沁河西岸榼山的卧牛山下，沁河绕村而过，留下一片沃土，风光秀丽，窦庄人在这块土地上，建立了自己的家园，至明清二代，窦庄发展到全盛，经济繁荣，富甲一方，四邻和睦，人才辈出。

特别是在明朝末年，社会动乱，窦庄人为了自保，修筑了一个小小城堡，不想弹丸之地，竟然挡住了陕西农民军的千军万马，农民军三次攻打窦庄，皆败北而去，窦庄依然屹立于沁河岸边。更令人意想不到的是，带着村民固守城堡的，竟是一位白发老媪霍夫人，窦庄堡因此誉满天下，被称为中国古代又一座"夫人城"。

1. 窦庄两大望族

关于沁水之窦庄的形成，窦庄现存碑铭有明确记载。北宋徽宗崇宁四年（1105）晋城李佽所撰《宋故赠左屯卫大将军窦府君碑铭有序》记：

> 君讳璘，字廷玉，泽之端氏人，寔故韩燕国翊德保顺懃惠肃穆夫人皇考。自高祖已降，遁迹亩田，躬有善行。考讳勋（窦璘之父），故赠右领卫大将军。（中略），庆历六年（1046），遘疾终于家，享年三十有二。及肃穆夫人贵，以□□恩赠右领卫大将军。又三年（皇祐元年，1049），明堂迁（窦璘）左屯卫大将军（治平二年卒，1065），娶豫章罗氏，后君二十九年而卒，赠宜春郡太君。元祐八年（1093）十月二十六日，合葬于泽州端氏县中心乡窦庄西山之下先茔之侧。

清代康熙年间窦庄之窦斯在《窦将军墓碑》中又记：

（窦庄）始祖讳璘，字廷玉，宋哲宗朝以女肃穆夫人贵，赠左屯卫大将，配祖妣罗氏，赠宜春郡太君。初居本县端氏镇，后赐葬于此，子孙依冢而居，遂家焉。考讳勋，右领卫大将军，坟在庄西本茔北。

沁水窦庄最晚是在肃穆夫人之父窦璘死后，宋哲宗亲赐墓地于沁水端氏之南的沁河西岸檀山的卧牛山下，窦氏子孙为先祖守墓，筑庐而居，由此形成了窦庄。窦氏无疑是窦庄最早的主人，这完全得益于北宋哲宗纳窦氏为妃而封为肃穆夫人。窦氏家族借助"皇亲国戚"的荣耀，世世代代，不断繁衍，持续鼎盛，很快成为沁河流域一大望族。

有说窦氏在卧牛山下营建祖茔时，曾将山下瓮水滩划给来自阳城而寓居西曲里的一户寒门张家，让张家在窦庄筑庐而居，为窦氏守护先茔，张家遂也成为窦庄人。张氏家族靠着自己的勤劳与勤奋，耕读传家，世世代代，不断繁衍，持续兴盛，很快成为沁河流域又一大望族，发展到明代，张氏家族的辉煌已经超过了窦氏家族。

清代雍正年间，河南柘城窦氏返沁水窦庄拜谒祖坟，并修建了窦氏宗庙，柘城裔孙窦容邃作《窦氏宗庙祀记》云：

雍正十一年（1733）夏五月，容邃奉简命出宰西蜀之新宁，纡道展谒祖墓。既终事，族众履故土者，各缱绻不忍去。因思尊祖敬宗之道，不可不讲；收族联情之谊，不可不明。吾族自大将军而后，代有传人，或以武功显，或以理学著，或以孝义名，或以节烈称，彪炳史册，焜耀寰区，皆可为子孙法守。倘不永兹明禋，何以扬前徽而厉后昆？祠祀先贤，义不容缺。且祖宗昭鉴之灵爽，不隔于异代；子孙钦承之孝思，可达于幽冥。质诸宪典，既不嫌于逾越；揆之懿好，允适符乎同然。以此尊祖而敬宗，则先人之贤，固可历百世而不磨；以此收族而联情，则后人之贤，亦将触几筵而奋兴，所关讵不伟哉？众咸题之，而族兄千子跃然肩其事，与弟超子，族洎水、我弼、芳石等，度地相地，鸠工庀材。奈工未克竣而千子即世，伤已无如。

明清时，窦氏依然代有传人。据光绪《沁水县志·选举》统计，宋代以来窦氏共有窦心传、窦奉家父子2人中进士，又有窦如杰、窦如璧等12人中举人，另有窦荣仁中武举，窦氏家族也算是科甲连绵、世代鼎盛了。同时，自宋以来，窦氏一直受到朝廷的恩荫，计宋代有窦师古、窦璘等7人，明代有窦达、窦用昌等8人，清代有窦明运、窦应寿等12人，共25人由世爵入仕；明清时又有窦茂、窦鹏等25人受到朝廷封赠。这些记载，足以说明窦氏家族确实代有传人，鼎盛不衰。当然，这些窦氏族人，不一定都是窦庄之窦氏家族之人。然而沁水的窦氏，都是以窦庄之窦氏为先祖的，宋以后逐步散居沁水各地，以至于远迁河南。所以沁水各地的窦氏，原本都是一家人。

明清两代，张氏家族人才之多、影响之大、其在窦庄的地位之重，都远远超过窦氏家族，成为窦庄新的主人，而且对古代沁水的政治、经济、文化等方面，都做出过巨大的贡献。

窦庄张氏家族是在元朝末年由阳城迁入沁水窦庄的。清代陈廷敬《张钤传》称：

张封公钤，字宇奇，别字见虚。先世阳城人，元末迁沁水之窦庄。窦庄者，故沁名区，在榼山下，山绝奇胜，沁水环焉。所居人多窦氏，里因以名。然张氏由明以来，为士林华族，实冠冀南，他族鲜可比焉。父五典，累官太子太保、兵部尚书。宫保公子六人：曰铨，以巡按御史死辽事，谥忠烈，墓道祠庙，肃若神明；曰铃，举人；曰铨，进士；曰镕，举人；曰铨，贡士。时方重科目，自铨以下，皆矫厉自奋。而太公，宫保公第三子，俯躬下气，惆惆来饬。完观夫盈亏消息之理，不敢以贵介似诸其形容。尝曰："古之君子，读书明志，岂以为遇不

遇哉？"再举于有司，辄不利。以子道涅官翰林编修，封太公
如其官。于是宫保公之子六人皆通贵，益大显其家。

窦庄张氏家族不仅仅张五典与其众子皆有科举功名，其后辈更是踵
武增华，科举功名连绵于明清两代。据光绪《沁水县志·选举》统计，
明清两代沁水共出39位进士，窦庄张氏则有张五典、张铨、张铃、张道
涅、张传趫、张心至6人中进士；明清两代沁水共出138位举人，张氏有
张聪，有张五典，有张铨、张铃、张镨、张镎，有张道涅、张传炗、张
德棠、张道濂、张德枭、张德集、张心至、张诗铭、张诗颂、张竹书9人
中举人；另有张五常、张五常、张道法等5人由世爵入仕，又有张谦光、
张官等10人受到朝廷的封赠。张氏家族真可谓"士林华族，实冠冀南，
他族鲜可比焉"。

可以将窦庄之张氏与窦氏作一比较：窦氏自北宋哲宗纳窦氏女为妃
而兴盛以来，至清代光绪年间的900年中，共有75人靠世爵荫袭封赠而入
仕，仅有15人靠科举而入官。张氏自元末迁居沁水以来，至清代光绪年间
的500年中，仅有25人靠世爵荫袭封赠而入仕，却有22人靠科举而入官。
同时，张氏还产生了张五典、张铨、张道濬、张道涅、张心至等对沁水古
代社会政治文化产生重大影响的人物，而窦氏却举不出和张五典等相提并
论的人物。

所以说，窦氏主要靠世爵荫袭封赠而做官，难以产生杰出的经国济世
之人才，张氏则主要靠科举做官，故人才辈出，皆为古代沁水政治、文化
等方面一流人才。另外，明代尚有有张艺、张之屏、张启元3人中进士，
又有张鹏、张勤、张登、张艺、张锐、张之屏、张继芳、张洪翼、张濒、
张启元、张钧、张亲义12人中举人。康熙《沁水县志》记张艺为"端氏北
里人"，记张之屏为"鹿路北里人"，窦庄属西曲里。所以这些进士、举
人，许多都出自张氏家族。

明清时期，沁水曾九次编修志《沁水县志》，窦庄张氏家族先后有
5人独立或参与修志。即张五典编修万历志，张道濬编修崇祯志，张道涅

与知县邱璐同修顺治志，张绘章与知县赵凤诏同修康熙志，张心至与知县徐品山同修嘉庆志等。修志事关一县政治、文化之大事，能否参与修志，标志着一个文士在沁水的政治地位与文化修养。窦氏家族竟无一人参与这足以青史留名的大事，进一步说明窦氏家族在进入明朝之后，已经走向了衰落。

还有一点，窦庄是因为宋代端氏窦氏女被纳为皇妃而建立并名扬天下的，张氏是因为明代张氏霍夫人守住"夫人城"保护了一方百姓而誉满天下的。因此，窦氏是窦庄真正的主人，然而真正使窦庄名扬天下的，却是张氏家族，张氏家族是古代沁水最有影响的一个家族。

前文曾有记说张氏家族早在宋代就以为窦氏守护先茔而入居窦庄，此说见于北京交通大学教授薛林平等所著《山西古村镇系列丛书·窦庄古村》所记："宋代时，窦氏在卧牛山下营建祖茔时，将山下瓮水滩，划拨给西曲里贫民张姓家族，让张姓家族为窦氏守护先茔。而这张姓寒门，在明朝兴起，一时人才辈出，代替窦氏荣耀乡里。"然此说不知何据，姑且存疑待考。

另有资料表明，张氏是在元朝末年迁居沁水的。窦庄保存有一部《张氏家谱》，具体记载了张氏从阳城匠村迁入沁水窦庄的过程。窦庄张氏由元末之一户张氏人家迁居窦庄，逐步分支为十一户，分立四门，张五典为张氏长门后裔。一世祖张聪，妻窦氏；五世祖张谦光，张五典父，妻窦氏；六世祖张官，五典之父，妻窦氏。张五典为窦庄张氏第七世，妻霍氏，又妻窦氏。张五典《祖茔碑记》记曰：

> 余先祖，自宋以前，世代辽远，谱牒不存，靡可得。而镜云：元时，有远祖自阳城匠里，徙居沁水之窦庄。厥后，宗支蕃茂，子孙众多。迨入国朝，始析为二里，别为三籍。二里者，曰西曲，曰鹿路北；三籍者，曰民，曰匠，曰军。大都居西曲者十之九，隶民籍者十之七。其初，有阮家坪墓，凡张姓者，共祖之。其次有凹子墓，民与军者共之；而匠籍者不与焉。此三

墓之始祖，亦不可考。其可考者，惟余七世祖聪，以永乐丁酉（1417）发迹乡科，葬在此墓之左三班内，可志识。

张五典之子张铨《张忠烈公存集》卷三五存有所编《张氏世谱》记曰：

余先世自元以来，绵绵目着，然佚其序，靡得而征焉。先教谕公常欲修谱而未就，易箦之际，才操笔书"远祖庆，庆子和"六字，而纯自"和"以后，遂不可考。今所述孝廉公以下而已。呜呼，世远则易湮，族繁则易涣，寻源分派，联疏为戚，非谱尺何以哉？余故就家庭传述，参以先世志表，作为《世谱》，使后之子孙有所考云。

余先世为阳城匠里人。元末远祖讳庆者，始徙家沁水之窦庄。其后，子姓繁衍，分为军、民、匠三籍。民、匠二籍，隶西曲里；军籍，隶鹿路北里。隶西曲里者，分为四甲数户，独六甲者丁众，而余一户居首焉。乃一户又析为四门，同出之祖亦不可考。故惟序余一门，断自孝廉公始，而二世刚者，以孝廉公子继二门者也，并入谱中。

铨按：庆祖迁居之说，流传久远。凡张姓墓碣，匪不遡为从来。而先教谕公临终手笔，更为可据。且洼子苑家二茔三籍者共焉，其同出一祖无疑也。然余里有佛庙，盖建自至元间（1264—1294），庙碣之阴，即载有"庆"与"和"讳，而张姓者尚数十人，岂后之子孙惧犯先讳欤？乃其时则未久也。余又观苑家洼子二茔，方百余步，冢已累累，孝廉公乃别葬王家堰茔之次。夫永乐时（1403—1424），距初迁计止三四世尔，何便至两茔，无隙地耶？此余之不能无疑也，聊附于此。

张五典曾于万历七年（1579）撰《明故显考增生张公配妣王氏碑记》

记曰："此吾从祖张公墓也，公讳谦牧，字汝扬，号南渠。远祖庆，自阳城徙居沁水之窦庄。自七世祖聪，膺永乐丁酉（永乐十五年，1417）乡荐。六世祖荐。高祖腾，禀膳生。曾祖伦，由选贡仕卢氏教谕。妣窦氏，生四男。长吾祖，次即公。"窦庄张氏尊张五典七世祖张聪为始祖，张聪于明成祖永乐十五年（1417）中举人，上距明朝建国（洪武元年，1368）已近五十年。

光绪《沁水县志·人物》录有陈廷敬所撰《张封公传》："张封公鈜，字宇奇，别字见虚。先世阳城人，元末迁沁水之窦庄。窦庄者，故沁名区，在樆山下，山绝奇胜，沁水环焉。所居人多窦氏，里因以名。然张氏由明以来，为士林华族，实冠冀南，他族鲜可为比。"

因知，窦庄在张氏始祖张聪之前，尚有"远祖庆，自阳城徙居沁水之窦庄"，还有"隶西曲里"与"隶鹿路北里"的"远祖庆，庆子和"，以及"余里有佛庙，盖建自至元间（1264—1294），庙碣之阴，即载有庆与和讳，而张姓者尚数十人"。张氏远祖张庆与其子张和，是"先教谕公常欲修谱而未就，易篑之际，才操笔书'远祖庆，庆子和'六字"，意即"先教谕公"欲修谱而未能厘清先祖，遂在临终之前，留下遗笔，希望后世子孙能够完成这一遗愿。至张铨，终于做成《张氏世谱》，但仍未厘清先祖"远祖庆，庆子和"之遗愿。张氏"远祖庆，庆子和"， 是元朝末年至元年居于沁水窦庄的张氏远祖，家业已经发展至乡里佛庙可以捐资的境况，其先祖应当就是早在宋代就以为窦氏守护先茔的西曲里那户张氏人家。

据《张氏家谱》，窦庄张氏一世祖张聪妻窦氏，五世祖张谦光妻窦氏，六世祖张官妻窦氏。张五典为窦庄张氏第七世，妻霍氏，又妻窦氏。可以看出，如果说早在宋代就以为窦氏守护先茔而入居窦庄的张氏人家与窦氏还属主仆关系，那么至明成祖永乐年以后，窦庄张氏与窦氏已经成为婚姻关系，窦庄张氏应在明朝初年已经成为一方望族，这样才有可能在讲究门当户对之婚姻的古代社会与窦氏结姻。

那么，如果窦庄张氏果在元朝末年迁居窦庄，仅仅五十年不可能发展为望族。只能追溯到，早在宋代，张氏就以为窦氏守护先茔而入居窦庄，即在宋哲宗元祐八年（1093）窦璘与罗氏"合葬于泽州端氏县中心乡窦庄西山之下先茔之侧"以后，张氏入居窦庄。张五典之孙张道濬所作《兵燹琐记》记，明末陕西农民军围攻窦庄时，"火余堡外楼，及余叔祖县令五服、族人正脉、祖母舅诸生窦弘烈等房，凡四处"。五服指张五服，张五典兄弟四人即五典、五美、五常、五服，故张道濬称其叔祖。窦弘烈是张道濬的祖母舅，即今人所称之老舅。这也说明窦庄的两大望族张氏与窦氏，是世代联姻，才维系了窦庄的持续鼎盛辉煌。

2. 窦庄城堡修筑

窦庄的持续鼎盛辉煌，应以明朝为界，自北宋至元朝末年，是窦氏家族的鼎盛时期；明朝初年以后，则是张氏家族的辉煌时期。张氏家族的辉煌，始于七世张五典。

张五典，字和衷，号海虹，世称宫保公，明代万历二十年（1592）进士，历官山东布政使参政，官至南京大理寺卿。生有三子，长子张铨最贤，次子张镜有才名，三子张锈"不求仕进，力行仁义，有长者称"。张五典致仕后，因长子张铨死于辽东战事，朝廷加封

沁河流域最早建起的第一座集居住、防卫于一体的城堡——窦庄城堡

张五典兵部尚书，赠太子太保。张五典任官期间，曾亲自处理过河南、山东等地民变。亲眼看见朝廷日益黑暗腐败，天下灾荒连年不断，百姓饥寒交迫，各地民变兵变不断，因预测天下即将大乱，朝廷无力保护远离都邑的沁河两岸百姓，遂于天启年间修筑窦庄城堡以自保。《明史·张铨传》记：张铨死难辽东，"铨父五典，历官南京大理卿，时侍养家居。诏以铨所赠官加之，及卒，赠太子太保。初，五典度海内将乱，筑所居窦庄为堡，坚甚"。

窦庄城堡始建于天启元年（1621），张五典告老回乡后开始修筑，张五典病故后，由其孙张道濬相继主持营造，前后共历时九年，于崇祯二年（1629）告成。

有明一代，各地民变不断，晚明时期更是频繁，要者见有：明熹宗天启二年年（1622）五月，河北、山东白莲教起事，至十一月叛乱失败。明熹宗天启元年（1621）到崇祯三年（1630），四川、贵州彝族阿哲起事；崇祯四年（1631）又发生云南阿迷州彝族沙普之乱。明熹宗天启七年（1627）至清顺治十五年（1658），陕北农民起事，由陕西扩大到山西、河北、河南、湖北、四川，前后历时三十一年，推翻了朱明王朝，清军趁机入关，击败农民军。

张五典死后不久，其生前预言不久便成为现实，陕西果然发生民变。陕西农民军进入山西，一路势如破竹，连克州府，直接波及沁河流域。陕西农民军先攻破沁水县城，杀死沁水县令，再破阳城、高平等地，并攻破泽州州治晋城。但在沁水窦庄城堡面前，陕西农民军于崇祯四年（1631）六月初一打窦庄城，六月底二打窦庄城，崇祯五年（1632）八月三打窦庄城，皆败北而去。

陕西农民军在崇祯四年（1631）攻打窦庄城时，张五典已逝，其子张铨也已死于辽东战事，其孙张道濬正贬官戍守山西雁门，张道濬几位兄弟皆外出未归。窦庄保卫战，完全得益于一位白发老媪张铨之妻霍夫人。张道濬《从戎始末》详细记载了其母霍夫人的风采：

今上改元之三年（崇祯三年，1630），陕西大寇王佳印发难，渡河而东，破山西之河曲县据焉。官兵攻数月，胜负相当。逾年食尽，溃围南下。裨将曹文诏尾之，历并、汾、潞、泽，入沁水县东北疆。太平日久，民不知兵，仓卒闻变，皆避匿山谷图免。寒家世居窦庄屯，先是辽阳陷，先父忠烈公铨殉难。先祖宫保五典命余曰："天下从今多事，不止一隅，先事预防，其庶几乎？"因请之监司，敞处筑墙，为保乡人，士皆迁之。

迨佳印寇且至，咸以为贼众而悍，所过必摧弹丸，数版必不可守。惟时，余备员禁卫，第泽承乏计部，弟济弟法皆他出，止幼弟澄奉家慈在堂。众议弃保去，家慈独不可，且厉责之曰："若辈不见大，避贼而出，家既不保；出而遇贼，身复不免，徒为人笑！惟凭城坚守，邀天下之幸，贼必不得志。万一有他，死于家尚愈于野。"因躬率僮仆，挽留亲族，为备御计。

甫具而贼至，势果张甚。矢石相向，半日而衰，退休里许。次晨报官兵至，贼解围去。凡避山谷间者，淫杀惨莫名状。于是乡人士始服先祖早见之明，又颂家慈处变之识。道尊王东里肇生，表之曰："夫人城。"迨余得罪，时论谪戍雁门。家慈寄言："尔能守祖父之义，虽死无愧。幸而生遣，当即驰往，毋抵家。"余尊奉趋戍，时四年（崇祯四年，1531）七月初三日也。

光绪《沁水县志·营建·砦堡》记："窦庄堡，张宫保天启年间筑。值寇乱猝起，杀掠甚惨，邑持此全活者，数百余家。"窦庄因有城堡保护，村民幸免于战火；不远处的坪土村，是明代名臣刘东星的家乡，因无城堡，竟毁于战火，至今战火瓦砾仍可见。

正是因为张五典在窦庄筑堡，才使数百家村民得以全活，而坪土村未筑堡竟毁于战火。张道濬继承先祖遗风，倡导劝说并且"余少资助"乡人筑堡自守。沁河流域自端氏沿沁河而下，直至阳城境内的众多村庄，纷纷仿效窦庄，先后修筑了54处城堡与瞭望楼，许多城堡至今保存完好，形成沁河流域一种特殊的城堡文化。

张道濬《从戎始末》记:

> 沁水虽下邑也,而幅员最广:二百四十里东至高平,二百二十里东南至泽,九十里南至阳城,二百三十里西南至垣曲,一百三十里西至翼城,一百五十里西北至浮山,二百二十里北至岳阳,二百七十里东北至长子。邑城虽有少兵,东乡一带更偏远,贼没易出。士民请于抚台,留余治乡兵,以家丁领之。因劝筑寨堡共五十四处,财力难措者,余少资助。各责晓事,署为长,材堪御侮者,则请之。道尊给札奖劳之,寨一号旗,遇贼犯境,递传声息,顷刻周到。虽不能与贼角,而人始无去志,皆坚壁自守。余间出奇设伏,前后再斩贼首二十三级,生擒吴应德等九名,奸细李明忠等四名,夺获马骡四十五匹头,救回难民李自强等五百五十三名口。贼入既无所得,遂相戒莫犯,往来皆迁道行,散乡方得安枕。

《明史·张铨传附张道濬》亦记:

> 明年三月(崇祯六年,1633),官军蹑贼,自阳城而北。道濬设伏三缠凹,擒贼渠满天星等,巡抚鼎臣奏道濬功第一。八月,贼陷沁水。沁水当贼冲,去来无时。道濬倡乡人筑堡五十四以守,贼五犯皆却去,至是乃陷。道濬率家众三百人,驰赴击贼,贼退徙十五里。道濬收散亡,捕贼众,倾家囷以饷。副使王肇生列状上道濬功。道濬故得罪清议,冀用军功自湔袚,而言者劾其离伍冒功。巡按御史冯明玠复劾,谓沁城既失,不可言功,乃更戍海宁卫。

距窦庄不远处的阳城郭峪村,经济发达,村落规模较大,因无城堡,在三年之内，曾四次惨遭陕西农民军血洗。郭峪乡绅王重新在《焕宇变中自记》记：郭峪人在遭遇变乱之后，决心筑堡自卫，在王重新带领之下，郭峪人有钱出钱，有力出力，自崇祯八年（1635）正月十七日正式开工修城，不到十个月的时间便竣工。对此王重新颇为自豪地说："斯时也，目击四方之乱，吾村可以高枕无忧"，"修城之后，士民安堵者几几如故。虽累年凶旱，未至大荒，衣食犹可粗足"。

有城堡就有瞭望楼，沁河流域至今许多村庄仍可见高耸的瞭望楼。沁河自端氏至阳城境，不足百里，竟有54处城堡与瞭望楼拔地而起，简直是林立如戟，共同构成了沁河流域独特的人文风光，铸就了沁河独特的历史文化。

可惜54处城堡大多或已成残垣断壁，或荡然无存，只有少数城堡完整保存至今，见有阳城砥洎城堡、郭峪城堡及晋城周村城堡等，沁水也仅有湘峪城堡保存完整，窦庄城堡至今仅见西城门和几段残垣断壁，如今已很难再具体指出沁河流域的54处城堡。光绪《沁水县志·营建·砦堡》仅记城堡13处：

> 崇祯初寇乱，县城焚毁。土人筑堡相保，共十余处。北城砦，在县城西北隅。寇破县城，庐室焚尽，惟此独完。窦庄堡，张宫保天启年间筑。值寇乱，猝起杀掠，甚惨。邑人恃此全活者数百余家，后称夫人城。详见《列女传》。郭壁砦三处：一大砦，顺治六年陈社等贼焚掠其地，今废坏；一南砦；一北砦。端氏砦、坪上砦、曲堤砦、金峰砦、马邑砦、郑庄砦、贾封（嘉峰）砦、湘峪砦。

如果再数，在沁水境内的沁河流域，有各种文献碑刻记载或保存有城堡遗址的村镇，还可见有西文兴、王壁、坪上、李庄、潘庄、郭壁、刘庄、长畛、武安、尉迟、王街、半峪，以及岳神山城堡等，计13处。包括《沁水县志》所记，今知沁水境内城堡共26处，占54处城堡近半，兹举要而论。

（1）关于马邑城堡

光绪《沁水县志·古迹》记："马邑城，今名马圈沟，在县东二十里马邑村，白起牧马处。"马邑城起源甚早，战国时秦赵长平之战，秦将白起曾在此地屯兵养马，遂形成马邑村，至今已有2300多年历史。

马邑村民国年间所建东阙门至今保存完好，门阙石匾上刻有"马邑邨"三字

马邑村多赵姓，赵姓是战国时赵国的宗姓，马邑之赵姓应当是赵国后裔。大概战国时长平之战秦将白起攻赵多俘赵卒，驱之于马邑村为秦兵养马，这些赵卒遂在马邑村定居下来，世代繁衍，成为一方主人，赵姓成为马邑村最早的宗姓，一直延续至今。

沁水临近长平，长平之战时，沁水为秦军屯兵屯粮之地，所以沁水有许多地名，都与长平之战有关。如沁水城东百余里的武安村，即以白起封爵武安君为村名。光绪《沁水县志·古迹》记："武安城，即今武安村。

白起侵赵，屯兵于此，故垒尚存。又村外石刻曰'古越州'，未详。"又记："马踏营，今在马家坪，在李庄村北，俗传白起阅马处。"又记："王离城，即今王壁村。秦将王离击赵，据险于此。"值得注意的是，武安村与王壁村亦皆多赵姓，他们应当都是赵国俘卒的后裔。

沁水东鄙与高平交界处有空仓岭，长平之战前夕，白起用反间计，赵国以赵括撤换名将廉颇。秦将白起诡称运米置仓于空仓岭，引诱纸上谈兵的赵将赵括劫仓中计兵败，长平之战由此正式拉开战幕，最终导致白起在长平坑杀四十多万赵卒，赵国元气大伤，给赵国带来了灭顶之灾。空仓岭也因长平之战而载入史册，震惊天下。

空仓岭不独是历史名山，其景色亦非常独特。空仓岭置于群峰之中，独峰突起，高耸云汉。每当夕阳西下，周围众山皆暗，独空仓岭依然夕阳返照，远处眺望，犹如白昼。乡人遂称空仓岭为"小白山"，文人墨客誉为"空仓晚照"，列入沁水十景之一。

马邑村西有高岗，当地百姓称为"神疙瘩"，其广约二十亩地。战国时秦赵长平之战，秦人筑城其上，即马邑城，又称马邑寨、马邑砦、马邑邨。后世马邑城废，乡民在岗上建白起庙，祭祀白起。白起庙在明末陕西农民军途经马邑时，曾遭一次毁坏。20世纪70年代"学大寨"时，白起庙彻底被毁，庙中二十多通碑刻或被垒入河坝，或被砌入蓄水池，或被村民移做他用，遂荡然无存，难觅去向。

长平之战是中国古代历史上重大事件，它直接改变了战国七雄之间的势力分布，加快了赵国的衰败灭亡，推动了中国的统一与进步。只是秦将白起在大战结束后，一夜之间，坑杀四十多万手无寸铁的赵国降卒，手段过于残暴。所以，人们至今提及白起，依然痛恨不已，咬牙切齿。而马邑村乡民，尤其是赵姓乡民，却为白起建庙，而且世代祭祀白起，真是难以理解。

白起，郿（今陕西眉县）人，战国时秦国名将，常战常胜，为秦国夺取韩、魏、赵、楚很多土地。秦昭王二十九年（前278）攻克楚都郢（今湖北江陵西北），封武安君。之后，又与赵国大战于长平。

白起有功于秦国，但坑杀四十万赵国降卒，却遭人千古指骂。白起本人可能也意识到了自己罪孽深重。秦昭王四十八年（前259），长平之战刚刚结束，战场余火未熄，秦国又派大将王陵、王龁继续攻赵，志在一举灭亡赵国。经过长平之战，赵国虽然元气大伤，但由于接受了长平之战用人不当的教训，重新起用廉颇率军抗击秦军，使秦军连连受挫。秦昭王曾经几次遣白起攻赵，白起自感罪孽深重，又受秦相范雎排陷，遂称病不出。秦昭王在范雎调唆下，干脆赐白起自尽。《史记·白起王翦列传》记：

> 武安君引剑将自刭，曰："我何罪于天而至此哉？"良久，曰："我固当死。长平之战，赵卒降者数十万人，我诈而尽阬之，是足以死。"遂自尽。

白起其实死于杀人太多。司马迁《史记·白起王翦列传》附有王离小传，总结王离败死之原因。王离也是秦国名将，曾据守沁水王壁。秦二世遣王离击赵时，有人断定王离必败，必死无疑。记曰：

> 秦二世时，王翦及其子贲皆已死，而又灭蒙（恬）氏。陈胜之反秦，秦使王翦之孙王离击赵，围赵王及张耳钜鹿城。或曰："王离，秦之名将也。今将强秦之兵，攻新造之赵，举之必矣。"客曰："不然，夫为将三世者必败。必败者何也？必其所杀伐多矣，其后受其不祥。今王离已三世将矣。"居无何，项羽救赵，击秦军，果虏王离，王离军遂降诸侯。

王离做了俘虏后，被项羽所杀。王离死于其父祖二代杀伐太多，罪孽深重，白起同样死于杀伐过多。

马邑村之西"神疙瘩"高岗上的白起庙，原本为马邑城的西壁，20世纪50年代，沁水修筑沁水县城至端氏之公路，将原本穿行马邑村老街的通道北移，白起庙所在的"神疙瘩"遂被切断，沁端公路穿行而过，路南即马邑老村，老村规模仍在，老街旧貌仍存。顺马邑老村老街东行，马邑村东门城楼风光依旧。只是现存马邑东门，为民国时期重修建筑，门阙之上镶有石匾，刻有"马邑邨"三字，颇有沧桑之感。顺马邑村老街西行，不见马邑村西门。据马邑村老人回忆，因为流经马邑村的县河常发洪水，马邑村西门及一部分民居遂被冲毁不存。

进入明朝，马邑城遭受了一次劫难。崇祯五年（1632），陕西农民军进入沁河流域，自端氏西进沁水县城，途经马邑。张道濬《兵燹琐纪》记：

> 初，人皆穴洞避贼。贼以硫黄杂人骸髅末，熏之，人受其气，即昏死。马邑村，居人于半山穿窑。贼来，去梯。凡五日，水尽，为所克，杀三百余人。

马邑村对此劫难，当地年迈村民至今犹有记忆犹新者。据他们讲：陕西农民军途经马邑时，村民不明其为何种军队，遂据其装束，俗称为"黑帽佣（勇）"。村民一部分避入白起庙，陕西农民军竟用炮轰，白起庙毁坏严重，村民死难无计。另有一部分村民避入至今仍存的马邑村西之西窑村半山悬崖之上的几孔窑洞，终被陕西农民军所破，村民惨遭劫难。一个小小的马邑村，竟有300余人惨遭劫难。马邑村至今也仅1000余人口，当时的马邑村，遭遇的几乎是灭村之灾，真是残忍之极。

（2）关于曲堤城堡

曲堤村之东南隔沁河与窦庄相望，原称西曲里东曲村，西北与明代名臣刘东星家乡西曲里坪上村隔沁河相望。曲堤村多霍姓，窦庄张铨霍夫人即为曲堤霍氏女。曲堤村原先规模很大，其西北延伸至村南大片滩地。古代沁河频发洪水，据传，崇祯六年（1633）、民国三十三年（1944），沁河曾大发洪水，将曲堤村冲毁过半。洪水过后，在今曲堤村西北沁河对

残垣断壁的曲堤古城

岸，留下600余亩河滩。至今的曲堤村，不过原先规模的一半。

曲堤村至晚在明代嘉靖年间已筑有城堡。曲堤村寨上之上院，有郭姓堂屋，已塌毁。郭姓主人清晰记忆，堂屋花梁上写有"万历三十一年"字样，可以证明曲堤村在明代万历三十一年（1603）已经筑起城堡。曲堤村建有至今保存完好的瞭望楼，花梁上写有"嘉靖□六年"字样。如果这一时间可以得到进一步证实的话，曲堤城堡的修筑要早于窦庄城堡，可能是沁河流域最早的一座城堡，具有很高的历史文物价值。令人惋惜的是，曲堤城堡遭受破坏非常严重，至今仅见城堡寨门、瞭望楼和几段残垣断壁。

关于瞭望楼，沁河流域的众多古村落几乎都建有瞭望楼，为古城堡的组成部分，而且多保存较为完好，沁水境内如窦庄、郭壁、李庄、潘庄、嘉峰、湘峪等村的瞭望楼，阳城境内如郭峪、皇城、润城等村的瞭望楼，其高一般五至七层。

曲堤村瞭望楼是明代曲堤万历乙酉科（十二年，1584）举人霍维准的高祖所建。瞭望楼保存很好，高达四层，墙体厚达1.2米，墙里外全是青砖白灰修建，非常坚固。楼定桶瓦，瓦当精美，五脊六兽。顶层建四梁八柱，前檐月梁，三层枋梁，由斗拱托出，雀替，挂落，装饰，油漆彩绘，坐北朝南，其后墙是一段砖砌城墙，为曲堤古城墙的组成部分。

瞭望楼为防战乱而建，平时可用于瞭望敌情，乱时避入瞭望楼以自保。顶楼常常堆积有一米多厚的鹅卵石，以备打击攻楼来敌。瞭望楼内有水井、磨坊、仓房、伙房等，生活设施齐全，被来敌围困十天半月，生活可以维持。

瞭望楼的主人在20世纪八九十年代，用瞭望楼顶的木料做家具，把顶层拆掉，取走梁柱。把桶瓦换成板瓦，五脊六兽换成一脊两兽。用砖墙代替了梁柱。瞭望楼房顶成遂成现在的样子，非常可惜！

人们从未关注过的是，曲堤村的地下，至今保存有开掘不知何年的地道。地道纵横联络，遍布全村各家各户，并与城堡相通，可以直登城墙，而且直通村外，以便于疏散。曲堤村的地道，是为了军事防御而设，犹如东距曲堤村十余里之武安村的地道，犹如山西榆次之张壁村的地道。曲堤村的地道，20世纪70年代"深挖洞"时曾被打通，由于几次修建公路，通往村外的地道，有多处被切断，但有洞口可见。村内的地道，由于雨水灌入，有几处被淤泥堵塞，但仍可通行。

又据曲堤村民介绍，古代曲堤村曾经设有霍氏镖局，明清与民国时，仍有盛名，闻名于沁河流域与晋豫二省，今河南武陟县，仍保存有沁水曲堤霍氏镖局修建的会馆。又据今日曲堤几位老人介绍，他们的父辈祖辈，多曾精通武艺，且武艺高强。曲堤村霍氏分为三支，三支霍氏各自设有"拳房"，以供霍氏子弟练习拳术。三支霍氏还各自设有义学，以供霍氏子弟读书，同时也吸收外姓及邻村贫民子弟入学免费读书。义学置有学田，以供义学各项支出。曲堤村还建有武庙，村民世世代代在武庙中传授练习武艺，直到上世纪50年代，武艺传授风气才中断，武庙则在上世纪70年代才被拆毁，历史悠久的"武艺之乡"，方才灰飞烟灭，荡然无存。沁水在明清曾出现过几位武举人，皆出自曲堤村，兹沁水历代县志均有记载。

曲堤村在清代出了一位名士霍润生字雨霖，清朝咸丰二年（1852）进士，初为工部主事。光绪年出任四川长寿知县，连任12年，为革除积弊，曾集资设立"三费局"，禁止差役勒索，并将规章铸上铁牌，树立堂前，俾众周知。又用俸金自建蓄水塘，以解城百姓内缺水之难。霍润生后升任知府，百姓遮道挽留。长寿县民怀念霍润生，为他建立生祠"霍公楼"，立碑一通，上书"除恶正伦"，题联："楼蔽蔚蓝天平地每留余地步，塘遗青白水出山犹是山泉。"曲堤村霍润生故居至今犹存，如今破败不堪，但仍存有"进士第"及家训等匾额。

曲堤村另外还存有清代道光年霍明高故居，如今仍见"武略第"匾额，其书："敕授朝议大夫福建兴化府知府霍明高，敕授宣德郎福建布政使司都事霍传蕚。"霍明高以武名世，"武略第"匾额记其家训："百战百胜，不如一忍。万言万当，不如一默。无可捡择，眼界平焉。不藏秋毫，心地直也。"

光绪《沁水县志·选举》记载清代曲堤村名人：

霍庆姚，咸安宫教习，汾州府教授。

霍印波，历任镇海、鄞县、乌程、余杭县丞，加六品衔。

霍润生，工部主事，四川长寿县知县。

霍印波，历任镇海、鄞县、乌程、余杭县丞，加六品衔。

霍明高，署理福建上杭、峰市县丞，历任厦门同知、福防分府、兴化府知府。赏戴蓝翎，委送琉璃贡，御赐蟒袍。

霍传芬，湖北安陆府水利同知。

霍传蕚，布政司都事，署福建漳州府、平和、南胜等县县丞。改分广东，加捐通判。

窦濬之，指分陕西藩库大使。

窦纪元，绛县教谕。

曲堤村至今还存有很多明清民居，多为名人故居，历史文化价值非常珍贵。曲堤村历史悠久，文化深厚，且以"武文化"为特色。如果能以"武文化"保护开发，足可在沁河流域众多古村落古城堡中，独具特色，独领风骚。遗憾的是，素以"武艺之乡"之称的曲堤村之古城堡、古地道，尤其是"武文化"，至今无人关注，诚为一颗被遗忘埋没的明珠。

（3）关于湘峪城堡

湘峪村位于沁水东鄙与晋城交界之岳神山下的湘峪河畔。岳神山又名洞阳山，岳神即山神意，意指岳神山高峻挺拔，雄伟壮丽，直超群山，足为群山之福主、沁水东南之主山。洞阳为道家语，指人间。古人常称道士为神仙，故洞阳者，指天上神仙在人间的行宫，即道观。岳神山巅曾经建有道观，名洞阳观，至今遗址仍存。

洞阳又是元代全真道士姬志真的道号，姬志真为山西高平人，金元全真道祖师王重阳的弟子，曾为全真道之掌门，道号洞明子。姬志真有再传弟子河南周口徐志根，元世祖时赐号洞阳真人。所以岳神山之洞阳观，应当是在元代全真教掌门与姬志真再传弟子徐志根时期修筑的。湘峪村民传说岳神山洞阳观为明代孙鼎相倡建，恐为误传，或者可以认为孙鼎相是重修洞阳观。岳神山洞阳观始建于元世祖忽必烈至元年之前，洞阳山才因洞阳观而名。金元两代，是全真道教兴盛时期，岳神山在元代曾为全真道教之地。

岳神山有沁水东南主山之称，集众山之灵秀，聚众山之气运，草木茂盛，郁郁葱葱。湘峪河源出岳神山下，带着岳神山之灵秀之气，顺谷西流，绕石跌瀑，忽而险滩，又过峡涧，流至湘峪村之南，河谷豁然开阔，河水聚作一泊清池，停留片刻，然后西流而去，汇入郑村河，再汇入沁河。湘峪村便位于一泊清池南畔，湘峪河把岳神山的灵秀之气全部留在了湘峪村，故而湘峪村人才辈出。明代孙氏兄弟居相、可相、鼎相、立相四人，便以岳神山灵秀之钟聚，出生于湘峪村。

湘峪原名相谷，谷与峪同义。从相谷之名分析，相谷之前，湘峪还应有更古老的村名。相谷之名，应当出现在孙氏兄弟入朝为官之时，乡人以一村出了几位高官名臣而自豪，遂将村名称为相谷，即相谷是产生朝廷宰相的地方。孙居相官至户部尚书，不是宰相，但在乡民心目中，他是朝廷大官，朝廷大官当然是宰相，乡民遂以宰相看待孙居相，把他的出生之地名为相谷。所以相谷之前，湘峪村还应当有个村名。后来，人们见"相谷"二字无山无水，有碍风水，便在"相谷"二字前面添水加山，遂有了湘峪之名的问世。

孙氏兄弟中，以长兄孙居相名气最大，其名居相，字伯辅、拱阳。一看名字，即知孙居相夙有大志，欲要出将入相，侧身朝堂。他的名字，寄托着孙家的希望。孙居相也不负家人的厚望，万历十六年（1588）中举人，四年后中进士，历任山东恩县令，颇有政绩。征授南京御史，负气敢言，身兼七差，署掌七道之印，日理万机。后丁忧去官，复出后任江西参政，因病不赴。天启年间任右佥都御史，巡抚陕西，召拜兵部右侍郎。时魏忠贤专权，孙居相刚直不阿，因被列入东林党籍，遂被罢官。崇祯帝即位，孙居相复起为户部右侍郎，改任吏部右侍郎，官至户部尚书。后因上奏弹劾权要，触怒崇祯帝而入狱，事平后贬至潞州，崇祯七年（1634）卒于戍所。

孙居相以负气敢言、性格耿直而声震朝野，有朝廷净臣之称誉。据《明史·孙居相传》记：孙居相先后上奏弹劾诚意伯刘世延妄言星变案，万历三十八年（1610）会试科场案、高平知县贪墨案等，案案皆中，有着不畏强权，敢与权贵抗争之净臣性格。孙居相出于东林党首赵南星门下，与杨涟、李三才交好。赵、杨、李等人，皆为明代东林党领袖人物。东林党是以反对魏忠贤阉党专权误国而著称于世的，孙居相就是因为其净臣敢言之性格，弹劾权要，触怒帝颜，罢官流放，死于戍所，其官运可谓多蹇。

孙居相之弟孙鼎相亦为孙氏兄弟中杰出才俊，万历二十六年（1598）中进士，历官松江推官、户部郎中、吏部郎中、副都御史，官至湖广巡抚。孙鼎相与其兄孙居相一道，共为东林名流，而且性格类似其兄。孙居相在《明史》中有传，孙鼎相小传附于其兄传记之后，仅一句："弟鼎相，历吏部郎中、副都御史、巡抚湖广，亦有名东林中。"雍正《泽州府志》收有孙鼎相传记，亦很简，仅记一事：万历进士魏广微，在魏忠贤专权时，率先依附，拜魏阉为父，甘为阉宦干儿，声名狼藉。魏广微之亲父名魏见泉，孙鼎相见人便语："魏见泉可谓无子。"孙鼎相因此招致魏广微的切齿，故东林蒙祸，孙鼎相自然难免，因被罢官。崇祯帝即位，起用孙鼎相，孙鼎相不就，善终于故里。

湘峪城堡始建时间，据湘峪村民所编《湘峪村三都古城简介》指为"明天启三年（1623）修建有蜂窝城墙"，此指湘峪城堡面临湘峪河的南城墙。说明湘峪城堡始建于明代天启三年之前，至天启三年，已初具规模。又据湘峪城堡东西城门所镶石刻匾额，知其竣工于崇祯七年（1634）。在城堡修筑之前，孙氏兄弟已在村内修筑了自己家族的豪华住宅，并建东岳庙、关圣庙、张仙庙、岳飞庙、文昌阁、鸿胪寺、清心庵、佛堂，以及孙氏祠堂、师府，尤其是三都堂等，乡民便称湘峪城堡为三都古城。

三都古城是孙氏家族及湘峪乡民历经天启、崇祯二朝，方才修筑完工。天启年间，孙氏兄弟皆罢归乡居，共同主持了三都古城的营建；崇祯年间，孙居相复官入朝而又流放潞州，已无暇顾及三都古城的营建，孙鼎相则留居乡里，继续主持，直至三都古城竣工。

保存完好的湘峪城堡

　　三都堂是孙鼎相的府第，东门悬"文武衡鉴"匾额，正门悬"四部首司"匾额，且刻"吏部稽勋司郎中，前文选考功验封稽勋暨礼部仪制司各员外、礼部主客、兵部武选、工部营缮司各主事孙鼎相第"之匾，概括了孙鼎相在官之职司。

　　孙鼎相自命府第为三都堂，不知何意。清华大华大学有关专家考察三都古城后撰写的《湘峪三都古城的历史及其旅游开发利用》调查报告称，"孙鼎相曾巡抚湖广、提督军务、兼都察院右副都御史，故其府第称为三都堂"。此解释似有不妥，孙鼎相先后历"授松江推官，擢户曹（户部）"、"历铨曹（吏部）"、"备兵肃州"、"入为卿寺暨三抚楚（湖广巡抚）"等官职，清华大学专家解释"三都堂"之意，并未完全包括孙鼎相所任职官。三都堂正门匾额历述孙居相职司，也未概全孙鼎相所任官职。三都古城不是孙鼎相所任官职的涵盖。

　　孙氏兄弟皆以读书科举而入仕朝廷，也教育后辈以读书科举为务，此所谓书香传家。晋代文豪左思作有《三都赋》，状写三国时蜀都成都、吴都建业、魏都邺城之景观形胜。此赋为左思精心之作，呕心沥血，十年构思，方才写成，全赋辞采华丽，锦心绣口，文采文气十足。《三都赋》作成后，豪贵之家竞相传抄，置于书案，时时吟读，不能释卷，洛阳因此纸贵。故而窃以为，三都堂用《三都赋》之典，意指孙氏兄弟读书成名，也希望孙氏子弟以书香立世，孙鼎相才将自己的府第取名三都堂，与普通人家门前所悬"耕读"匾额类似。此为推测分析，不为定论，可待后考。

　　湘峪城堡依山临水而建，城墙约三里周长，南城墙据崖而建，城墙内空，建藏兵洞，面南正面城楼之东西，排列一系列藏兵洞，内设通道相连，一洞一瞭望孔，远观犹如蜂窝，此即乡民所称"蜂窝城"。南门匾额"宸薰"，取功勋闻于朝廷之意。东门匾额"迎晖"，其意一望即知，不需赘言，沁水古城东门亦匾额曰"迎晖"。西门匾额"来奕"，并刻"崇祯甲戌（七年，1634）申月吉旦"诸字。"来奕"语出汉代扬雄《太玄经》："次六，息金消石，往小来奕。奕，大也。美称金，恶称石。金生水，善思恶。除故，小去大平也。"元代叶子奇《太玄本旨》释曰："次六，息金消石，往小来奕。息，生也；奕，大也。金美石恶，六以刚，阳乃能生其美而消其恶，岂非所往者小而来者大乎？"奕有多指，大也，美也，盛也，光明也，高大也，又有累世、世代诸意。"来奕"意即往小来奕，即送走小的，迎来大的；送走不好的，迎来美好的；送走今日或今世，迎来明日或后世，夕阳西下，明天会更美。三都古城三门匾额一个额一个意思：东门"迎晖"意为迎来朝廷的恩泽，古人常将帝王比作天日；南门"宸薰"意为建立功业闻达朝廷，得到朝廷恩赐；西门"来奕"意为有了朝廷的恩泽，来世会更加兴旺。三门匾额寄托了孙氏家族今世与后世永远兴盛不衰的希望，其与"三都堂"取意是一致的。同样，对湘峪城堡三门匾额题字的解释，只是根据词意和一般的人生追求来理解的，尚缺文献证据与湘峪人的解释，只能存疑留待另考。

湘峪城堡修筑的后期，正值崇祯年间陕西农民军横扫沁河流域。湘峪城堡此时尚未竣工，所以没有能够像窦庄城堡那样，起到保护村民生命财产的作用。陕西农民军来到湘峪，曾将刚刚修成的古城西寨门烧毁，但对整个湘峪村内建筑，没有大的破坏。

孙氏兄弟在修建湘峪城堡之时，还在岳神山巅修筑了岳神山砦。岳神山原有元建洞阳观，又有岳神庙，至今还保存有岳神山砦的古城墙及古砦门。明末崇祯战乱，孙鼎相正乡居湘峪。有记载说洞阳观由孙鼎相联合周边四十八社共同集资兴建，耗银三千余两，用工三万七千余。此为误传，前文已有辨析。孙鼎相可能是对洞阳观进行了重修，或者他是在洞阳观基础上修筑的岳神山古砦。

岳神山砦分内外城，内城已成瓦砾，杂草丛生，所建洞阳观、岳神庙等虽在内城，已经很难辨认。外城保存较为完整，依山巅绕行而建，全用岳神山石料修砌。砦门保存完好，石壁刻有"云松古"三字。砦内废墟中，尚有几块残碑，其中一块残碑上有"元至正岁在壬午，洞阳观道士"云云，碑尾落款为"洪武十三年岁次庚申秋七月"。碑文不全，难知其意。但证实了洞阳观为元代全真道洞阳真人李志居道场之说。至正为元朝末帝顺宗年号，壬午为顺宗至正二年（1342）。洪武为明太祖年号，庚申即洪武十三年（1380）。大概指洞阳观于至正二年开始重修，至洪武十三年方才完工镌碑，历时30余年，实在不易。砦内又有《□□路碑记》，残存"洞阳观"三字，又有清代乾隆十年（1745）重修时留下的残碑，皆难以辨识。

岳神山砦居高临下，地势险要，平时登攀尚且困难，用兵攻打非常不易。岳神古砦有洞阳观、岳神庙，常年庙会之日，香客不绝，战时正好用作避难。可以推测，在明末陕西农民军横扫沁河流域之际，湘峪村及周边百姓纷纷登攀岳神山砦避难，方保无事。故而各种文献及孙氏兄弟所写诗文，并不见湘峪村惨遭战火的记载。

明末陕西农民军曾在崇祯四年、五年三次围攻窦庄，崇祯六年攻陷沁水县城，并进入城西中村。崇祯六年（1633）之后，陕西农民军离开山西沁河流域，前往河南。张道濬《从戎始末》、《兵燹琐记》亦载崇祯六年之后，战事移出沁水境。战事过后，湘峪百姓余悸难消，便抓紧湘峪城堡的修筑，一年后终于完工，至今已有300余年历史。

300余年，湘峪城堡历经历史沧桑，风雨浩劫，完好地保存至今。古城内之道观寺院、神庙祠堂以及民居，都较完整地保存了下来。湘峪城堡三座城门虽然被毁，城墙及藏兵洞亦有几处坍塌，但基础仍见。近年来，湘峪村民集资对湘峪城堡进行了保护性的重修，国家也投入巨资给予资助，使湘峪城堡的重修顺利竣工，基本保持了湘峪城堡之原貌，保留了明代建筑风格，再现了湘峪城堡的雄姿，并且业已开放，成为沁水又一旅游景点。湘峪城堡南距樊山老姥掌五里，距阳城皇城相府及郭峪古城十里，西南距阳城砥洎古城五里，西北距窦庄古城十里；湘峪村隔郑村河与秦将白起屯兵武安村相望，隔沁河与赵树理家乡尉迟村相望，诸村落皆属沁东繁盛之地，由此形成了一个沁河流域古城堡文化带。湘峪城堡的风光雄姿、文化价值，并不在阳城皇城相府之下，足以和周边村镇古城堡鼎足并峙，使之成为古代沁水遗存至今的一处古城堡历史文化精品。

（4）关于窦庄城堡

窦庄城堡是沁河流域最早建起的第一座集居住、防卫于一体的城堡，张五典与孙张道濬开创了沁河流域的城堡文化。

窦庄城堡在雄踞沁河流域并保存完好近400年后，惨遭过一次劫难。据传，1939年抗日战争时期中条山战役前后，国民革命军第三十三军、第四十七军，以及刘戡第九十三军，先后驻扎沁水端氏。九十三军曾在临近窦庄的樯山寺修建军官训练学校，拆用窦庄城的砖石，窦庄城堡遂惨遭毁坏。20世纪七八十年代，窦庄村民修建新居，频繁拆用城堡之城墙砖石，甚至铲平城墙，在城墙旧基上修建新居，致使窦庄城堡终成残垣断壁。只是窦庄还保存有几段城墙与西城门，村内还保存有几处庙宇祠堂府第，依稀可以看出窦庄昔日的辉煌。如今，国家投入巨资，正在修复窦庄城堡，期望在不久的将来，能够目睹窦庄昔日的辉煌。

沁河流域古城堡群形成的原因在于，这一地区是沁河流域最为富庶之地，当地百姓有财力大兴土木，修筑众多极其考究的民居与城堡。沁河两岸许多古村落，大多为明代建筑，颇有文物价值，反映了明代末年沁河两岸的经济文化之现实。

明代是山西文化最为兴盛的时期，沁河流域捷足先登，沁水更是科甲连绵，名人辈出。沁水历史上众多的名臣名流，诸如常伦、刘东星、张五典、张铨、孙居相、孙鼎相、韩范，包括沁西李瀚、柳遇春等辈，都集中出现在明朝中叶以后这一时期，反映了这一时期沁水的文化之盛。这些社会名流名臣，往往是富甲一方的豪门大族，广有田产，再为官一任，官囊丰足，衣锦还乡，往往要大兴土木，遂使沁河

窦庄古城南城门

两岸民居考究，城堡林立。

最重要的是，明中叶以后，朝廷腐败，政治腐朽，天下动乱，社会不稳，各地民变不断发生。面对各地不断涌起的民变，朝廷自顾不暇，自身难保，根本无力保护远离都邑、地处偏远的沁河两岸之名宦豪族的利益。这些名宦豪族原本富甲一方，财力雄厚，在当地又有很强的号召力，他们为了自保，筹资营建，修筑城堡，沁河两岸遂出现一个又一个以村寨为主体的古城堡。所以，城堡林立，又反映了明朝中叶以来沁水的经济之盛。

据张道濬《从戎始末》记，兵乱过后，沁河流域各地又"筑寨堡五十四处"。如崇祯七年（1634），阳城郭峪陈氏家族在樊溪河边修筑了皇城相府内城（见陈昌言《斗筑居记》），并于崇祯八年（1635）修筑了郭峪城堡（见《古村·郭峪》），阳城润城也崇祯八年（1635）修筑了砥洎城（见《山城一览图》碑）等。沁水境内的湘峪村之孙氏家族，也在崇祯七年（1634）修筑了三都古城（见东西城门石刻匾额）。窦庄城堡始建于天启元年（1621），告成于崇祯二年（1629）。沁河流域古城堡群的修筑，窦庄首开风气之先，湘峪踵武增华，阳城郭峪、润城方才后来居上。沁河流域古城堡文化的形成，是沁水人开创的。

3. 窦庄须眉风流

光绪《沁水县志·人物》共为历代沁水20位人物（不含列女）立传，窦庄人物有10位。其中，窦氏家族仅有3人：窦明运、窦瑀、窦斯在等；张氏家族则有7人：张五典、张铨、张铗、张鐄、张铦、张道濂、张德渠等。窦氏家族自北宋哲宗朝（1086—1093）即已发迹，至清朝光绪辛巳年（七年，1881）重修《沁水县志》，其间800多年，仅有3人入传《沁水县志》，实在不多。张氏家族在明代永乐丁酉年（十五年，1417）开始发迹，至清朝光绪辛巳年（七年，1881）重修《沁水县志》，其间400多年，竟有7人入传《沁水县志》。

光绪《沁水县志·营建·学校》所记乡贤祠祀有："北齐：徐远。宋：王载道。金：张埜、王良翰。明：李聪、李瀚、常轼、刘东星、张之屏、张五典、张铨、韩胐仁、韩范、孙居相、王维城、王廷玺、王廷瓒。国朝：张铨、张道濬。"共19人，窦氏家族无人入乡贤祠祀，张氏家族见有张五典、张铨、张铨、张道濬4人入乡贤祠祀。

窦庄的风流人物，多出于张氏家族，依据光绪《沁水县志》记载，几乎可以编撰一部《张氏家谱》。

（1）关于张五典

张氏家族的辉煌，自张五典始。关于张五典事，前文已有介绍，兹作补充。张五典于明神宗万历七年（1579）中举人，万历二十年（1592）中进士，授行人司行人。历预考选，升户部江西司主事。万历二十九年（1601）监管天津仓场，迁员外郎，至万历三十二年（1603）再迁郎中。光绪《沁水县志·人物·张五典传》记："是岁京察，执政假中旨留其私人被黜者。公与书，亟论其失。至以卢杞、李林甫、秦桧、贾似道为喻。执政深衔之，以计中百端，卒不能得。"五典遂于万历三十三年（1604）出为山东布政司参议，分巡济南道。

张五典对于此次京察得罪执政而被外放，深感愤慨，先后作《引年养亲疏》、《事疏》，借以发泄，又在自编《年谱》中记曰：

> 乙巳（1605）五十二岁。是岁，京察科道。不肖者数人被黜，然皆首相沈一贯之私人也。乃假中旨留之。余与相公一书，极论其失，遂深衔之。书稿见前。十月，男铨选保定府推官。十一月，升山东布政使司参议，分守济南道。甲辰年（1604）冬，已推参议。沈相憾之，留中不发。及是，年俸已该升副使，沈相取旧疏发票，计亦巧矣。

万历四十年（1612），张五典迁河南按察司副使兼参议，分守河南道。时大盗张西冈在南阳裕州界聚众为乱，五典"授诸将以捕贼方略，俱扑灭"。真阳县吏潘大贤聚党为乱，五典"移檄州县，授以方略，旋就擒灭"。万历四十二年（1614），嵩山矿徒围据桐板县矿山，五典侦得其状，以为易治。随出三牌，一禁入山鬻贼食，一令讴为饮食以待贼，一令民各归乡井，"后贼果不得食，皆下山掠居民。见所具酒食乃大惊曰：'汝等安知我至此，而具酒食待我耶？'乡人喻以公言，复出三牌示之，皆令归乡里保室家语也。贼大感泣而去"。万历四十三年（1615），五典迁山东参政。时值山东大荒，盗贼蜂起，由辽宁运往山东的粮船，因海禁而一时不能到达。五典"公兼摄其事，遂开海禁。辽东米大至，月余，盗皆平息，所全活几百万。初难起时，州县皆请剿贼。公叹曰：此饥民耳。急之则聚，缓之则散也。卒如公言"。明熹宗天启元年（1621），五典升任太仆寺少卿。三月二十二日，其长子张铨死于辽东战事。

时年68岁的张五典闻讯，内心极其悲痛，尤其矛盾，又无法言表，遂作《哭儿铨辽阳殉节》二首，再作《祭儿铨文》、《再祭儿铨文》二文以释怀。

其《哭儿铨辽阳殉节》二首云：

> 闻道辽阳失守时，男儿死节实堪悲。
> 昭昭白日丹心炯，漠漠黄沙碧血漓。
> 躯壳一身捐似叶，纲常两字视如饴。
> 只知忠烈酬明主，不念高堂眼泪垂。
>
> 煌煌绣斧向燕然，壮志曾期勒石还。
> 岂料庸臣能败国，更多叛将敢违天。
> 重城犹恃连云堞，危阁遥惊蔽日烟。
> 到此英雄徒束手，肯将七尺染腥膻。

《祭儿铨文》云：

呜呼，恸哉！儿死矣。儿体貌瑰伟，类有福相，一不宜死。儿才优经济，堪为国桢，二不宜死。儿职在巡方，非有封疆之责，三不宜死。而今已矣，岂天道耶？国运耶？尔父之积愆耶？

呜呼！有生必有死，死亦人之常耳。况慷慨殉国，烈烈轰轰，义胆忠肝，照耀千古。吾当为儿幸，又何恸之深也？惟是身衰异域，血染黄沙。高堂倚闾之望，托之梦魂；儿孙终天之恨，寄之风木。兴言及此，宁不恸哭流涕也？

呜呼！古今烈丈夫死难者多矣，而惟张巡为最著。盖巡与许远，虽共死睢阳，而许远有地方之责，巡无地方之责也。今尔，虽与两道共死于辽阳，而两道有地方之责，尔无地方之责也。尔得与张巡同游于地下，即九泉且含笑矣。死于道路，甚非人情所欲，而乌鸢蝼蚁，亦复何异？况奴贼凶残已甚，殄灭未久，归葬有期，亦未可知。

嗟夫！人之死也，魄归于地，神气无所不之也。况尔英烈之气，当耿耿常存，岂将为厉鬼以被奴贼至魄耶？抑化鹤辽阳耶？岂念故乡而返归耶？抑思尔父、尔弟、尔子，而一来此地耶？窈兮冥兮，不可得而即兮；恍兮惚兮，仿佛见尔之音容兮。呜呼恸哉！

天启二年（1622），张五典改南京大理寺卿。明年"乞终养"，加兵部尚书。天启五年（1625），张五典七十二岁，逝于沁水故里窦庄，朝廷赠太子太保，沁水列入乡贤祠，享百姓世代祭祀。

张五典"官三十余年，未尝屈意权贵"，善于剿抚相济而平息民变，是一位有作为的清史贤臣。张五典曾先后二度任职山东各七年，初任山东时的万历三十九年（1611），张五典多次赴泰山考察，对古史中记载的"泰山高者四十里"的说法产生了怀疑，为了准确测量出泰山的高度及里程，利用政务闲暇，设计了一种测量仪，实地勘察泰山高度。从山下至绝顶，在4300多个测量点上进行测量，测量出泰山里程"实一十里八十余步", 高度"实高三百六十八丈三尺四寸", 拆合1482.3米, 其与今天精密测量泰山海拔1524米的精确数据非常接近。张五典完成测量后, 撰写了《泰山道里记》, 为后人留下了宝贵的第一手资料。清张尔岐《蒿庵闲话》卷一记曰:

> 泰山高四十里, 其说本自《汉官仪》, 云: 自下至古封禅处, 四十里至天门。郭璞书又云: 从山下至顶, 四十八里三百步。山东按察司张五典独验其不然, 其《泰山道里记》云:
>
> 予再陟其巅, 知不若是之远。乃立一法量之。其法用竖竿一根, 长一丈, 刻以尺寸, 竿头置一环; 用横竿一根, 长亦一丈, 当中置一环; 两头皆五尺, 取其轻重相称也。以绳系于横竿之环, 而又穿于竖竿之环, 牵其绳之尾, 则横竿可上可下, 而不失其平。于是以竖竿所立之处, 视横竿所至之处, 则五尺为一步矣, 此以量其远近也; 每量一步, 若在平地, 则横竿由端以至竖竿前后, 俱着于地; 若前高后下, 则横竿前着于地, 而后悬于空, 视竿所悬处至地尺寸若干, 此以量其高下也。又置一格眼册, 每叶用三百六十格, 每量一步则填一格, 平地则于格内填一"平"字。其高若干尺若干寸, 亦于格内注之。填完一叶, 则足三百六十步, 为一里。其高则累尺寸而言之不爽也。属盛州守转委巡简张嘉彩如法量之。由山下至绝顶, 凡量四千三百八十四步, 而纡回曲折皆在其中。高三百八十六丈九尺一寸, 内除倒盘低十八丈五尺七寸抵高数外, 寔高三百六十八丈三尺四寸, 折步七百三十六步六分八厘。平高共积五千一百二十步有奇, 寔一十四里零八十余步耳。
>
> 昔人所称四十余里者, 果何所见哉? 由此而推天下之不可尽信者, 殆如此矣。
>
> 量山之法, 世亦有用表影勾股积算者, 不如是之确而可据也。千古臆断之讹, 一朝订之, 洵一快事。且其一时恬熙意象,

更令人神往。

张五典真是个奇才，不仅准确地预见"海内将乱，筑所居窦庄为堡"，保护了一方百姓；还准确地测量出泰山的里程与高度，他是科学测量泰山高度第一人。光绪《沁水县志·人物·品望》评曰："张五典，见《选举》。由进士累官至大理寺卿。深沉有知略，应变如神，与世无忤，而赋性严重，未尝屈意权重，故望隆中外，而官不甚显。以子忠烈公殉难，赠太子太保。王度有传。"雍正《山西通志·人物·泽州府》评曰："五典性严重，居朝廷，中立无所附。（大学士张位）张新建在位，欲令出门下，卒不往。虽平进九列，卒亦不获大用云。"

（2）关于张铨

张五典长子张铨，是位忧国忧民的爱国将领，其妻即带着村民固守窦庄城堡，保护了一方百姓的霍夫人。张铨状貌魁梧，丰颐广颡，美髭髯，两目爝爝如闪电，一副大将军气派。光绪《沁水县志·人物·节烈》：

> 张铨，状貌魁梧，丰颐广颡，美髭髯，两目爝爝如闪电。天启中，以御史巡按辽阳。城陷，公衣绣裹甲下城。兵拥之去，说之降，不屈，自经死。诸帅皆叹息，殓而瘗之。事闻，谥忠烈，入《乡贤》。详载陈继儒传，见后。

张铨生于万历五年（1577），万历二十五年（1597）中举人，三十二年（1604）中进士，先后巡按浙江、陕西、江西等地，任御史十余年。万历四十六年（1618），后金攻破辽东抚顺等地，朝廷派兵部侍郎杨镐经略辽东。杨镐四路出兵，合围后金，再遭失利。辽东危急，朝廷震动。

张铨精通军事，胸有韬略，颇有乃父之风，对天下大事明于预见。据《明史·张铨传》，早在杨镐四路出兵之时，张铨时任江西巡按，驰奏朝廷，以为杨镐战略不可行，"又论杨镐非大帅才，而力荐熊廷弼"。可惜张铨当时人微言轻，其奏不为朝廷所重，杨镐一意孤行，四路出兵辽东。张铨不能坐视辽东再败，又于万历四十八年（1620）夏天再次上奏朝廷：

> 自军兴以来，所司创议加赋，亩增银三厘，未几至七厘，又未几至九厘。辟之一身，辽东，肩背也；天下，腹心也。肩背有患，犹藉腹心之血脉滋灌。若腹心先溃，危亡可立待。竭天下以救辽，辽未必安，而天下已危。今宜联人心以固根本，岂可朘削无已，驱之使乱。且陛下内廷积金如山，以有用之物，置无用之地，与瓦砾粪土何异？乃发帑之请，叫阍不应，加派之义，朝奏夕可。臣殊不得其解。铨疏皆关军国安危，而帝与当轴卒不省。綎、松败，时谓铨有先见云。

张铨奏言天下大势、辽东战事十分清醒精要，从根本上指出了明王朝危机频生的原因，至今不失其至论之意义。假如当时朝廷采用了张铨的策略，恐怕辽东之战会是另外的结局，明清之际的中国历史也要重写。可惜这只能成为一个历史的遗憾，结果是：明王朝由于不顾腹心，结果招致腹心地区民变四起，终于酿成明末农民大起事，明朝随即灭亡。

明熹宗即位后，朝廷再议辽东战事，有人荐举张铨巡按辽东，但时势皆晚，难以回天：

> 熹宗即位，出按辽东，经略袁应泰下纳降令。铨力争，不听，曰："祸始此矣。"天启元年（1621）三月，沈阳破，铨请令辽东巡抚薛国用帅河西兵驻海州，蓟辽总督文球帅山海兵驻广宁，以壮声援。疏甫上，辽阳被围，军大溃。铨与应泰分城守，应泰令铨退保河西，以图再举，不从。守三日，城破，被执不屈，欲杀之，引颈待刃，乃送归署。铨衣冠向阙拜，又遥拜父母，遂自经。事闻，赠大理卿，再赠兵部尚书，谥忠烈。

张铨死得非常忠烈，可歌可泣。张铨之死，轰动朝野，朝廷为抚恤忠烈之士，恩荫其子张道濬为锦衣指挥佥事，又诏令沁水为张铨立祠祭祀。沁水古城之东关曾有昭忠祠，即祀张铨。古代沁水历史上，共有两位乡贤享受立祠祭祀的殊荣，另一位是李瀚，其祠在沁水古城北街，名李司徒祠。沁水旧城北街口之西，另有杨公祠，是祭祀民国时死于剿匪的潞泽辽沁镇守使杨需霖的，此为后事，不论。

明代文豪陈继儒闻知知张铨事后，极其感愤，遂作《忠烈张公传》，对张铨死于辽东战事记载较为具体详细，且绘声绘色，感情真挚，非常传神。此传收录于光绪《沁水县志》人物传，文云：

> 张铨，字宇衡，号见平。大司马五典子，二十一中丁酉（万历二十五年，1597）乡试，甲辰（万历三十二年，1604）成进士。授保定推官，谳狱廉明，擢浙江道御史，出巡茶马。丁内艰服阕，又巡江西。
>
> 戊午（万历四十六年，1618）辽事初起，抚顺总兵张承尹（荫）战殁，诏赠少保。左都督公奏曰："《纲目》书死之例有三：曰死之、曰战死、曰败没。死之者，节之也；战死者，功罪半也；败没，则直败之耳。今承尹（荫）轻进取败，尸积邱山，不合恤典，请绳以丧师辱国之罪。"时论韪之。又上方略，言经臣杨镐，大将军李如柏、如桢，不可用兵，不可募饷，不可派〔狯夷〕，不可挑战，以封疆博一掷。未几，三路覆师，公言言左验。
>
> 天启元年（1621），特命公按辽监其军。客曰："公资十年矣，俸六年矣，两差之期报竣矣。又尝上章请告矣，公不往，谁能驱公、迫公者？"公叹曰："辽左失陷，朝野震惊。士大夫不能为军国分忧，而私留骏马，预遣妻孥先去，以为民望，何怪边关将士望风鼠窜哉！某孤愤勃勃填胸，请脂车兼道而前。"
>
> 既抵关，袁崇焕先纳降三千人，杂屯沈阳。三月沈陷，川浙

兵战死。公请抚臣带西河之兵，移驻海州；督臣带山海之兵，移驻广宁，以救呼吸之危，以张应援之势。疏墨未干，而东兵已薄辽阳城下矣。劝公者曰："公监军与经略异，巡方与守土异，跳而出围，以图后举为善。"公曰："我一腔热血，欲洒此地久矣。"及城被围，公与诸大夫画地为坚守计。公守西门，登埤环堑三昼夜。薄暮，内应城隅火烛天，公衣绣裹甲下城，从者拥出小南门，请易服，弗许。入署，降将李某，晓来伏谒，搏颡谢无状，因取公去。李某抚公并辔行，且说降。公自投于地，面伤焉。

公见东帅，挺立于庭，左右抑之拜。公曰："我豸绣宪臣，岂肯屈膝？"戟手瞋目大诟骂，且有力击人，辄披靡。帅怒，捽公出，复呼回，为抚慰者再三。又拟刀胁公，公引颈以待。帅知不能夺，送之舆，却舆，送之骑，却骑；仍令锢之公署中。父老诸生泣而随之，告李某曰："幸护张使君。"公厉声曰："汝等好百姓，乃为好汉子索命乎？"衣冠向阙拜者八，向家拜者四，遥谢君父毕，遂自经死。东兵走视叹曰："忠臣！忠臣！"敛而瘗之。

流人郑良弼、祖天弼、杜时隆自辽归，言目击其状如此。享年四十有五。死之日，盖辛酉年（天启元年，1621）三月二十日也。抚按核确奏闻，上深悼悯，予谥忠烈。都邑建祠祀之，赐额曰："昭忠"。论祭，论葬，荫子世袭锦衣卫指挥佥事。初，赠公大理卿，再进兵部尚书。从御史张慎言、李日宣，给事中尹同皋之请也。

张铨离京赴辽东之前，已抱忠烈死节之志，曾作《题〈望云思亲图〉》诗以明志云：

驻马徘徊意惨然，庭帏遥望白云边。

频将几点思亲泪，留得唐家二百年。

此为题画诗，画中用唐代名将狄仁杰赴并州边塞时登太行望云思亲之典故。画的作者是明代弘治进士高平人王锡，先后任裕州（今河南方城）知州与广州太守。明代陈琛《书王州守锡〈望云思亲图〉后》记：

> 公，山西人也。奉命来南海几年，念太夫人春秋高，不得左右朝夕侍奉以为忧，与人言辄流涕呜咽而不自胜。先公之逝，公方委齿，已能恸绝复苏。盖公之孝自天性，非由勉慕乎外。于是，诸公命公绘《望思亲图》以赋之。

此图作者为山西人氏，在同乡人士中流传较广，很多人有唱和之作。张铨看到了此图，也读到陈琛之文，针对王锡外地任官每思亲便泣泪之情形，遂有"频将几点思亲泪，留得唐家二百年"之句。张铨所处的时代，内忧外患。张铨望图而生忠勇，希望自己能像狄仁杰那样，挽救明朝危亡，流露出深深的忧国忧民的忠烈之情。联系张铨辽东死难，他完全把画中意演化为诗中情，付诸忠烈之行，画如其人，诗亦如其人。气象较为悲伤低调，诗中神韵则豪气四溢，悲壮冲天，给人以感染，如见其人，如感其情。再见其《飞蝗叹》诗云：

禾黍高低遍原隰，微雨初晴陇犹湿。田间妇子共招呼，道旁老翁扶杖泣。
我来停骖试问之，老翁弃杖前致词。昔年水患君侯知，桑田一望尽为池。
春来播种亦太苦，播种方成复不雨。便有飞蝗群蔽天，飞来飞去满野田。
翼如轰雷齿如锯，百方逐之不肯去。忆昔种禾如种珠，胼胝那惜发与肤。
谁知一旦遭蝥贼，千里赤地成须臾。不争地赤嗟徭役，里胥临门苦相逼。
室如悬磬已无余，只今留得犁与锄。不惜老身填沟壑，眼前儿女将何如。
吾闻老翁言未毕，戚戚心中如有失。自惭肉食皆民脂，民间愁苦须相惜。
吾将图绘叩天阍，为请蠲诏施宽恩。老翁老翁泣且止，归家语汝妇与子。

这是沁水历代诗文中最有现实意义的一首长诗，如实记载了明代万历年间沁水遭受的一次蝗灾。沁水历史上常常发生一些非常之灾，而且灾荒发生时总是水旱相继，使沁水百姓不知所措，遭受巨大灾难。沁水旧志对这次蝗灾没有记载，据雍正《泽州府志》记："（万历）四十五年（1617）夏，阳城旱蝗，蝗头翅尽赤，翳日遮天。"邻近阳城的沁水，自然难以幸免。蝗灾之后，窦庄张铨正好返乡，听说了家乡父老的诉说，遂作长诗《飞蝗叹》。此次蝗灾，同样是灾不单行，水旱相继，又生蝗灾，雪上加霜，再加灾后官府赋税不减，百姓真是苦不堪言。张铨对苦难百姓的拳拳之心，跃然见于《飞蝗叹》之字里行间。

张铨不仅忠烈全身，而且很有才气，政事之余，勤奋著述，曾有《张忠烈公奏疏》、《张忠烈公存集》、《南巡审词》、《胜游草》、《鉴古录》（或称《慕古录》）、《皇明国史纪闻》诸作传世，多写军国政事、民生苦难、爱国情感，纪实性较强。清朝立国，禁毁不少富有汉人爱明情结之作，张铨著作自然难以幸免，列入禁毁书目，故多有佚失，仅有52卷《张忠烈公存集》与12卷《皇明国史纪闻》传世，皆属海内孤本，善本古籍，非常珍贵。

（3）关于张道濬

张五典长孙、张铨长子张道濬，也是个奇才，其人格品德、文武韬略、才智文章皆不在其祖乃父之下，传入《明史》。张五典同年乔应甲为张五典撰《明故太子太保兵部尚书海虹张公配夫人李氏窦氏淑人李氏合葬墓志铭》，记张五典长孙张道濬时称曰："即司隶公道濬，以忠烈公荫锦衣卫，历升南堂指挥使。有文武略，事业未可量云。"

张道濬生于万历二十二年（1594），此时其祖张五典四十一岁，初入仕官场，官行人司行人；其父张铨十七岁，三年后的万历二十五年（1597）中举人，万历三十二年（1604）又中进士，任御史十余年。张道濬应当得到父师的精心培养，受到很好的家庭教育。按照他的家庭教育和聪明才智，踵步父祖芳迹，完全可以顺利通过科举，进入官场，出将入相，前途是未可量的。

没想到，张道濬还未取得科名，其父死于辽东战事，遂投笔从戎。据前录光绪《沁水县志·人物·忠烈张公传》，张铨殉国"辛酉年（天启元年，1621）三月二十日"，张道濬时年二十五岁，以忠臣之后得朝廷恩荫，"世袭锦衣卫指挥佥事"。清谈迁《都督同知张公传》记：

> 沁水张氏武爵，始都督公道濬。先再世进士，五典南京大理卿，铨御史监军辽东殉节。公荫锦衣卫指挥佥事，弃诸生从戎，慨然有请缨之志。少司寇邓文洁壮之，携见经略熊廷弼曰："丈夫会独身取单于耳。"经略曰："公子痛父委骨异域，度终于埋碧，第如昔人滇南恸哭可也。"公泣受命还，招魂而葬。进长矛千之，除南镇抚司佥事。未拜，迁指挥使。

张道濬在朝廷，以忠臣子见重，屡加升迁，至指挥使都督同知。天启帝巡幸太学，曾亲赐其飞鱼服，这对张道濬而言是很大的荣耀。其有军事政治才干，文章也写得很有才气，本应前程辉煌，却因与魏忠贤阉党余孽相善，为士林所不齿。故而魏阉垮台后，张道濬遂被贬官戍守雁门关，再贬海宁卫，终解官归乡。

《明史·张铨传》附录张道濬传云：

> 道濬既官锦衣，以忠臣子见重，屡加都指挥佥事，佥书卫所。顾与阉党杨维垣等相善，而受王永光指，攻钱龙锡、成基命等，为公论所不予。寻以纳贿事败，戍雁门。

光绪《沁水县志·选举·世爵》记：

> 张道濬，铨子。任锦衣卫指挥佥事，升南镇抚司佥事指挥同知，掌印。上幸太学，赐飞鱼服，升指挥使都督同知。按旧志：

崇祯间，沁城失守，道濬率家丁往援。捐赀筑城，招集流散，公固大有造于沁也！及观窦庄守城条约，纪律精严，其所表见固不虚。而乃再起复蹶，不得展其才略。惜哉！

光绪《沁水县志·人物·卓行》记：

> 张道濬，字深之。祖五典，父铨，以按辽殉难，谥忠烈，荫一子锦衣卫佥事，世袭。道濬承荫升指挥使，在升都督同知，赐蟒服，陈奏皆中时弊，因忤，时出戍雁门，适流寇煽祸，从总镇筹画得宜，按台乃以离伍冒功参揭，复调戍海宁。壬午（崇祯十六年，1643）放归田里，王庭为作传。

王庭为张道濬所作的传记未见，现存三部《沁水县志》皆未收其传记，仅以小传处理，内容不出《明史》。

崇祯三年（1630），张道濬在雁门戍所，适遇陕西农民军王嘉印部渡河而东，攻占山西河曲，以为据点。官兵围攻数月，逾年食尽，王嘉印部溃围南下，历并、汾、潞、泽，进入沁河流域，进犯沁水。

崇祯四年（1631）六月初，王嘉印部一攻窦庄城堡，久攻不下，遂退兵。六月底，王嘉印部再次攻打窦庄城堡，仍无功而退。陕西农民军二打窦庄城皆败北，全仗张道濬之母霍夫人率领村民坚守，始保窦庄平安。时张道濬尚在雁门，张道濬《从戎始末》记：

> 迨余得罪时论，谪戍雁门，家慈寄言："尔能守祖父之义，虽死无愧。幸而生遣，当即驰往，毋抵家。"余尊奉趋戍，时四年七月初三日也。

张道濬返回窦庄，接替慈母，立即积极筹划守城。张道濬《从戎始末》记：其间，张道濬曾受山西抚台宋瀛海统殷之邀，率领窦庄自家的家勇乡兵，前往临汾。"时抚台驻平阳，引余画赞，属造佛郎机。"并与陕西农民军战于临县，又返沁水，与陕西农民军战于端氏镇。

崇祯五年（1632）王嘉印死后，王自用推为首领，号紫金梁，陕西农民军分设三十六营。八月十五日，王自用联合八金刚等部三万余人三打窦庄。张道濬的《从戎始末》记载了此次战况：

> 盖贼自入晋，所至摧陷，以王佳印昔挫于豆庄，恐非精勇莫胜。紫金梁因亲率所部，及贼中推枭勇者：老回回、八金刚等共于八月十五日合围豆庄。自寅至申，百计环攻。余督家丁及亲族子弟多方御之，矢石所及，血肉狼藉，而贼无为矣，乃火余堡外房，凡四处，烈焰蔽天。余戒在堡人皆若罔知，且谈笑语之曰："汝烬我房，不即去行烬汝矣。"
>
> 贼首紫金梁询知为余，不觉直前屈膝曰："某即紫金梁也，愿得一语。"余许之，因曰："某原名王自用，自幼出家学道。误从王佳印，遂至此耳。"余曰："尔既知从贼为误，尔何不早投降？乃披猖如是？"对曰："某此来原是投降也。"余曰："尔既来投降，如何攻我城，又烧我城？"对曰："某至少后，此皆前拨小厮们妄做。当即收营。"

事后，张道濬曾将王自用欲降官兵事上报当局，当局不听。《从戎始末》对此事记载较为详细，兹录光绪《沁水县志·祥异·兵燹》所记：

> （崇祯）五年（1632）七月，山西巡抚宋统殷击贼于长子，贼奔沁水。庚辰贼首紫金梁、老回回、八金刚以三万众围窦庄。时张道濬家居，率其族御之。贼多死，闻秦师且至，惧欲乞抚。紫金梁呼于壁下，道濬登埤见之。紫金梁免胄前曰："我王自用也，向误从王嘉印，故至此。此来乞降耳。"俄老回回亦至，道濬谕之曰："急迁所俘，散若众徒，吾为请于抚军，贷尔死。"

贼乃还所掠，拔营而西入阳城界。道瀋以贼情告统殷曰："贼狡未可信。"因遣使往觇贼，请贼咸就约，惟八大王、闯塌天五营不受。紫金梁归疑未决，诸军乘贼不备，轻骑袭贼营，贼怒，南犯济源，陷温县。

陕西农民军三打窦庄城受挫，欲降官兵而受招安，这是否是一次历史性机遇？如果当局接受张道瀋之策，招安陕西农民军，明朝历史是否就会重写，中国明朝以后的历史，是否就会是另外一番风云。因为作为陕西农民军后期领袖的高迎祥时称"闯王"、李自成时称"闯将"等，此时还未坐大，隶属王自用三十六营之一部。可惜当局不听张道瀋之策，坐失这一历史性机遇，遂使"贼怒，南犯济源，陷温县"，日益发展壮大，最终灭亡了大明王朝，致使清朝入主中原。

有一问题很值得思考：陕西农民军进入沁河流域后，曾连克沁水、阳城、泽州等州县，所经过之乡镇，无不一片狼烟。陕西农民军以三万之众，何以打不下小小窦庄之弹丸之地？其原因很多，兹做简要分析：

早在张五典修筑窦庄城堡之时，已经考虑到窦庄可能遭受兵祸。故而对窦庄城堡的修筑，重在军事攻防，使之易守难攻。

崇祯四年（1631），陕西农民军二次攻打窦庄城败北而去，全仗霍夫人为主心骨，使窦庄男女万众一心，众志成城，决一死战，使陕西农民军败北而去。

崇祯五年（1632），张道瀋因得家书自雁门返回窦庄，随即做好了防备陕西农民军再次攻打窦庄城的防务，致使陕西农民军三万余人三打窦庄城，依然无果。事后，张道瀋更戍海宁卫，应有关方面之请，补作《窦庄城守规则》道曰："余谪武原（今浙江海盐县境），热心灰冷，已谢绝人世间事。偶沈何山年祖询《从戎始末》，不得已，略节次之。兹值寇虏乘动，忧切朝廷，复促余以丁勇勤王，且采固围葑菳。夫余再螫矣，惟延此视息，侥幸照覆，尚图慈母一见。贼虽雠不共戴，谁容殄灭？乃以首领供刀俎耶？止附录敝乡《城守规则》，仰答明问。大而化之，存乎其人。"

此时，明军与陕西农民军正激烈鏖战，大概朝廷正需要张道濬挫败陕西农民军三打窦庄城之经验，张道濬遂作《窦庄城守规则》，此乃奇文，不妨共作欣赏：

约

张道濬曰：城守不与阵战同，要诀一"静"而已。贼未至及贼已至，俱不可张皇，只如无事应之，自不手忙脚乱，人心安闲，余力制贼，夫何难办？

专任

一、号令、指麾出于一，则众定，禀承无纷更之扰。一人，尺有所短，不妨集议参商。断不得多言多指，以乱视听。

首事：都督张道濬。

远哨

一、四路俱置号炮，遇贼入境，挨次放炮，顷刻周到，收人畜寨堡。

一、遣人侦探，定在百里外。分五拨，每拨二十里，遇警递传，倒卷而还。无事，则取彼处结状回话。

使器

一、城四门，设守门长、副各一人。统领精勇、夫役三十人，司启闭。无字号、腰牌及非本境熟识者，不许出入。贼至，则一，惟腰牌是验。

东门长：州同张报韩。副：监生张国瑛。西门长：监生张鉁。副：贡生张道澄。南门长：举人李异品。副：生员窦弘烈。北门长：官生刘衢。副：生员张铮。

一、城内中心，设镇守一人，四副之，巡逻。各统领精勇、夫役二十人，不时往来，以防哗乱。

镇守：知县张五服。巡逻：守备霍名耀，守备窦明运，镇抚窦管，材官张正宗。

一、城四门楼上，设镇守各一人，巡视各二人。不时查验守垛夫役。仍带领好弓弩手十人，遇贼攻城，往来策应。

东门一面镇守：知县刘用宽。巡视：都司张道法，监生张国瑞。西门一面镇守：主事张道泽。巡视：都司窦明道，官生张道济。南门一面镇守：训导窦如乩。巡视：游击张瓒，举人窦复偃。北门一面镇守：镇抚张鸿渐。巡视：舍人韩仰极，生员张铃。

一、城号角台上，设提调各一人，指麾捍御。

大东北角提调：生员张宸。小东北角提调：生员窦铉。小东南角提调：生员张一鳳。大东南角提调：生员窦云章。大西南角提调：生员张正中。小西南角提调：生员张国佩。小西北角提调：生员王政新。大西北角提调：生员张德榮。

一、火药，设总理一人，造办给散。总理：监生张理。

一、火炮兵器，设总理二人，收发，查验。总理：监生张佐韩，总理监生张铪。

具备

一、城四门，离地四五尺及人胸背间，穿四孔，以铁叶围裹。上孔小以观望，下孔安佛郎机二位，炮手六人，可远及里许，贼不敢迫。若有瓮城横门，更可护城。此人所未究者。

一、城垛女墙，高七尺。过人头而及肩处，留孔观望。拦马止及膝，以便折腰下御。若八字垒砌，不用齐直，空虚低墙，仅可掩足。矢石向外，惟我所便；矢石向内，我在墙后。彼焉用之？此人所未究者。凡城墙广厚，当速图之。

一、城四门楼上，设大炮各二位，炮手四人，三眼铳、弓弩、灰石十人。

一、城角大台上，设仿西制炮一位，炮手四人；小台上，设佛郎机二位，炮手六人。

一、城上，每一号十垛，第一垛弓弩一人，第二垛三眼铳二人，第三垛灰石兼钩镰、刀斧一人，四五六垛如之，七八九垛亦如之，第十垛佛郎机一位，炮手三人，空二人备水及杂使用。若城广人众，加炮倍役，更好。

一、每垛一灯，夜分三班，轮流点火。用细长绳，直缒城下，离地约七八尺，以便下照，使我见贼，贼不见我。近有用于城头者，惧矣。

一、每垛，立一草把，用杂色布绢蒙之，以惑贼。

一、每垛，遮箭板一块，长二尺五寸，上阔下窄，头锐底方，后用木鼻把握，轻便适用。每见用四五尺长，殊累人害事。

一、每垛，横设檑木一二块。各门照常打更，每一更毕，巡视一回。犯者治。

一、贼临城下，炮铳、矢石，听巡视指发，不许轻用。犯者治。

一、贼临城下，如遇答话，听巡视相机，城守人不许妄应。犯者治。

一、贼临城下，城中或不戒于火，及谣言蛊惑者，听巡逻策应，守城人俱不许惊惶，反顾。犯者治。

一、贼所攻之处，本面巡视策应，他处不许妄动。犯者治。

一、与贼角，或有中伤，听号长处置，不许倡扰。犯者治。

一、贼临城下，城内人夜间不许大张灯火。犯者治。

一、贼临城下，城内人不许任便往来及喧号、啼笑，犯者治。

养锐

一、贼将近，城守人，每号分三班，昼则轮流瞭望，夜则轮流歇息；及贼临城下，亦分两班。惟至贼攻城时，方尽数起立。巡视往来，亦不许惊动。

清奸

一、城内，每巷，不论缙绅、士民，但为众所推服者，即署为长。制籖一枝，上书："某巷长某系何项人。"投首事处，总贮一筒。

一、巷内，不论大小人家，各制一籤，上书："一户某人、作何生理、家下男几丁某某、妇女几口某某。又寓居亲戚几名口，何处何项人。"投巷长处，总贮一筒。

一、巷长，每日掣查本巷花户，如有多寡不一，姓名不符者，即报究来历。迟慢容隐，事发同治。

一、首事收巷长各籤，不时掣出，即付巡逻。至巷长处，任掣所贮花户两三籤，亲到其家，查有无窝藏，有则报究。

一、巷长统率巷人，于本巷两头，造立栅栏，夜闭早启。每日夜轮流看守，遇传报公事，亦必验实，方许放行。

一、巷内花户，人备器械一件。凡遇盗窃，鸣锣擒挐。坐视者，以故纵论。

信赏

一、生擒贼一名者，赏银十两；斩贼首一级者，赏银三两。

一、炮铳、矢石中贼者，赏银一两。

一、首奸细一名者，赏银二十两；妄首者，反坐。

一、夺获贼马骡、什物者，即赏本人。

一、举谣言惑众者，赏银二两。

用奇

一、贼屯城外，夜以炸炮、火箭乱其营。令彼惊疲。如贼稍远，则遣惯爬墙走壁者数人，绖出行之。贼自不能持久。若有兵马，则当行"挑诱追击法"。

设伏

一、相贼必繇之路，挑坑堑覆土，左右参错，以陷之。地雷、转车等炮，更妙。而未用也。

急邻

一、贼到左近村落，出精勇，多建旗帜，锣鼓铳炮，前据胜，以张声援。若有兵马，则当阵战。

张道濬窦庄保卫战，简直是一场"全民皆兵的人民战争"。《窦庄城守规则》传达出很多信息，兹举二题。

其一，窦庄城堡原本只有四门，并非后世传说的窦庄犹如北京，设有九门。九门是古代帝王京都最高规格，各地州县城门从来不敢逾越。

其二，窦庄所用的守城武器，除常规冷兵器之外，尚有仿西制炮、佛郎机炮等近代火炮枪铳等。

非常令人惊异，窦庄所用的这些近代火炮枪铳，从何而来？这些近代火炮枪铳，都是张道濬受大明王朝，诏令，在窦庄亲自监造的。

　　天启五年（1625）八月十五日，张道濬上《再请复仇疏》奏曰："臣业已告竣，交算军器，迤至右屯矣。"吏部疏曰："奉圣旨：张道濬心怀痛父，志切忠君。军器既已造完，另当擢用，以需后效。该部知道。"天启五年（1625）十一月□□日，张道濬又上《督冶复命疏》奏曰："该臣于天启四年（1624）二月内，督师督臣以榆关军器缺乏疏，请臣就臣乡铁炭近便，开局打造。"又："共造过大佛朗机炮二千零三十三位，追锋炮一十六位，子炮一万零二百四十五位，百子炮一百八十二位，三眼枪一万零二百一十四杆，腰刀七千五百一十一口，灭虏炮二位。"阁部疏曰："奉圣旨：张铨仗节死难，朝廷自有公评。张道濬领银造器，销算不清，部覆久稽，必已灼见情弊，如何辄生怨望？着革任回籍。该部知道。"天启五年（1625）十月□□日少师兼太子太师兵部尚书建极殿大学士孙承宗亦上《枢辅销算疏》奏曰："该臣于天启四年（1624）正月具题，以锦衣卫指挥同知张道濬领工料银两，于本籍地方就铁就煤，造办军器。"又："共造过大佛郎机二千零三十三位，追锋一十六位，子炮一万零二百四十五位，百子炮一百八十二位，三眼枪一万零二百一十四杆，腰刀七千五百一十一口，灭虏炮二位。"又："先是，车营缺少军器，造办惟艰，该卫臣力为肩承，应手造

办，业已报竣。据道臣备核其运交，各器料充，工到，种种精
坚，且比部造、关造之例节省金钱，奚啻万计？彰彰明效，属人
耳目。”

张道濬于天启元年（1621）其父张铨殉国辽东之年，以忠臣之后而得
朝廷恩荫，世袭锦衣卫指挥金事。天启四年（1624）二月，张道濬以锦衣
卫指挥同知之职，领诏督造军器。不足二年时间，遂于天启五年（1625）
十一月完成朝廷使命。

值得关注的是，张道濬是在“就臣乡铁炭近便，开局打造”，“本籍
地方就铁就煤，造办军器”的。即张道濬是在家乡窦庄为朝廷督造仿西制
炮、佛郎机炮等近代火炮枪铳的。

佛郎机亦属仿西制炮，又称佛郎机炮，是15世纪后期至16世纪初期流
行于欧洲的一种火炮，明代嘉靖年间由葡萄牙人传入中国。明代称葡萄牙
为佛郎机，所以就将此炮命名为佛郎机炮。

明朝嘉靖二十四年（1545）始造佛郎
机铜炮，这是中国仿制西洋炮的开端

便携式佛郎机炮

沁河流域煤炭资源丰富，冶炼业发达，且历史悠久，技术精湛，朝廷
才令张道濬在窦庄或窦庄所在的沁河流域，督造仿西制炮、佛郎机炮等火
炮枪铳的。大概张道濬在完成朝廷所需要的仿西制炮、佛郎机等火炮枪铳
之时，多造了一些军器，以备后用。到了崇祯年，陕西农民军进入沁河流
域攻打窦庄，这些仿西制炮、佛郎机炮等火炮枪铳遂派上了用场，致使陕

西农民军三打窦庄城，依然无法撼动窦庄城。

　　如今，张道濬为朝廷督造仿西制炮、佛郎机炮旧址已经难以寻觅。或许当时张道濬是在保密状态下在窦庄为朝廷督造仿西制炮、佛郎机炮的。故而，今日的窦庄村民，均不知当年守城所用的仿西制炮、佛郎机炮是张道濬在窦庄督造的，更不知明朝末年窦庄还有一个"兵工厂"。

　　据窦庄村民介绍，窦庄古城堡曾有庙宇十余处，计有大庙、烈公庙、佛庙、财神庙、北庙、文庙、观音庙、阎王庙、霸王庙、黑虎庙、五道寺，以及火星庙等，如今尚存佛庙、财神庙、观音堂等庙宇。

　　其中的火星庙，又称火神庙，各地均有设置。山东泰州火星庙崇祀祝

山东泰州火星庙

山西霍州火星庙

融，山西霍州火星庙则祭祀火星圣母。

　　据明嘉靖三十七年（1558）《霍州志》记载，霍州火星庙始建于明成化三年（1467），每年正月二十七举办祭祀活动。传说在明成化年间，霍县李诠庄打麦场失火，该村荀姓人家中一位十余岁的女孩在火中救出几个小孩，自己却被烈火烧死。霍县百姓为纪念这位女孩，尊其为火星圣母，为其修建火星庙，世代祭祀。

火德星君祝融

不知窦庄火星庙祭祀哪位火神。中国古代火神较为复杂，早期的火神并不固定，如燧人氏、炎帝、祝融、阏伯、回禄等，都曾被记载为火神。汉代以后，祝融作为火神才被逐渐固定下来。相传祝融是颛顼氏的后代，名重黎，也叫吴回，官居火正，能够光被天下，帝喾乃命曰"祝融"，死后成为火神。道教兴起之后，又将火神吸收进自己的谱系，称为"火德星君"。

窦庄火星庙在今窦庄村东南方位，位于原窦庄东南城墙之外的旷野，如今已经荡然无存，有村民在火星庙旧址新建了民居。据传，每年正月初七，窦庄火星庙起庙会，沁水全县铁炉匠、冶炼业乃至高平、晋城、阳城等地的铁炉匠、冶炼业，都要来窦庄火星庙为其祖师火星神举办祭祀活动。以此推断，窦庄火星庙可能祭祀祝融，因为祝融被铁炉匠、冶炼业尊为行业祖师。窦庄火星庙也可能祭祀太上老君，太上老君在《西游记》中以用八卦炉炼丹，也被铁炉匠、冶炼业尊为行业祖师。

那么，张道濬在窦庄为朝廷督造仿西制炮、佛郎机炮之旧址，是否就在窦庄火星庙中呢？因为窦庄火星庙，直到20世纪六七十年代，还在生产火药，而火药正是仿西制炮、佛郎机炮所必用的燃料。窦庄火星庙至晚是在张道濬在窦庄为朝廷督造仿西制炮、佛郎机炮之时的明朝末年就开始生产火药。

这是一个重要发现，张道濬竟然还是一位兵器专家，直到崇祯四年（1631），张道濬自戎所雁门返回沁水，与陕西农民军激战。山西抚台宋统殷还招张道濬为其制造佛郎机炮。张道濬《从戎始末》记："时抚台驻平阳，引余画赞，属造佛郎机。"同时，早在明代天启年间，窦庄就有一座兵工厂，为朝廷制造了仿西制炮、佛郎机炮等军器。而且，早在明代天启年间，窦庄就可以生产火药。这进一步说明窦庄文化的丰富性，其对古代沁河流域冶炼文化的研究及对古代军器历史文化的研究，都有着深远的政治军事意义。

张道濬用于窦庄守城的仿西制炮、佛郎机炮等火炮枪铳，一直保存到20世纪50年代。今日窦庄凡六十岁以上老人，在20世纪50年代，都曾在村中佛庙内见到过这些仿西制炮、佛郎机炮及铁砂弹。抗日战争时期，可能是在中条山战役之后，国民党军队的一些散兵曾多次骚扰窦庄，窦庄村民还用设置在城堡上的仿西制炮、佛郎机炮守城。直到1958年"大跃进"，这些窦庄自家祖先制造的自明代流传下来的珍贵文物，都被当做废铜烂铁，大炼了钢铁。

挫败陕西农民军三打窦庄城后，张道濬又率领其家勇乡兵在沁河流域的沁水、端氏、阳城等地，并且前往临汾、临县以及河南等地，与陕西农民军频繁激战。张道濬《从戎始末》记曰：

> 轻骑从戎，然又念之："余方忤时，倘有不效，罪复加罪，何谢人言？"故凡丁勇、马匹、器械、米粮，一切自办，以图一当。

此时的张氏家族，真是富庶有钱。张道濬不仅养着一支家勇乡兵之军队，又出资修复沁水县治城墙，捐资修建义冢等，并继承其祖乃父遗风，劝说并且"余少资助"沁河流域各村百姓筑堡自守。张道濬还写了《兵燹琐记》、《从戎始末》诸文，保存了明末沁水遭受战火的历史真相等等。张道濬在平息战乱、保护百姓等方面，有功于朝廷，有功于沁河流域。

就是这样一位为沁水做过许多好事的风云人物，沁水县阖县乡官，以及原任巡抚湖广右副都御史孙鼎相，原任山东青州府知府韩胤仁，原任陕西镇安县知县刘用宽，举人孙如玉、王廷瓒、王文仕、王同春、张贺、窦复俨、李异品、高显光，宫生刘衢，贡生窦如干、丁继统候选，同知张报韩，监生张佐、韩景、星晟、尚宁一、张国瑛、张珵、孙如璧、韩瑁、张国瑞等，沁水县阖学廪善生员王廷玺等，增广生员窦如玉等，附学生员王道生等；以及沁水县阖县小民窦复初等，沁水县在城生员王道昌等，曾经先后三次向朝廷上疏《沁水乡绅士民为张道濬请功免罪公揭呈状》等，为张道濬请功，请求免其罪，留任沁水以保民。但朝廷清议者仍然不顾众议民心，终将张道濬再次流放于海宁卫（今属浙江）。

《明史·忠义传·张铨附张道濬》记曰：张道濬入朝为官后，朝廷清议者"顾与阉党杨维垣等相善，而受王永光指，攻钱龙锡、成基命等，为公论所不予。寻以纳赂事败，戍雁门"。之后张道濬有功于平息沁水、阳城战乱，朝廷清议者仍然以为"道濬收散亡，捕贼众，倾家困以饷。副使王肇生列状上道濬。道濬故得罪清议（东林党），冀用军功自湔祓，而言者劾其离伍冒功。巡按御史冯明玠覆劾，谓沁城既失，不可言功，乃更戍海宁卫"。张道濬是因为得罪了东林党才落下如此结局的。然而雍正《泽州府志·孙鼎相传》后附有泽州籍东林党人遭受魏忠贤阉党迫害者名录，其中也有张道濬之名。因此我们无法判定张道濬究竟属东林党人，还是属与阉党相善之人。大约张道濬当时就处在两个官僚集团之间而两头遭受攻击的处境，方才落得如此下场的。

张道濬是古代沁水一位风云人物，生于万历二十二年（1594），天启元年（1621）入仕。天启年（1621—1627）流放雁门卫，至晚在崇祯六年（1633）更戍海宁卫。清谈迁《都督同知张公传》记：

> 公遇事风生，好言大计，故于人多隙。初善梁大大司马廷栋，俄触讳，以葛给事□□纠公，及御史袁弘勋并下司寇。弘勋好赂株公，戍代州。
>
> 明年沁水陷，兵垣以公离伍，更戍海宁卫。遂放浪山水。所好稗说小令，兴至濡笔。而请缨之志不少挫云。
>
> 张公南徙与余善，面属余作传。壬午（崇祯十五年，1642）冬还沁水，甲申（崇祯十七年，1644）驱于秦寇，授延安守。明年正月，杀于北兵。

曾任山西布政使的泽州人苗胙土《锦衣卫加都督同知深之张公墓志铭》也记张道濬：

> 辛未（崇祯四年，1631），以证参谴，戍镇西卫。癸酉

（崇祯六年，1633），以离伍改戍海宁。壬午（崇祯十五年，1642），还里。甲申（崇祯十七年，1644），以伪召，迁陕西，竟罹于难。

乙酉（顺治三年，1645）正月，都督子玄张公殒于延安。四月，灵辀归于故里，余往哭之恸。越岁丙戌（顺治三年，1646），诸工子持状来属余为铭，余读状，竟不禁泪涔涔下。

张道濬的遗骸最终魂归故里，顺治三年下葬，但不知葬在何处，窦庄至今未能找到张道濬坟墓，也未见苗胙土为其所作墓志铭碑刻。可能的原因是，张道濬为抗清而死，清代文网缜密，张氏后人为避祸，不起坟墓，不立墓碑，致使一代英魂到底不知魂栖何处。

直到崇祯十五年（1642）冬，张道濬才从戍所海宁卫放还沁水，时年四十八岁。张道濬本"有文武略，事业未可量云"，一生做官二十一年，就有十二年被流放，年华虚度，难有作为，诚为可惜。

据谈迁、苗胙土等文得知，崇祯十七年（1644）初，崇祯皇帝始授张道濬延安太守。此年三月，李自成陕西农民军攻入北京，崇祯皇帝煤山自尽，明朝灭亡。谈迁《都督同知张公传》记张道濬："明年正月，杀于北兵。"张道濬在生命最后，不幸被清军杀害，战死于抗击清军的沙场，时年五十一岁，正直英年。张道濬之父张铨殉国时四十四岁，也是被清军杀害。父子二人皆死于忠烈，诚可敬可惜也。

《明史·张铨传》附录张道濬传仅记"寻以纳赇事败，戍雁门"至"巡按御史冯明玠覆劾，谓沁城既失，不可言功，乃更戍海宁卫"了事，"更戍海宁卫"以后事迹不记。光绪《沁水县志·人物·卓行》记至张道濬"按台乃以离伍冒功参揭，复调戍海宁，壬午（崇祯十五年，1642）放归田里"，以后事迹仍不记。若按上述二记评价张道濬，张道濬不过是一个"纳赇事败""冒功参揭"的贪官，实在有损于窦庄张氏家风，有损于其父忠烈公张铨颜面。参见谈迁与苗胙土之文所记，张道濬遂从一个贪官变成一位死于抗清沙场的忠烈之士。

文章写到这里，笔者突然醒悟。《明史·忠义传·张铨附张道濬》记张道濬一生传记，记至"按御史冯明玠覆劾，谓沁城既失，不可言功，乃更戍海宁卫"而收笔，未再交代张道濬"放还沁水，授延安守，杀于北兵"诸事。《明史》对张道濬的评价，使读者以为，张道濬与阉党相善，排斥东林党，为士林所不齿，才再戍海宁卫。再读谈迁与苗胙土之文，方悟《明史》不记张道濬"放还沁水，授延安守，杀于北兵"诸事，是故意隐其美，是"春秋笔法"，又特意将张道濬列入《明史·忠义传》，其褒贬自见。《明史》的编撰者对张道濬的评价，真是煞费苦心了。即使谈迁所作《都督同知张公传》，用字也很谨慎，记张道濬"杀于北兵"，意即被"北兵"所杀，即死于"北兵"。"北兵"者，即指清军，张道濬死于抗清大业。苗胙土《锦衣卫加都督同知深之张公墓志铭》用字更是小心，称崇祯皇帝为"伪召"，亦为避祸之用。

谈迁（1594—1657），浙江海宁（今浙江海宁西南）人，明末清初史学家，一代名儒。原名以训，字仲木，号射父。明亡后改名迁，字孺木，号观若，自称"江左遗民"。终生不仕，以佣书、幕僚为生。喜好博综，子史百家无不致力，对明代史事尤其关注，著有《国榷》一书。天启元年（1621），谈迁母亲亡故，谈迁守丧在家，读了不少明代史书，觉得其中错漏甚多，立志编写一部翔实可信、符合明代历史事实的《明史》。在此后的二十六年中，用五年之功而完成《国榷》初稿。再不断改订，六易其稿，遂成104卷400多万字的巨著《国榷》。岂料书稿在顺治四年（1647）即将付印前被盗。谈迁没有放弃，重新撰写，再经四年努力，终于顺治十年（1653）完成新稿。张道濬更戍海宁卫期间，正好谈迁守丧在家，二人结为好友。谈迁不负"张公南徙与余善，面属余作传"之托，在张道濬死难之后，为作《都督同知张公传》，并为张道濬一生留下最为忠烈的一笔，使张道濬如父张铨一样"死于忠烈"，也是一位可歌可泣、不可忘怀的抗清志士、爱国将领。光绪《沁水县志·选举·世爵》因记：

张道濬，铨子。任锦衣卫指挥金事，升南镇抚司金事指挥同知，掌印。上幸太学，赐飞鱼服，升指挥使都督同知。按旧志：
崇祯间，沁城失守，道濬率家丁往援。捐赀筑城，招集流散，公
固大有造于沁也！及观窦庄守城条约，纪律精严，其所表见固不
虚。而乃再起复蹶，不得展其才略。惜哉！

张道濬虽二度被流放，意志并未消沉。戍守雁门卫，他参加了抵御陕
西农民军、平息社会动乱之业。更戍海宁卫，"遂放浪山水，所好稗说小
令，兴至濡笔，而请缨之志不少挫云"。

张道濬著述非常勤奋，是古代沁水著述及存世著作最为丰富的一位著
作家，光绪《沁水县志·艺文》载有其《丹坪内外集》、《从戎始末》、
《兵燹琐记》、《奏草焚余》。《谈迁诗文集》中有《张都督文集序》、
《张都督奏议序》、《张都督赋序》等。

张道濬现存著作有《张深之先生正北西厢记》，系流放海宁卫时
所著，收录于《古本戏曲丛刊初集》。又有《张司隶初集》五十二卷存
世，属善本古籍，海内孤本，非常珍贵。卷目如下：《泽畔行吟》十
卷，《泽畔行吟续》九卷，《泽畔行吟再续》八卷，《奏章焚余》一
卷，《古测》一卷，《祀谋》一卷，《奚囊剩草》十卷，《雪广笔役》
六卷，《不可不传》三卷，《侦宣镇记》一卷，《兵燹琐记》一卷，
《窦庄城守规则》一卷等，计十二种。尚有《从戎始末》一卷存世，未
入《张司隶初集》。

更戍海宁卫之明年，即崇祯七年（1634），张道濬不甘寂寞，继
承其祖父张五典遗志，为其祖父张五典所编万历《沁水县志》补写了续
志，即崇祯《沁水县志》，惜未传世。张五典于万历甲辰（三十二年，
1604）完成《沁水县志》的编撰，张道濬崇祯《沁水县志》序曰："邑旧
有志，修于先宫保。越三十年，予又重辑。""越三十年"后即崇祯七年
（1634）。

海宁卫地处江浙，文化兴盛，张道濬因此结识了许多名家。张道濬，
字深之，江浙文士敬称其"深老"，其实张道濬在海宁时仅四十多岁。江

浙文士敬称他为"深老",是敬重他的人格、学问。马权奇《叙张深之正北西厢》曰:

> 此深老爱惜古人也。深老今日者,得晞发踏歌于湖海间,又得远收太原薄田租,以脱粟饭客。老自苦风,无天涯沦落之感。呼门人鼓筝,侍儿酌酒,以得成此书者,非天子浩荡恩乎?闻深老着左右射擎此书时,自不宜醉卧于紫箫红友之间,骚客伶倌之队。当张侯苏公堤上,与虎头健儿戟射焉,图所以报天子尔。

《张深之正北西厢》所录正戏之前,录有三十二位《参订词友》名单,其中不乏诸如姚士粦、孟称舜、沈自征、谈以训、陈洪绶以及马权奇等江浙名流,还有泽州孔文纡、庞还初、赵嗣美、宗兄京,绛州韩霖,蒲州王溯元,襄陵高晫,阳城贾之鹏,以及沁水王廷玺等乡党。其中的江浙名流,是张道濬流放海宁卫期间结识的文友。

张深之先生正北西厢秘本

《张深之先生正北西厢秘本》中双文(莺莺)像

张道潽流放海宁卫，放浪山水之余，好读小说戏曲。读书之际，多有感悟，顺手评点，竟然成就了一部《张深之正北西厢记》。《北西厢记》即元代王实甫所著《西厢记》，因用北曲演唱，故称《北西厢记》。《西厢记》是元杂剧权威代表作之一，是我国文学宝库中的名著，后世影响极大。明清以来，包括李日华《南西厢》在内，校刻、批注、改编的版本多达100余种，研究学者遍及海内外，成为专门的西厢学。《张深之正北西厢秘本》全名《张深之先生正北西厢秘本》，简称"张深之本"。由马权奇撰序，陈洪绶插图，项南洲刊印，三位文士，皆为名流。正者，校正，即张道潽按自己的理解，对《西厢记》的字句曲谱，通过校正修讹的方式做出评价，属《西厢记》研究中的评点学。

《张深之正北西厢秘本》共五卷，用《西厢记》五本二十一（《西厢记》另有四本十六折本）折本，其最显著特点在于该书不以内容制胜，而在于著名画家陈洪绶（陈老莲）为《张深之正北西厢秘本》所配的《双文（莺莺）像》与《目成》、《解围》、《窥简》、《晾梦》和《报捷》等六幅题目插图，堪称是明清各种出像《西厢记》版本中的杰作。

绘图者陈洪绶（1598—1652），字章侯，号老莲，浙江诸暨人。工诗词，书法格高气雅，自创一体。善画山水、花鸟，以擅长人物画驰誉艺坛，与崔子忠齐名，号称"南陈北崔"。善与木刻家合作，创作出大量版画。曾为三种不同版本的《西厢记》画过插图，其中最为出色者即张深之本，主题鲜明，形象生动。由当时武林（杭州）著名刻工项南洲雕版，不仅忠实保留了原画笔意，还表现出特有的刀味，绘刻相得益彰，标志着我国17世纪版画艺术的极高水平。《张深之正北西厢秘本》原刻本传世极少，新中国成立初杭州发现了一部，今浙江省博物馆珍藏，为《古本戏曲丛刊》初集印影收录。

"有文武略，事业未可量"的一代奇才张道潽，一生报国无门，绝望之际，只好把一腔"请缨之志"，无奈地步着南宋志士辛弃疾的后尘，喝酒，评戏，无奈地"都将万字平戎策，换取东家（种树）评戏书"，聊以打发时日，借以了却一生，真是令人痛心之极。

张道濬一生，终于"驱于秦寇，授延安守。明年正月，杀于北兵"一事，这是他一生最为忠烈的一事。可惜，由于资料匮乏，作者对张道濬死于抗清之事，不甚了解其详情，需要到延安考察，需要检索相关文献资料，方有条件系统论述张道濬的忠烈，只好在此暂且按下，以待后论。

（4）关于窦明运

明末清初，窦庄出了两位将军，即张铨与窦明运，且为窦庄两大家族中人。窦庄之张氏家族出了张铨这样一位忠烈将军，彪炳青史，永垂不朽，为窦庄增辉无限。张铨是古代沁水历史上最值得后世纪念的一位忠烈之士。无独有偶，清朝初年，窦庄之窦氏家族，也出了一位青史留名的将军，即英烈将军窦明运。

窦明运，生于明神宗万历四十二年（1614），崇祯年间，陕西农民军攻打窦庄，窦明运曾参加过窦庄保卫战。崇祯十七年（1644），窦明运三十岁时，明朝灭亡。光绪《沁水县志·人物·英烈窦将军传》记曰：

> 窦明运，以游击从征粤海红旗贼，生擒东山伪总兵周琼飞、张权玺，斩西山伪总兵张易能、林志昂等群盗。以次平调剿罗定，连破二十寨，屡奏捷音。后以夜击贼营，师逼深沟，不能军，拔剑自刎。当转战时，贼中呼为"绿旗窦将军"。有传见后。

"伪总兵"指清军入关后在广东、广西坚持抗清斗争的南明永历政权的总兵将领。

清代顺治年间河南柘城窦克勤所撰《窦明运传》称：窦明运"窦明运，字更生，窦庄人。宋右领卫大将军始祖勋之裔孙也。少有大志，凤娴韬略"。不知窦明运这个"大志"是何大志？是报国大志还是济民大志？还是立功大志？要报何国？要济何民？要立何功？窦明运在辞别母亲时"谓：'承欢膝下，兄若弟责也；儿志在四方，愿立尺寸功，为显扬计。'母壮其志，励之忠，以成孝，遂拔策南下"。

顺治四年（1647），清王朝立国仅四年。福建的南明隆武政权，还在坚持抗清复明斗争。二年后，隆武政权灭亡，永历政权在广东肇庆继续坚持抗清复明，至康熙元年（永历十六年，1662），永历帝被杀，朱明始彻底灭亡。窦明运作为宋代皇亲国戚"右领卫大将军始祖勋之裔孙"，立志帮助从东北入主中原的清王朝荡平天下的反清势力，南下广东，参与了攻打西南地区坚持抗清的桂王朱由榔的永历政权，终于在顺治十六年（1659）的一次战事中战死。因其死时亦颇壮烈，清王朝"赠副总兵，谥英烈"，沁水窦庄便又出了一个英烈将军窦明运。

《沁水县志·人物·英烈窦将军传》记曰："将军自度寡不敌众，思尽忠致死，以酬素志，遂夜驰血战。师溃，北向再拜曰：'臣力竭矣。'"窦明运在临死之际，才醒悟人生孝为大，百善孝为先，遂回顾家童吴张曰："吾以忠成孝，在此一举。但母老子幼，归语尔五主，勿图功名，速携眷归故里，奉养老母，吾死无憾。"遂仰天自刎。

窦明运一心想"尽忠致死""以忠成孝"，落一个忠孝之名。不知何因，清朝廷并未给窦明运封个忠名，仅仅谥其"英烈。"大概清朝廷也以为，窦明运只是想追求功名，称不得忠义之士，因其死得确实英烈，便以"英烈"为谥。

古代沁水历史上有两位死于战事的将军，即张铨与窦明运，都是窦庄人。很有意思，张铨死于明末辽东抗清的战事，被俘后对明王朝忠心不二，自刎于狱中，非常忠烈，故谥忠烈公，清人也钦佩其忠贞而连呼"忠臣！忠臣"，并为其收尸厚葬。窦明运则死于清朝初年在广东攻打抗清将士的战事，在围城中，生还无望，然后仰天自尽，非常英烈。他想得个忠义死名，清人没有满足他，仅谥"英烈"将军。张铨与窦明运二位将军自尽的情形几乎相同，然而朝廷的谥号不同：忠烈与英烈，一字之别，相去远也。沁水县城建有祭祀忠烈公的昭忠祠，即使进入清朝，张铨仍然受到沁水官民的怀念与祭祀。相反，沁水没有因为清朝廷的赠谥给窦明运建祠，只是在县志中留下传记。而且作者窦克勤不是沁水人，仅仅是窦氏家族在河南柘城的分支子孙，他不想让这位窦氏将军英名湮没，方作传志之。

　　一个死于忠烈，一个死于英烈，二者区别何在？其实这是狭隘的民族主义思想在作怪。在当时人的眼中，窦明运身为汉人南下几千里为满族人建立的清政权效力，虽死得英烈，但若以汉人事清行为论之，算不得忠贞；而同为汉人的张铨赴辽东抗清，至死都不后悔，这种汉人为汉政权英勇而死的行为确属忠烈之举，故张铨之忠烈入《明史·忠义传》，窦明运之英烈却在《清史稿》没有一点踪影。在狭隘的民族主义思想主导下，张铨、窦明运两位将军的英勇行为有了不同定位。窦庄的两位将军，若九泉相遇，不知该又如何相对？

　　可以对照一件事。明代天启七年（1627）沁水举人张溃，"鹿路北里人，授山东县知县。"张溃任满之后，本可以循例升迁，正好遇上明朝灭亡。清王朝为稳定民心，对明朝旧臣几乎全部起用，张溃不甘为二朝臣子，拒仕乡居，其行为获得了一致称赞。故光绪《沁水县志》特为张溃气节按语云：

　　　　明季尽节效命之臣，不可胜纪，张溃特不为二臣耳，似可不志。然宠利难忘，名士亦多，不免如张溃之知亡知退，而不失其正，亦可愧夫为人臣而怀二心者矣？

按此评价，张铨与窦明运相比，尊卑自然分明。

4. 窦庄巾帼风采

　　窦庄是个很有意思的村庄，它之所以能够扬名天下，多半得益于几位巾帼女流，窦庄可谓有缘于女性。

　　首先是端氏窦氏女，被宋哲宗选入后宫，纳为妃子，封为肃穆夫人。肃穆夫人之父窦璘死后，宋哲宗亲赐墓地于端氏沁河西岸樧山的卧牛山下，窦氏子孙为先祖守墓，筑庐而居，由此形成了窦庄。所以没有端氏窦氏女封为肃穆夫人就没有窦庄，也不会有窦庄后来的昌盛繁荣，窦庄更不可能闻名天下。端氏窦氏女事，已见前文《三家分晋与古代端氏》，兹按下不论。

（1）关于霍夫人

真正使窦庄扬名天下的，得益于一位巾帼女流，即张铨之妻霍夫人，沁水东曲村（今沁水曲堤）霍氏之女。光绪《沁水县志·人物·列女·孝妇》记："霍氏，张忠烈公铨妻，家窦庄。先是铨父兵部尚书五典以流寇纵横，筑城甚坚。后贼犯窦庄，夫人仰承父志，设法固守，贼不能破，兵备王肇生表其城曰'夫人城'，御史卫贞为作传。"卫贞所作《张太夫人传》记曰："太夫人，故忠烈公见平先生元配，霍姓稽谱为汉博陆侯后，世居沁之东曲村。"霍夫人家世非常高贵，竟是汉代大将军霍去病、霍光之后裔。

霍氏之女自幼得到了很好的女学教育，"生具二齿如秬黍，颖悟端庄，不轻语笑。五岁从父检历指示，即能识字。七岁受姆教于女红，无不娴习。处士公慎择厥配，曰：'是子有福德相，吾家门楣重光矣。'"意即霍氏之女有旺夫之相、旺家之德。

故而霍氏之女于归后，"宫保公甫释褐，忠烈公守诸生业，但弗遑问家人生产，内政惟继姑窦夫人。太夫人以勤俭佐之。旦则具甘旨、馈酏、苔羹、免薨、脂膏，手和而进。夜则机杼刀尺声与鸡鸣相接，劳瘁乐为也"。直到九十时，家族为其祝寿："宾从内外殆逾千，饮食皆太夫人亲阅指示。诸子恐过劳，请少休。太夫人微哂曰：'我习惯，不为疲也。'"霍夫人精于治内，而且老当益壮，乐此不疲，还精于相夫教子，成为丈夫张铨的贤内助，辅佐事业有成。

  以是忠烈公专精其业，以进士起家，筮仕上。太夫人从率，菲食布衣，不改常度。约敕僮御，周得私窥外阃，梱以内寂然无声。僚佐居夹舍，恒诫其臧获曰："李署沉沉若是，尔曹其勉之，毋贻主人羞。"忠烈公每以疑狱相质，发论多所平反。公叹曰："夫人才须眉男子弗若也。"嗣忠烈公擢侍御，扬历中外。窦夫人捐馆，太夫人复事继姑李淑人、王夫人，问燠寒，修饮馔，如事窦夫人。

用今天的话说，霍夫人有齐家治国之才，且对天下大事有不俗的见识，遂得"夫人才须眉男子弗若也"之赞誉。因此，张铨死难之后，霍夫人能够独立"以一身当大事"，俨然有治理天下的宰相之才干。

忠烈公之殉大节也，讣至，太夫人涕泣，不饮食者数日夕，誓以身殉。既而曰："死易易耳，如堂上衰白？何视诸孤呱呱未有成立。辞难就易何面目见吾夫子于地下乎？"于是强起筹废举，权盈缩，筑室治田，多而益办。自是十年，所霍太夫人、宫保公先后厌世。太夫人以一身当大事，尽哀尽礼，内外无间言。抚诸子爱而能劳，督课不少贷。诸子虽贵显，每入侍，整肃衣冠，无敢以惰容见。教诸女及诸子妇以身范之，务俾和睦。诸女若子妇，始终雍雍，奉教罔替。

如此，我们就不难理解前文所记崇祯四年（1631），陕西农民军攻打窦庄城时，霍夫人何以能够冷静面对，从容布防，精心安排，理智筹划指挥，运筹帷幄，决胜城下，动员全庄村民，同仇敌忾，众志成城，以一座小小的窦庄城，挫败了陕西农民军千军万马的进攻，守住了窦庄城，保护了一方百姓。

《明史·忠义传·张铨附张道濬》、《山西通志》、《泽州府志》、光绪《沁水县志·人物·列女》所载《张太夫人传》，以及张道濬《从戎始末》、谈迁《读〈从戎始末〉》、苗胙土《锦衣卫加都督同知深之张公墓志铭》等，都记载了此事，并且将明代窦庄"夫人城"与东晋襄阳"夫人城"相提并论。

张道濬《从戎始末·附乡绅士民公揭呈状》记曰：

> 王兵使肇生表之曰："夫人城。"昔晋朱序守襄阳，其母保城西北隅，因获令名。然序时共之，特母有先见尔，且序终陷贼，得失谓何？窦庄之守，余兄弟皆遑子，舍乡人复不习兵家事，余母率僮婢仗挺石，卒能保全，以方序母且何如？

谈迁《读〈从戎始末〉》记曰：

> 夫人城，古今凡再见：晋襄阳刺史朱序以妇，今都督张公以母，俱祎翟所莉睹也。序后陷于符秦，虽得归正，未免楚人之弓，孰与窦庄百雉，翼翼言言？亦田氏之即墨、臧洪之盱眙矣。都督间关雁门，保障桑梓，跃马行间，号召诸少年，自灶自甲，不名县官一缗。卒从吏议。景风之赏未甄，肤受之言已至。俯仰同揆，良非一致。《宋史》襄阳张惟孝从三十骑，拥甲士五千，解鼎、澧五州之厄。或请所统姓名，曰："福难祸易，聊为君家纾一时之难耳，姓名不可得也。"嗟乎！世何尝乏奇士哉？都督世受国恩，福难祸易，抗首不顾。其叙致淋漓，俨有金貂之气，悲乎，壮矣！

襄阳夫人城发生于东晋。《晋书·朱序传》记：晋孝武帝太元三年（378），前秦南下。朱序固守襄阳，其母韩氏巡城，见西北角当先受敌而城又破败，遂率家婢及城中女流筑新城二十余丈。"贼攻西北角，果溃。众便固新筑城，（符）丕遂引退，襄阳人谓此城为'夫人城'。"襄阳"夫人城"因为抵御外敌入侵而名垂青史，窦庄"夫人城"因为挡住了陕西农民军而青史有名，皆因保护一方百姓而闻名天下。

（2）关于张凤仪

窦庄张氏家族还有一位奇女值得关注，即忠烈公张铨之女张凤仪。然而张凤仪并不见窦庄张氏家族任何宗谱家乘记载，也不见张氏家族任何口头传说，张铨之侄孙张心至甚至不承认张凤仪的存在。但四川乾隆四十年（1775）重修《石砫厅志》，对张凤仪却赫然有记；清代戏曲家董榕还把张凤仪写入戏曲《芝龛记》。清代很多野史笔记都对张凤仪有明确记载，以至于民国史学家钱海岳在《南明史》中专门为张凤仪立传。在沁水历史上，张凤仪是唯一一位在正史中立有传记的沁水籍女性，因此，很有必要下点功夫，解开张凤仪之谜。

《石砫厅志》载有明末四川爱国巾帼秦良玉事。秦良玉为明末清初一位风云人物，其丈夫马千乘为汉代伏波将军马援之后，因祖上有功，世袭四川石砫（今属重庆）土司，朝廷任为石砫宣抚使。马千乘死后，其妻秦良玉代其职。天启、崇祯年间，后金南犯，秦良玉曾率军北上抗击后金。陈继儒《忠烈张公传》记张铨抵辽东之前，"袁崇焕先纳降三千人，杂屯沈阳。三月沈陷，川浙兵战死"，此川浙兵即指秦良玉北上抗击后金之军。

据说秦良玉之子马祥麟（龄）娶妻张凤仪。张凤仪常女扮男妆随丈夫驰骋疆场，又常独当一面率领石柱兵守关攻敌，频立战功，常以"马凤仪"之名奏报战功，故又名马凤仪。值得注意的是，张凤仪竟是"沁水张烈公之女"。张凤仪后来死于抗清，朝廷赐凤仪谥"节愍"，石砫人为这位爱国巾帼立庙塑像以享祀。张凤仪是沁水窦庄张氏家族中，继其父"忠烈公"张铨、其兄张道濬之后，足以与其母霍夫人相提并论的又一位忠烈节愍之奇女。窦庄张氏家族可谓是一门忠烈，代有奇女。

清初吴伟业《绥寇纪略》卷一记：

> 左良玉救武安，二十日袭贼于万善驿，二十八日大战于柳树口，再获其首恶，贼乃西奔。四月十九日，马凤仪邀贼于临洺关。（中略）左良玉一旅之师，势成孤注，不得已而请邓玘川

兵，又以石柱土司马凤仪之兵益之。玘以六千人戍遵化也，久客思归，再复登州有功，诏奖其成劳，勉以便道杀贼，许功成之日还蜀。凤仪从遵永调防固关，登州平，保兵还固龙固，守御有人，改赴中州之急。礼部给事张镜心有河南四路宿兵之议，遂命良玉、玘、凤仪当其三，豫抚整顿毛兵当其一，然毛兵屡败不可以用也。贼炮石甫发于孩儿村，凤仪以孤军在侯家庄被围，孙宏漠、杨芳等不能救，石柱兵俱没。

《明史·曹文诏传》记，崇祯六年（1633）五月：

> 帝遣中官孙茂霖为文诏内中军。贼犯沁水，文诏大败之，擒其魁大虎，又败之辽城毛岭山西。贼既屡败，乃避文诏锋，多流入河北。帝乃命文诏移师往讨。而贼已败邓兵于林县，文诏率五营军夜袭破之。七月大败怀庆贼柴陵村，馘其魁滚地龙，又追斩老回回于济源。文诏在洪洞时，与里居御史刘令誉忤。及是，令誉按河南，而四川石砫土官马凤仪军败没于侯家庄，赖文诏驰退贼。甫解甲，与令誉，语复相失。文诏拂衣起，面叱之。令誉怒，遂以凤仪之败为文诏罪。

《明史·左良玉传》记，崇祯六年（1633）正月：

> 良玉将昌平兵二千余，数战，虽有功，势孤甚。总兵邓骥方立功莱州，乃命将川兵益以石砫土司马凤仪兵驰赴良玉，与共角贼。已而凤仪以孤军战没于侯家庄。

《绥寇纪略》与《明史》皆记秦良玉儿媳名"马凤仪"而非"张凤仪"。清代一些笔记、小说、戏曲与方志，始将"马凤仪"与"张凤仪"合为一人。

清宣统三年（1911）刊刘景伯编撰《蜀龟鉴》卷一记：

> 宣慰马祥龄与妻张凤仪逐贼于侯家庄，凤仪死之。贼王嘉
> 允、王自用等分窜，祥龄与妻分逐之，军少败没。凤仪健勇，有
> 母霍氏风，从姑良玉，男装击贼。

卷七《书明忠贞侯秦良玉传后》又记：

> 崇祯三年（1630），以援辽赴京。张忠烈公铨见祥龄有勇略，
> 妻以女凤仪。而凤仪与祥龄之战功，及其死事，史志不能详。

卷七《明石柱宣慰马祥龄及妻节愍张氏凤仪传》又记："明季有
妇人无官爵而死事最烈，承天宠又最奇者，曰张氏凤仪。山西沁水县霍
夫人女，石柱宣慰马祥龄妻也。初，良玉父葵，以兵法部勒子弟，使良
玉从，既而喜良玉材武，难其配以与马千乘，千乘为矿使耶。乘云杀，
子祥龄幼，良玉得袭职。"天启元年（1621），朝廷证兵援辽，秦良玉
率军往。沈阳破，诸城皆陷，独良玉所守榆关完。朝廷封良玉以二品夫
人，祥龄授指挥。"时铨以御史巡按辽阳，壮祥龄年少忠勇，（许）以
凤仪辽阳破，铨与经略袁应泰同死，谥忠烈。八月，祥龄就婚沁水，以
凤仪归。"崇祯四年（1631）以来，陕西农民军进犯沁水，三次攻打窦
庄。崇祯六年（1633）有记："蜀有百丈关之警，良玉还镇，留祥龄夫
妇驻京防守。凤仪以母家难，与夫祥麟请援晋。凤仪武健，有母风，效
姑男装，以无官领石柱兵，奏报称马凤仪，诸营不知其为妇也。屡破贼
王嘉允、王自用等，山西幸无贼。四月十九日，凤仪邀贼于临洛关。适
左良玉兵少，河南贼势张，诏凤仪驰赴河南，夫妻分逐贼，屡立功。为
大师所抑，以孤军败没于侯家庄。先生一子，良玉名万年，竟延其祀。
国朝乾隆四十一年（1776），锡凤仪谥节愍。犹以土司故，然乡人至今
以为异数。"

《南明史》卷七十《秦良玉传》记，"泰昌时，奉调征清兵辽东，遂卸裙衩易冠带，与子祥麟、妇张凤仪、家将文指挥妻白，及左右侍婢，皆男妆雄服，众八千人"，赴援辽东。辽东陷落，秦良玉入关。"蜀有百丈关之警，命良玉归。翼明护筑大凌河，城成，亦撤兵还镇。祥麟、凤仪代驻近畿防守。后夫妇分兵逐王嘉印、王自用于山西、河北。已调襄阳，凤仪以孤军战殁侯家庄，祥麟乃南旋"。

清人刘景伯所撰《明石柱宣慰马祥龄及妻节愍张氏凤仪传》之文，写得绘声绘色，情感充溢，简直像一篇传奇小说。清初戏曲家董榕（1711—1760）对张凤仪也抱有崇敬之情，遂依据秦良玉、马祥麟（龄）以及张凤仪诸事，写成了一部传奇戏曲《芝龛记》。沁水人的故事被改编为戏曲在舞台上演出，张凤仪是沁水自古以来第一人。

于是，道光《石柱厅志·补辑·土司》依据《芝龛记》遂记：

> 厥后，夫妇分兵，逐流贼王嘉允、王自用等于晋卫之间。张以孤军战没于侯家庄，祥麟乃南旋。张名凤仪，张忠烈公张铨女也，男装领石柱兵，故称马凤仪。

但张铨之侄孙张心至，并不承认他有一位姑母张凤仪的存在。张心至在为嘉庆《沁水县志》作序时称：

> 昔余作吏西蜀，阅《石砫厅志》，内载秦良玉之子马祥麟，其妻张凤仪，为沁水张忠烈公之女。既叙所自出，复立像以庙祀。余读而深异之，稽余家乘，先忠烈公二女，俱适析城望族，安有所谓凤仪其人者？或曰《石砫厅志》盖据《芝龛记》而作也。夫董桓岩之撰传奇也，欲以忠孝节义之事，风示天下，捃摭甚多，不无附会，未可悉据为实录。

张心至不承认张凤仪是窦庄张氏之女，按辈分计，张凤仪应是张心至之姑母。张心至以为《石砫厅志》所记，是捃摭采集《芝龛记》中材料而做成，"不无附会，未可悉据为实录"。

《石砫厅志》是为方志，当然要讲实录。《芝龛记》虽为传奇剧，然古代戏曲题材一般都以实录为据，不会是空穴来风，凭空捏造。那么，我们是否应该相信"四川石砫马祥麟之妻张凤仪确为沁水忠烈公张铨之女"之说呢！

从前录诸多清代文献资料所记张凤仪之事而分析，张凤仪好勇武刚健，常女扮男装驰骋疆场，且有独当一面而率军抗敌的将帅之才，确实很像忠烈公张铨之妻霍夫人。张凤仪大有霍夫人之遗风，颇具女侠气度。

然而按张心至所说，沁水窦庄张氏家族并无张凤仪其人，这是铁证，是难以否定的铁证。要解决张凤仪的问题，首先要解决张心至提出的问题，张心至为嘉庆《沁水县志》作序之说是不可逾越的。

那么，张凤仪是否是张铨外宅小妾所生之女呢？按照古代官制，在外地为官者一般不携带家眷赴任。封建社会为官者多是大家族，家务繁杂，作为当家夫人，也不允许离开自己的家族而长期随夫外出生活。张铨做官后，霍夫人曾随张铨在官署生活过一个时期，但她终究是家族主妇，承担着"女主内"而为丈夫分忧的重任，很难长期随夫外出生活。张铨在朝为官多年，也许有外宅小妾，生女凤仪，这倒是很有可能发生的事情。而在张铨赴辽东巡视之时，秦良玉也正好率兵赴辽东抗清，张铨也许与秦良玉曾共赴战事。男人娶外宅小妾，并不违背古代礼制。张铨也许不想让家人知悉此事，张氏家人遂也不知张铨另有外宅小妾所生之女张凤仪。通过戏曲，让天下知道明末抗清女将张凤仪，实为沁水忠烈公张铨之女，这原

石砫厅志

本是件值得张扬的大好事情，张心至何必欲盖益彰呢？不过，这也是想象推测，没有证据，难以定论。

最早记载张凤仪的是明末清初吴伟业的《绥寇纪略》。吴伟业，字骏公，号梅村，生于明万历三十七年（1609），崇祯四年（1631）进士，曾任翰林院编修、左庶子等职。清顺治十年（1653）被迫应诏北上，次年被授予秘书院侍讲，后升国子监祭酒。顺治十三年（1656）末，以奉嗣母丧为由乞假南归，此后不复出仕，康熙十一年（1672）逝去。吴伟业是明末清初著名诗人，与钱谦益、龚鼎孳并称"江左三大家"，长于七言歌行，时人称之为"梅村体"。吴伟业所作著名的长篇七言歌行《圆圆曲》，标志着中国古代叙事诗达到了新的高度。

《圆圆曲》记明末山海关守将吴三桂闻知北京陷落，崇祯帝自缢煤山，爱妾陈圆圆被李自成义军所掠，不惜"鼎湖当日弃人间，破敌收京下玉关。恸哭六军俱缟素，冲冠一怒为红颜"，遂打开山海关，投降清朝，引清军入关。

吴伟业亲身经历了明末清初的历史过程，目睹了陕西农民起事、李自成进北京、明朝灭亡、清朝入主中原等历史事件。故而，他的一系列诗歌，被称为明末清初"史诗"。尤其是他的《绥寇纪略》十二卷，详细记述崇祯年间陕北农民军初起至明朝灭亡之事，所记的历史事件，很值得信赖。《四库全书总目提要》评曰：

> 然记事尚颇近实，彝尊所谓闻之于朝，虽不及见者之确切，
>
> 而终胜草野传闻，可资国史之采辑，亦属公论也。

《绥寇纪略》与《明史》之《曹文诏传》及《左良玉传》，皆属信史，其记载岂可不信！其中的曹文诏，山西大同人，早年在辽东从军。崇祯年以来，陕西民变势大，曹文诏被封为延绥东路副总兵，入关征讨。后陕西民农民军流入山西，曹文诏移镇山西，总理山西战事，又追击陕西农民军于河南、安徽等地。崇祯八年（1635）返山西，战死于

忻州城下。曹文诏总理山西战事，从北到南，与陕西农民军到处激战，几乎打遍山西各州县。曹文诏对陕西民农民军进入沁河流域，三打窦庄城，都是很熟悉的。

如此而论，《绥寇纪略》可信，《明史》可信，其记载当然亦可信。不过，《绥寇纪略》与《明史》记载的石砫兵之将是"马凤仪"而不是"张凤仪"。"马凤仪"变成"张凤仪"的记载，最早见于清初戏曲家董榕的传奇剧《芝龛记》。

董榕，河北丰润（今河北唐山丰润区）人，生于清初康熙五十年（1711），死于乾隆二十五年（1760）。清初名臣，时称"读书立政，务实不华"者。追随北宋周程理学，为弘扬理学做出了贡献。《芝龛记》旨在宣扬忠义，记明末清初四川石砫秦良玉与浙江萧山沈云英两位爱国女将抗清事，配以马生、贾生二人与其妻事。马生之事即指秦良玉子马祥麟与妻张凤仪。其《凡例》称："所有事迹，皆本《明史》及诸名家文集、志传，旁采说部，一一根据，并无杜撰。"但实际上董榕是用"杜撰"之笔，将"马凤仪"变成了"张凤仪"，促成了沁水忠烈公张铨之女张凤仪与四川爱国女将秦良玉之子马祥麟的婚姻，而且这场婚姻是在沁水窦庄举行的典礼，结果张铨之侄孙张心至却不承认他有一位姑母张凤仪嫁给了四川马祥麟，造成了至今难以解开的"张凤仪"之谜。戏曲家的苦心可以理解，但历史的真实必须尊重，凡事真实一点就很好。

这里可以做个反向思考，即沁水忠烈公张铨本无张凤仪之女，四川石砫厅秦良玉之子马祥麟之妻原本就名马凤仪。戏曲家董榕《芝龛记》为宣扬忠义，于是将"马凤仪"改成了"张凤仪"。清代诸多野史纷纷如法炮制，前文所录清宣统三年所刊《蜀龟鉴》卷七《明石柱宣慰马祥龄及妻节愍张氏凤仪传》遂称："凤仪武健，有母风，效姑男装，以无官领石柱兵，奏报称马凤仪，诸营不知其为妇也。"四川石砫厅秦良玉之子马祥麟之妻马凤仪，遂变成了沁水忠烈公张铨之女张凤仪，而且几成定论。《石砫厅志》竟然也依据《芝龛记》，记马凤仪就是张凤仪。被称为"信史"的《南明史》，遂以《石砫厅志》为据，为张凤仪立传。

戏曲家与野史家言，是可信或不可信；《绥寇纪略》与《明史》言，则不可不信；而张心至言，若不信就不可立论。

总之，窦庄之窦姓子孙贵为大禹后裔，因夏帝少康之妃自窦中逃出生子而指为窦姓，又因宋代窦将军女儿贵为妃子赐葬窦庄，窦庄因而成为一方名区。又因为霍夫人坚守住了窦庄城，保护了一方百姓，使窦庄扬名天下。又因为张凤仪死于抗清，得朝廷赐谥，享立庙祭祈而青史有名。窦庄虽有张五典、张铨、张道濬与窦明远之须眉男子而名气四扬，但更为奇绝的是，窦庄无女不成名区，无女不能扬名天下，无女不能青史有名。窦庄可谓有缘于女子也。

七、历代修志与人生不朽

1. 修史为人生三不朽事业

清代嘉庆五年（1800），由时任沁水县令的浙江绍兴人徐品山与沁水窦庄人张心至共同重修的《沁水县志》问世，这是沁水历史上第八次修志。张心至为其跋曰：

> 邑之有志，犹国之有史也。凡一邑之风土人情、沿革变易、盛衰得失之故，釐然毕具。长民者一披览焉，其所以因地制宜，救弊补偏，兴废举坠者，端赖乎此。故为政者之要图，莫是过也。昔之朱子历仕江浙闽海，所至必以修志为先。盖大贤留意民瘼，能知体要，不沾沾于簿书期会之间，此所以异于俗吏之所为也。

张心至序具体论述了修志对于保存一县地方文化的重要性，以为县志之修撰，是长民者因地制宜，留意民瘼，救弊补偏，兴废举坠，为政之要图。所以，沁水历史上有作为的县令父母官，为了有别于仅以簿书期会治理一县而无所作为的俗士庸吏，常把修志视为一生之要事。

古代为官者，多为读书人，没有文化，甚至文化不高者，是没有机会做官的，此所谓"学而优则仕"之传统。古代文人为官者，非常追求"鸟过留声，人去留名"，所以古人有人生三不朽之说。《左传·襄公二十四年》记，鲁国大夫叔孙豹出使晋国，有人以为功名世禄为"死而不朽"之事业，叔孙豹不以为然而言："豹闻之，大上有立德，其次有立功，其次有立言，虽久不废，此之为不朽。"

古代县令与乡贤都看重县志的修撰，他们把修志视为实现人生立德、立功、立言的"不朽之盛事"。他们同时深刻感到，通过修志，可以深入了解当地的历史文化、社会民情，达到"因志征俗，因俗出治"的目的，可为一县的治理提供制定政策法规之社会历史依据。所以，诸多乡贤看重修志，是带着一种对家乡的历史使命感和责任感，以自己的

康熙《沁水县志》书影

亲眼所见，记载一县古代社会的历史兴衰；诸多县令看重修志，也以他们的亲身实践，记载下如何通过县志了解社会民情，达到治理好一县的目的。明代杨宗气嘉靖《山西通志·序》说："治天下者以史为鉴，治郡国者以志为鉴。"县志以及省志、州志、府志、村志，甚而山志、水志、卫志、关志等等，实际上成为一部地方社会史、政治史、经济史、文化史，史称地方志。

历代《沁水县志》序跋对于修志的社会政治、经济、文化意义，多有详细评述。

清朝初年沁水人王纪为顺治年重修《沁水县志》作序时连连感叹：

> 夫两先生（李瀚与张五典）之为此志也，重沁也。生其地而不能名其地之形势与其人物，举一山焉，吾不知为某山，举一水焉，吾不知为某水；天下亦不知沁之有山与水也，曰乡之人而不道也。问一善焉，吾不知某某善；问一才焉，吾不知某某才，天下亦不知沁之有善与才也，曰乡之人而不道也。无志是无沁也，两先生生不同时，而皆欲与沁传。其始修也，因乎沁，沁之所有，必非志之所无，而天下知有沁。其继修也，因乎志，前志之所未详，必非后志之所不及，而天下益知有沁。两先生之欲重沁于天下一也。而不尽一者，时为之也。

王纪感叹沁水虽然有着悠久和深厚的历史文化，但早在明清之际，沁水人对沁水历史文化知之不多。王纪谈得非常实际，以为县志之修撰，不仅使沁人知沁，更使天下知沁；没有县志，就如同没有沁水。

县令邱璐顺治《沁水县志》序认为：

> 维国有史，乃郡邑亦有志。而国史者，积郡邑之志，而统括裁成之者也。则邑志之修，容可缓哉？我国家定鼎，肇造区宇，幅陨既长。凡珥笔诸臣，应有董狐、班范辈出。考天下图籍，为一统志盛者然。六合之遥，九埏之众，纵采风有使，而民俗物会，岂能一一诹谋，而稔悉靡遗哉？其不得不征信典图者，势固应尔。

邱璐眼光非常高远，以为县志之修撰，可以为一县之治理提供政策法规之社会依据。

乡贤张道渥顺治《沁水县志》跋以为：

> 刘知几曰：观乎人文，以化成天下；观乎国风，以察兴衰。县有志，国有史，虽体裁繁简异，而备文献，示劝惩，义则一焉。（中略）予以备辐轩之采使，知户口之由蕃而减，地土之由肥而瘠，民风之由淳而漓。为沁计，不无江河日下之虑，所赖亟为匡救挽回者，端有在此。

县令赵凤诏康熙《沁水县志》序：

> 志其长令丞尉之属，又志其缙绅大夫，与夫贤人君子，若匹夫妇之有淑行者，皆以树风声，彰教化也。

张道渥与赵凤诏都对县志之修撰寄予了很高的期望，以为它可以移风易俗，劝惩教化天下，使天下世风大治。

县令秦丙煃光绪《沁水县志》序深感修志职责重大：

> 邑乘自前令徐君修后，迄今已八十年矣。凡学校之兴废，人才之盛衰，政事之宽严，风俗之厚薄，时异势殊，不能无今昔之

感。苟缺焉不续，非特文献无徵，即长民者，亦无以因志见俗，
因俗出治，而修废举坠之端，往往虚悬焉。（中略）窃思一邑典
章，莫重于志，职在有司，万不敢因循焉以宽其责。

秦丙煊认为县志之修撰，是一个县令因志见俗因俗出治的依据，也是
义不容辞的职责。

古代名臣几乎没有不看重地方志者，他们每到一地，首要之事，便是
寻访阅读各地方志。唐代名臣韩愈贬官岭南，将至韶州，先寄诗当地名流
张端公，欲借阅《韶州图经》。其诗云："曲江山水闻来久，恐未知名访
信难。愿借图经将入界，亦逢佳处便开看。"宋代理学家朱熹知州南康，
下车伊始，无视地方官吏的远迎讨好，先问："志书可曾带来？"

古代帝王，甚至各地官员，均在自己身边设有史官，专门记载朝廷地
方大事及帝王官员之政绩言行，此所谓左史记事、右史记言之传统。他们
都敬重史官，一怕史官记下自己的劣迹丑史，又怕史官不记自己的功德政
绩，故对史官另眼相看。古代史官也多能恪尽职守，挥舞自己的"春秋之
笔"，据事直书，笔则笔，削则削，字寓褒贬，不佞不谀，善即善，恶即
恶，贬邪扬善，文直事核，不隐恶不虚美，秉笔记事记人，信而有征，信
以传信，疑以传疑，故使误国昏君惧，乱朝贼子惧。由此形成古代传承几
千年良史传统，出现众多良史，诸如鲁之孔子、晋之董狐、汉之司马迁等
等，由此留下一部部史传志乘，形成古代修史传统。

沁水历史悠久而文化深厚，然而明朝之前沁水并无志乘，其史迹多
散见于各种文献，零散不知头绪，许多史迹失载不存，或湮没不传，或被
错载误传，致使沁水人不知沁水还常常误解沁水，天下亦不知沁水，更不
关注沁水，无论沁水人或天下人，欲知沁水，又因史迹不存不传、错载误
传，无法了解认识沁水。

沁水是个有几千年悠久历史的文化古县。从下川古人类遗址考古发现
计，沁水约有24 000年至16 000年的历史；从《史记》所载舜耕历山计，
沁水约有4000年至5000年历史；从《左传》所载晋文公迁原伯于沁水计，

沁水约有2600年历史；从《史记》所载三家分晋迁晋君于端氏计，沁水约有2500年历史；从《汉书》所载汉代在沁水始置端氏侯国计，沁水约有2300年历史；从《隋书》所载开皇年始置沁水县计，沁水约有1400年历史；从《元史》所载端氏并入沁水计，沁水约有700年历史。

历史的悠久造就了沁水深厚的文化。在沁水这块土地上，发生了许多重大历史事件。诸如远古下川文化，谷类发明，舜耕历山；春秋时周穆王巡行天下至乌岭，晋文公迁原伯于沁水，三家分晋迁晋君于端氏聚；战国时长平之战白起击赵空仓岭，燕丹避秦兵隐身固县玄女洞；汉代在端氏聚设端氏侯国，王莽追刘秀兵过车辋寺；唐代尉迟恭避祸隐居尉迟村，崔府君审虎雕黄岭，晚唐五代山水画圣荆浩隐居太行洪谷；北宋仁宗纳妃端氏窦家女，宋末梁山好汉兵过沁水境，宋朝灭亡王载道隐居鹿台山；金初太行忠义抗金筑砦丹坪山，岳家将梁兴南阳大败金兵，元好问游赏沁水刘曲飞帘；元代王恽采石鹿台山，郑鼎开道雕黄岭；明代于谦巡视沁水关心民瘼，一代名臣李瀚编撰《沁水县志》，常伦曲唱誉满神州天下，李贽做客坪上著述《明灯道古录》，张五典修筑窦庄城，沁河两岸城堡林立，张铨报国辽东封赠忠烈公，陕西农民军攻打窦庄夫人城，张道濬在窦庄制造火炮；清代沁水冶炼空前兴盛，深山密林频生虎患，县令赵凤诏重科举课考生童，徐品山环城种树防洪水，光绪间沁水大旱三年等等。无数的名人盛事，谱写了悠久的沁水历史，造就了深厚的沁水文化。

沁水悠久繁盛史迹的文献记载，最早见于《春秋》、《左传》所载周穆王巡行乌岭、晋文公迁原伯于沁水诸事，又见于《史记》之《五帝本纪》与《晋世家》所载舜耕历山及三家分晋迁晋君于端氏聚诸事。之后，沁水史迹才断断续续、点点滴滴被载入古代各种史册文献，犹如沧海遗珠，难以寻觅。直到明朝之后，沁水修志风气兴起，沁水悠久繁盛的史迹才被载入历代所编《沁水县志》，得到很好的保存而流传至今。

古代素有"盛世修史（志）"之说，至今依然兴盛。这是个优良的文化传统，由此而有二十五史的问世，由此而有各种方志的问世，汇成了中华历史悠久、内容丰富的文化遗产。

古代修志历史极其悠久，《周礼·诵训》有记："掌道方志以诏观事。"隋朝大业年间，朝廷诏令天下郡县，皆要"条其风俗、物产、地图"等，上报朝廷。不过，中国古代大规模的修志，晚至朱明王朝建立后才全面兴起。《明史·艺文志》记：明太祖于洪武三年（1370），"诏儒士魏俊民等类编天下州郡地理形势、降附颠末为书"；《太宗实录》卷一百十记：明成祖永乐十六年（1418），诏修《天下郡县志书》，命户部尚书夏吉、翰林学士杨荣、金幼孜总领其事，并"遣使编采天下郡邑图籍，特命儒臣大加修纂，必欲成书，贻谋子孙，以嘉惠天下后世"。古代帝王中，朱元璋出身低微，最没有文化，然而他却最看重文化、最看重修志，以至于形成一个文化传统，历代不辍，延续至今。

人生一世，如驹过隙，沧海桑田，大浪淘沙，千古英雄，灰飞烟灭。一个人欲在青史上留下自己的功德与功业，须靠立言留名，方能丹心汗青，千古流传，美名不朽。古代为官之人，一方乡贤，下至七品，不论官职高低、名声大小，皆看重著书立说，追求人生立德、立功、立言之三不朽，追求自己传名不朽，常常借助修史修志，将自己的功德宦绩善政言行载于史册而流芳千古，此所谓"盖文章经国之大业，不朽之盛事"的人文传统。所以朱元璋洪武皇帝下诏各地修志，各地官员乡贤闻风而动，沁水始有县志问于世。

从历代《沁水县志》序跋中也可以看出，历代有作为并留有宦绩的沁水县令，在莅政沁水之际，都有一个通过阅读方志，了解当地疆域沿革、民情风俗、沧桑变革，作为思考如何治理一县、寻求制定政策法规之社会历史依据，以便日后尽"守土者之责"的文化传统，进而看重修志，以至于亲自参与或主持修志，遂又形成修志的文化传统。

2. 古代沁水先后九次修志

古代沁水先后九次修志，有明一代，沁水共五次修志：

永乐年，无名氏修，佚。

正德年，乡人李瀚重修，佚。

嘉靖年，县令扈文魁、乡贤卫天民重修，佚。

万历年，乡人张五典重修，佚。

崇祯年，乡人张道濬重修，佚。

明代修志有个特点，多为沁水乡贤修撰。嘉靖志由县令扈文魁亲自领衔，乡贤卫天民主持修撰。历史上沁水文化落后，读书有成者不多，但凡有成者，多能承担修志之重任，足称士林楷模。乡贤修志，历任县令皆给予全力支持，并不失良机地为县志作序题跋，也算为官一方，汗青留名，形成了沁水的修志传统。

入清之后，明代沁水的修志传统得到继承发展。有清一代，沁水共四次修志：

顺治年，县令邱璐、乡贤张道淐重修，佚。

康熙年，县令赵凤诏、乡贤张绘章重修《沁水县志》十卷本，存。

嘉庆年，县令徐品山、乡贤张心至重修《沁水县志》十二卷本，存。

光绪年，县令秦丙煋、介休李畴重修《沁水县志》十二卷本，存。

清代修志亦有特点，虽然仍由沁水乡贤名流执笔修撰，但历任县令皆亲自领衔主持，并亲自作序鼓吹。可以看出，清代县令比明代县令更看重修志，明代沁水形成的修志传统，在清代沁水官员中得到了延续传承。

（1）永乐年《沁水县志》
佚名。

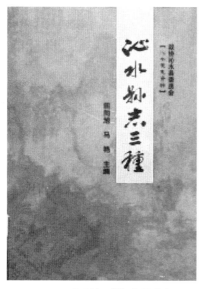

永乐年《沁水县志》

现知沁水历史上第一部县志是永乐志，这是沁水旧志开山之作，编撰者功不可没。据方家考证，永乐《沁水县志》约在永乐十九年（1421）至正统六年（1441）间修撰，费时二十年。中国古代各地修志的第一个高潮，也出现于永乐年间，各地永乐志绝大多数都佚失不传，沁水也是这种情况。大概因为永乐志是沁水旧志开山之作，故编撰非常困难，因而极为费时费力。可惜沁水永乐志佚失不传，连编撰者姓名都无从考证，内容、体例自然不知。好在永乐《沁水县志》在《文渊阁书目》卷二十"新志"中有著录，约明末佚失。山西省地方志专家李裕民《山西古方志辑佚》在成化《山西通志》卷二中，辑有沁水永乐志两条残文，永乐志才不致被完全埋没。

永乐志是《沁水县志》的草创之作，功劳巨大。不知何因，永乐志不被后人看重，历代修志者都不提及永乐志。正德年间乡贤李瀚竭尽才学，精心修撰成了沁水历史上第二部县志正德志。按古人著书之规律，正德志应当是李瀚在永乐志的基础上重修而成的。

（2）正德年《沁水县志》

乡贤李瀚重修。

李瀚就是沁水至今名声不衰的李大汉，沁水石楼村（今城东南坡）人，明代成化年间进士，初授河北乐亭知县，颇有政绩。后迁监察御史，曾巡按河南，又监察西北茶马，官至南京户部尚书，主管田赋，世称李大司农。李瀚在朝官声很佳，曾有帝王御敕之荣。今沁水河北庄有李瀚墓，墓前曾有弘治元年（1488）明孝宗御敕李瀚出监西北茶马诏书碑刻，记载了明代西北经济与边地贸易诸事，很有史料价值。这是李瀚为官一生得到的最高殊荣。明孝宗即弘治帝，其敕李瀚诏书碑刻，今存县城西关庙院内。

李瀚是明代山西著名藏书家、刻书家，嗜书如命，尤好地方文献。曾刻金代泽州晋城李俊民《庄靖集》十卷，金代太原秀容（今山西忻州）元好问《遗山诗集》二十卷、元代泽州陵川郝经《陵川集》三十九卷，以及《河汾诸老诗集》八卷等，使这些珍贵的晋人文集得以保存而流传至今。李瀚还于弘治九年整理刻印《新刊五子书》二十卷，弘治十一年整理刻印《吕氏春秋》二十六卷，弘治十二年与人合作整理刻印《读四书丛说》八卷等。

李瀚长期在朝为官，常常牵念家乡，沁水县学与县治的修建，他都十分关心。据光绪《沁水县志》所载《李瀚传》，李瀚有感于沁水历史久远，名人辈出，文献繁多，却无完整志乘，遂以"居官所得俸金，止购买海内图籍，故其家储有邺侯万卷书"。为官之余，李瀚涉遍书海，钩沉佚史，踏遍沁水山水，寻访历史遗迹，收集传说，辨识史料，辛勤笔耕，精心结撰，在永乐志的基础上，完成了被誉为信史的正德《沁水县志》，保存了沁水的历史文化。正德志的修撰，是李瀚对沁水最大的贡献。

正德志也未传世，难知其体例内容。据《山西文献总目提要》称，正德志在嘉靖年已佚。大概嘉靖年间县令扈文魁重修的嘉靖《沁水县志》问世，正德志遂被取代，渐而佚失。不过，由于李瀚的名气、地位，正德志又属精心结撰的一代史乘，其对后世《沁水县志》的不断重修影响甚大。

按照古代修志惯例，嘉靖志应以正德志为据，万历志又以嘉靖志为据。后世修志，虽然各有传承因袭，但大多都是以正德志为蓝本，遵循其体例，过录其内容，增补其后事。现存清代光绪年间重修《沁水县志》卷首，附有历代修志名录，沁水县令秦丙煌仍称光绪志据"明正德间户部尚书邑人李瀚原书"重修而成，兹过录如下。

修志姓名

明

正德间户部尚书邑人李瀚原书。

嘉靖间沁水县知县藁城扈文魁纂修，滨州知州邑人卫天民同修。

万历甲辰兵部尚书邑人张五典增辑。

崇祯间都督同知邑人张道濬增补。

国朝

顺治己亥沁水县知县淄川邱璐重修，天津兵备道邑人张道渥同修。

康熙丁丑沁水县知县赵凤诏重修，邑诸生张绘章校参。

嘉庆辛酉沁水县知县鉴湖徐品山重修，刑部四川司主事邑人张心至总纂。

现存康熙年重修《沁水县志》与嘉庆年重修《沁水县志》，也有如此的保留体例。所以，正德志虽未传世，其内容可能被保存在流传至今的清代三部县志中。在古代沁水九次修志中，正德志是一部不幸而又万幸的佚志。言其不幸，是因为正德志佚失而未能传世；言其万幸，是因为正德志的体例与内容均被后世修志传承因袭；又由于永乐志为佚名之作，正德志遂被尊为《沁水县志》的开山之作，李瀚便成为《沁水县志》的开创者而名传千古。

（3）嘉靖年《沁水县志》

知县扈文魁与乡贤卫天民同修。

卫天民为明代沁水县城人，嘉靖年进士，判河间、真定，官至滨州知州。十六岁时诗文书画已闻名晋省，尤工乐府小词，与常伦齐名。屡试不第，隐于碧峰。嘉靖乙卯（三十四年，1555）时方考中举人，因丁忧不仕。后授河间（今属河北）、真定（今属河北）府判，判案公廉。光绪

《沁水县志》卷八《人物·卫滨州公传》记：卫天民迁"守滨州（今属山东），莅政数月，百姓卖刀买犊，咸歌龚遂遗风。五十五岁鞅掌致疾，卒于官"。

扈文魁事迹不详，仅知其以藁城（今属河北）举人出任沁水知县。《畿辅通志》卷六五《举人》记其为万历癸酉（万历元年，1573）通过科举，《沁水县志》卷七《职官·县令》也记其为万历年间沁水县令。《沁水县志》卷三《城池》又记：

> 明洪武间县丞陈德，正统中邑令贾茂，景泰中邑令张昇，正德中邑令王溱，嘉靖中邑令张爵，万历中邑令扈文魁，相继修筑。崇祯间，流贼攻毁，署事州同张大为重修并浚壕。

文记"万历中邑令扈文魁"，但扈文魁却在嘉靖年间以知县身份，与乡贤卫天民同修了《沁水县志》，县志记载可能有误。所以知县扈文魁与乡贤卫天民同修的嘉靖（初年）《沁水县志》，应当改称万历《沁水县志》。或者乡贤卫天民在嘉靖年间已经完成《沁水县志》的重修，扈文魁在万历年到任沁水知县时，重新修订而正式刻印，故称嘉靖《沁水县志》。

嘉靖《沁水县志》与之前的永乐志、正德志均未传世，连序、跋也未见存世。从现存清代三部县志观，清代三部县志之间，除各自增补有关内容外，其他体例、内容等，大同小异，基本上是相互因袭甚至相互过录而成。由此可以推想佚失的永乐、正德、嘉靖三部县志，也可能是相互因袭过录进而增补而成的。

沁水县令赵凤诏在康熙志《沁水县志凡例》中，记录了历代县志因袭过录进而增补之情况：

> 邑志创修于邑大人司农李公瀚，后邑令扈公文魁同邑人滨州守卫公天民重修，分礼、乐、射、御、书、数，为六册；邑大人

司马宫保张公五典复重修，分为上下二册，志板悉无存者。国朝
邑令邱公璐偕邑人臬副王公纪复重修，视张司马则加详矣。

由此可知嘉靖《沁水县志》分"礼、乐、射、御、书、数为六
册"，但不知其卷数，也不知其体例。这是历代《沁水县志》中，由沁
水知县扈文魁与沁水乡贤卫天民共同修撰的首部县志，清代四部县志继
承了这个传统。

（4）万历年《沁水县志》

乡贤张五典重修。

张五典，沁水窦庄人，万历年进士，官至南京大理寺卿。因其子张铨
死于辽东战事，谥忠烈，在五典告老后，朝廷加封其为兵部尚书，相当于
大司马之官职，故世称张大司马。张五典曾在沁河两岸首筑窦庄城堡，致
使在其身后，明末陕西农民军进入沁水，三打窦庄城而不克，张五典因以
名声四扬，

万历《沁水县志》亦未传世，时任山西督学的张五典同榜进士、浙江
慈溪（今浙江宁波）冯烶所作的万历志序，有幸流传至今。其云："沁水
张和衷甫治粟天津之三年，以公余所辑邑志成，嘱不佞序。"可知万历志
亦据旧志重修而成。

古代县志的修撰，一般以三十年为周期，最多不过六十年。张五典在
万历甲辰（三十二年，1604）完成《沁水县志》的增辑，上距知县扈文魁
与乡贤卫天民在嘉靖与万历之际同修的《沁水县志》，正好约三十年。大
概嘉靖志与万历志间隔时间不长，康熙志修志姓名记为"兵部尚书邑人张
五典重修"，嘉庆志修志姓名记为"兵部尚书邑人张五典重修"，光绪志
修志姓名亦记为"兵部尚书邑人张五典增辑"。后世对万历志是重修还是
增辑，评价不一。

万历志之后的崇祯《沁水县志》、顺治《沁水县志》亦未传世，但其
志序流传至今，非常明确地交代了崇祯志、顺治志与正德志、万历志的渊

源关系。

张道濬崇祯志序云："邑旧有志，修于先宫保。越三十年，予又重辑。"邱璐顺治志序亦云："因取宫保张先生旧本，并绅士开具草册，参订校雠，隐括领要，节略烦芜，搜葺阙失，增补见闻。"王纪顺治志序亦云："予观其言，大抵不离司农李公、司马张公之所述作。而溯源标流，将益大前人之所为，则侯有庸焉。（中略）吾观侯之志有两善焉，记事本之司农，传疑必核；著论本之司马，达务必明。"

崇祯志是张五典之孙张道濬据万历志续修增补而成，顺治志是张五典之孙张道渨与知县邱璐协同依据万历志与崇祯志重修而成。祖孙三人先后修志，有一个家学传承问题，崇祯志与顺治志实际都是万历志的续志。

张道濬崇祯志序，对万历《沁水县志》的体例有所透露。序云：

据邑旧有志，修于先宫保。越三十年，予又重辑。崇祯癸酉（六年，1633），邑不戒于流寇，延为水灾。嗟呼！征文考献，后将何观？且坠先宫保之成烈，庸可佚乎哉！复搜访故实，录既成，感念畴昔，序之曰：美哉山河之固，守在四境，晋文公顿甲所不能下，秦白起、王离东向百战之孔道也。今掠道鼠狗之雄屡至，失守封疆之谓何？辨方表胜，保障我土，为志《舆地》。黎民繁殖，庶土作乂，河伯不仁，澹灾时告。兵燹以来，户日耗，赋日迫，芣楚之歌恫焉，为志《赋役》。我有田畴，繄谁殖之？我有子弟，繄谁教之？厥有司，存轨度以次，为志《官师》。河山降神，厥称录禀，历代攸萃，所不胜纪。国初草昧，征辟至十八人，骎骎乎，抡材之邓林，搜奇之瑶圃也。今几何时，百世一士，匪人则湮，为志《人物》。楼台万家，崇墉言言，邱署棋置，鲁颂泮宫，坛□孔秩，宫室繁兴，异端漫衍。今顾瞻城署，四望列堞，谁为重新者乎？为志《营建》。往哲流徽，遗藻相属，贞珉未刊，轮蹄周道，使客至止，登高揽胜，之所由著也，为志《艺文》。时殊事异，耳目传信，间有隐轶，《齐谐》志怪，阅览《博物》，能毋采乎？即韩王古墓，父老失传，而北山石为椁，陈夏絮漆错其间，岂可动哉？为志《轶事》。

因知万历志约为舆地、营建、赋役、官师、人物、艺文、逸事等七卷，加卷首，即为八卷，分上下两册。万历志对正德志来说，可能有许多创新，光绪《沁水县志》卷二《方舆·沿革》目，收张五典《原地之辨》文。《原地之辨》文是针对李瀚正德志而发论的，说明万历志与正德志有较多不同，并对后世县志的重修有非常明显的影响。现存三部县志中，重修者时时声明，他们重修县志的许多内容，皆过录张五典万历志内容。沁水县令赵凤诏康熙志《沁水县志·凡例》云：

> 张司马志开列《山川》，按地理龙脉总叙成文，立意甚超，直是一篇《山海经》文字。邱令撮其大要，改为《总论》，复标山川名目，以景物附缀其下，颇觉开卷了然，且合近时志体，今仍之。

邱璐重修顺治志、秦丙煊重修光绪志《沁水县志·凡例》皆云：

> 张大司马志《山川》，按地形龙脉，总叙成文，立意甚超。邱令撮其大要，改为《总论》。复标山川名目，以景物附缀其下，颇觉开卷了然。旧志因之，今如其旧。

因此，沁水历史上先后几次修志，皆以李瀚正德志与张五典万历志为蓝本，二志是沁水历代县志中最有影响的两部志书。正德志是《沁水县志》的开山之作，万历志对后世重修县志甚有影响，二志对于沁水古代历史文化的保存与建设，其功德犹如日月在天，永照万代。非常遗憾的是，正德志与万历志都没有流传下来，这是沁水古代历史文化不可弥补的重大损失。二志不传虽是憾事，却也同时提醒我们收集、整理、保护古代文献的重要性。这不是保存几本书的问题，它有着保存古代历史文化的深远意义。

（5）崇祯年《沁水县志》

乡贤张道濬重修。

张道濬，明代沁水窦庄人，张五典之孙，张铨之子。张铨死难辽东，张道濬为忠臣之子，世袭父职，入京任锦衣卫佥事等官。后被贬戍雁门卫所，再被流放海宁卫，终死于陕西延安抗清战事。张道濬在窦庄张氏家族中，功名平平，皆在其祖张五典与其父张铨之下，但他的声誉却十分响亮。早在张道濬在贬戍雁门卫时，曾重挫由河曲渡河入晋的陕西农民军。后又得知陕西农民军进入沁水，攻打窦庄，遂自雁门，直返沁水，致使陕西农民军几次攻打窦庄皆遭挫败。此所谓陕西农民军三打窦庄城皆败北之事件，张道濬由此而名声响亮。

崇祯《沁水县志》亦未传世，是张道濬依据万历志续修增补而成。张道濬崇祯志序曰：

> 邑旧有志，修于先宫保。越三十年，予又重辑。崇祯癸酉（六年，1633），邑不戒于流寇，延为水灾。嗟呼！征文考献，后将何观？且坠先宫保之成烈，庸可佚乎哉！复搜访故实，录既成，感念畴昔，序之曰：
>
> 噫！志备矣，废兴得失之咸系焉。邑大夫在上，先宫保在前，曾未数十年，予涉笔者再。倘后之视今，引而弗替，则邦家之光下邑，且与曲逆竞壮矣。

崇祯《沁水县志》只是万历志的增补，故其体例不出万历志的《舆地》、《营建》、《赋役》、《官师》、《人物》、《艺文》、《轶事》加《卷首》之八卷之体例，各卷内容有所增补，实际仍属万历志的续志。

（6）顺治年《沁水县志》

知县邱璐与乡贤张道湜同修。

张道湜，明末清初沁水窦庄人，张五典之孙，张钤之子。顺治年进士，翰林院编修，改天津副使。

邱璐，山东淄川进士，清代顺治年间沁水知县。《山东通志》卷十五之一《选举志一·制科（进士）》己卯科（崇祯十二年，1639）记："邱璐，淄川人，乙未（顺治十二年，1655）进士。"《山东通志》卷十五之二《选举志二·制科（进士）》乙未科（顺治十二年）史大成榜："邱璐，淄川人，二百九十六名。"先记邱璐为明代崇祯朝己卯科（十二年，1639）进士，又记邱璐为清代顺治朝乙未（十二年，1655）进士。因明清易代，邱璐先后参加明清两朝科举，皆进士及第。

《山西通志》卷八十二《职官·泽州府·沁水县》记："邱璐，山东淄川人进士，顺治十六年（1659）任。"光绪《沁水县志》卷七《职官·县令》记："邱璐，山东淄川进士，有宦绩（以上顺治间任）。"《宦绩》记："邱璐，知县。工科举文，所取皆名隽。纂修《县志》。"邱璐于顺治十六年（1659）与乡贤张道湜同修《沁水县志》，称为顺治志，惜未传世。但顺治志保存有邱璐《重修沁水县志序》、乡贤王纪《重修沁水县志序》及乡贤张道湜《重修沁水县志跋》等三篇序跋。

王纪序云：

> 吾观侯之志有两善焉，记事本之司农，传疑必核；著论本之司马，达务必明。论以发事，事以成论，则治行在是，况其外之文乎？藉令辐轩使者，采郡邑志载以闻，是亦当世得失之林也。微独重沁而已，推之天下亦犹是也。

张道湜跋云：

> 县有志，国有史，虽体裁繁简异，而备文献示劝惩，义则一

焉。吾邑之志，自司农李公创始，卫滨州续成之，先祖宫保，先兄司隶，前后增修。四公者，皆沁产也。稽司牧秉笔，邱侯而前，止见扈君，何寥寥也？岂作者之难耶？

顺治志主要受张五典万历志影响，而且两个月就完成了一部《沁水县志》的修撰，速度快得有点惊人，只能是大量过录万历志的内容了。不过，顺治《沁水县志》作为明清易代之后初期重修的县志，应该增补诸多关于清朝的史料，方不失为一部新朝新志。只是顺治志惜未传世，具体内容不得而知。邱璐序中有几句话很值得关注：

璐莅职之初，即询邑志，杳无存者。一切土俗、民风、山川、人物之类，茫然莫稽。随寓书阆邑绅衿，求藏本假阅焉。因念岁月迁流，迄事多所未备。自宜更订续纂，著为成书，以表一方之风物，以昭百世之是非，洵钜典也。但愧才智疏庸，学术谫劣，昕夕拮据，吏事庸讵，得余力及此。礼乐俟之，君子匪云，谦让未遑也。

无几，上台诸大人宪檄下颁，提取邑志，罔以报命。乃金谋诸荐绅文学，计所以汇辑纂定者。欲得鸿儒椽笔，求专任焉，以光不朽盛事。而诸绅潭居，又相距百里外，山径窵僻，难晨夕数通，坐是延稽，鲜成谋。而郡檄屡索甚急，不揣管窥，率尔从事。因取宫保张先生旧本，并绅士开具草册，参订校雠，隐括领要，节略烦芜，搜葺阙失，增补见闻。肇始于且月生明，告成于相月晦日，毕虑殚精，索能尽智，凡两阅月，而竣厥事。匆匆草创，取办一时，所惧言之不文，靡克行远，无任甲颜汗背。

知县邱璐最终因为"上台诸大人宪檄下颁，提取邑志，罔以报命"，即上级官府向沁水屡屡索取《沁水县志》以备用，邱璐才组织人员编撰《沁水县志》，匆忙交差。邱璐也觉得如此编撰而成的《沁水县志》，不是一部合格的志书。

（7）康熙年《沁水县志》

知县赵凤诏与乡贤张绘章同修。

张绘章为沁水窦庄人，庠生，曾就学洪洞希贤书院，师从一代名儒范鄗鼎，博学能文。对于康熙《沁水县志》，张绘章考定之功居多，并请范氏为沁水康熙志作序。

主持康熙志修撰的是沁水县令江苏武进（今江苏常州）人赵凤诏。赵凤诏是沁水历史上最有政治眼光，也最有才干政绩的一位能臣贤令，莅政沁水期间，多有善政，为沁水百姓做了诸多好事，如重修县志、重修文庙、厉坛、东岳庙以及城墙等等，凡古代官员为官一任应当做的善政，赵令几乎都做了。同时他的治县思想，在古代沁水县令中也数第一。其《改浚城河记》借治水论其治国理民之道，实践儒家仁政。我们也由此得知，赵凤诏何以如此得沁水百姓之爱戴。

赵凤诏在推动沁水文化发展、改革社会风气方面，政绩尤为显著。旧志载有赵凤诏的《重修沁水县文庙记》、《重修东岳庙碑记》、《告城隍乞雨文》、《告城隍驱虎文》、《详陈地方利弊》《谕止众建生祠》等29篇文章。沁水在历史上经历了无数县令，就数赵凤诏写的文章最多，皆关沁水地方社情与沁水百姓生活，这是他知县生涯的总结。在古代沁水众多县令中，从未有第二个县令像赵凤诏如此关心沁水社会与百姓。以至于赵凤诏"以荐调临汾（知府），土民攀辕。不得留，为立生祠"。赵凤诏

是古代沁水众多知县中，百姓唯一为其“立生祠”的能臣贤令。

光绪《沁水县志》记载赵凤诏事迹最多。卷二《形胜》记曰：

沁地从乌岭发脉，而玉岭为邑主山。县城西北隅，其来脉也。前令因御寇，凿土过深，致伤风脉。康熙丙子，邑令赵凤诏偕张道湜补修。乾隆初年，邑令鹿承祖补修。嘉庆庚申，邑令徐品山重修。光绪丙子，邑绅士李友彬、史文笔、卫汝谦、牛焕、杨大年、盖丹桂、张德滋，复经理筑石修之。

卷三《城池》记曰：

国朝顺治中，邑令刘昌重修。乙亥地震，城倾毁，赵凤诏重修。雍正四年邑令钱元台，雍正十年邑令田欣，皆补修城西北角。

卷三《堤防》记曰：

国朝顺治间，邑令尚金章，县丞张宗周，加修护堤。康熙三十三年，河水复溢。邑令赵凤诏筑厉坛后石堤，导河水从碧峰山下远流，又南筑石堤以障之。雍正十二年，被水冲塌，邑令何陈宫补筑。乾隆四十七年，又被冲塌。邑令祁英补筑，加长三十余丈。五十四年，署令顾桂森补筑南北石堤。六十年，大水，邑令周璲于旧堤迤西，接筑一段，约长四十丈。又于马野沟口挑水，筑石堤一段，约五十余丈。嘉庆二年，大水，邑令徐品山补筑南北两堤，共约七十余丈。

卷三《学校》记曰：

国朝康熙间，邑令赵凤诏重修。五十七年，邑令王梦熊，教谕赵挺元重修。雍正十二年，邑令何陈宫重修。乾隆十三年，邑令王纟延先重修。嘉庆五年，邑令徐品山重修。道光二十三年，邑令孙日犀重修。道光二十九年，邑令朱煐修葺。

卷三《名宦祠》记曰：

> 《旧志》有遗爱祠，在北城外东。祀古来名宦邵续等十八人，兼祀明刘锡、王溱、周诗、曲迁乔、董之表五人，久废。邑令赵凤诏移祀于东门外之君子亭，寻又废。雍正五年，即以其地改建节孝祠，五人之祀遂湮。

卷七《职官·县令》记曰：

> 赵凤诏，江南武进进士，有宦绩。

卷七《宦绩》记曰：

> 赵凤诏，知县，才守为当时第一，其实心厝注，见之《文告》，明切周详，具载县乘。以荐调临汾，土民攀辕。不得留，为立生祠。著《龙岗集》，纪沁事甚详。寻升太原府知府。

赵凤诏在沁水的最大政绩，便是他利用"公余寸晷"之时间，历时三月重修了一部《沁水县志》。

康熙《沁水县志》是沁水九次修志中保存至今最早的一部县志，康熙三十六年（1697）重修。赵凤诏《重修沁水县志叙》曰：

> 凤诏家世清贫，稔知民间疾苦，且夙奉家大夫庭训，兢兢以

清白自矢。下车以来，百计抚绥，寝食都废。幸荷皇仁浩荡，蠲赈频施，蕞尔茕黎，稍有起色。予小臣奉职补过，获免罪戾，沁之人复不以为旷瘝，相与习而安之，于今已三年矣。放衙退食之暇，每搜猎古今图籍，以佐所不逮。因取邑之旧志，详为披览，见其中论次，大都由盛而衰，由兴而替，山川如故，风景渐非。立乎今日，以指前令修志之年，相去止数十载，而时移物换，已复几许变更。

乃不禁喟然叹曰："吾侪一行作吏，日汩没其心思于簿书，坌积钱谷纷纠之际，穷年累月，坐针负芒。他日谢事而去，身为局外闲人，回首曩时，真如噩梦。即五花留判，一谱传家，直与兔园册子等。惟有邑乘一书，吏治之得失，民生之休戚，俱于是乎纪，苟足以信今而示后，胜于岘山一片石多矣。"

且夫征文考献，固儒者事也；临莅一邑，而使邑之典籍掌故，湮没而不传，亦有司之耻也。以故自忘浅陋，就耳目所见闻，及绅士耆老所传说，远搜近访，务详且确。于公余寸晷中，踵旧志而增修之，三阅月始竣。遂捐俸登诸枣梨，亦不自计其笔之工拙，词之挂漏也。

嗟夫！宦途，传舍耳。此中甘苦味，不堪持赠人。是书也，犹庶几乎令尹之政可以相告者也，后之贤宰，亦当有感于斯言。

康熙志是赵凤诏"遂捐俸登诸枣梨"的，即赵凤诏捐出个人俸禄而刻印的，很是难能可贵。不足的是，三个月便编成一部县志，康熙志也只能如顺治志一样，是在旧志的基础上，增补续修而成。之后的嘉庆志、光绪志、亦如康熙志的编成一样，其体例内容，大多过录历代旧志，重修者仅仅增补一些新的史料。

康熙志亦承历代旧志重修而成，但其体例较有特色，其在每一卷前，均辟有"赵凤诏曰"或"志曰"，以及"张司马论曰"或"王纪论曰"等议论文字，又在每一卷终时均辟有"续志曰"一段议论文字。这些议论文字，显然受历代史书《史记》之"太史公曰"，《汉书》之"赞曰"，《晋书》、《旧唐书》之"史臣曰"，《宋史》之"论曰"等体例的影响，但出自赵凤诏之手，无论是评价人物还是评价事件，皆至精全要，言简意深，概括了赵凤诏的治县思想与理想，是康熙志的精华所在，也显示出了康熙志的显著特点。同时，这一体例可能在万历志与顺治志中已经出现，如清初王纪为顺治志作序时云：

> 为司农（李瀚）之时则有司农之书，为司马（张五典）之时则有司马之书。故司农多记事，司马多著论，兴废损益，岂不以言哉！今志议兴议废，议损议益，悉乘时而轻重布之。侯（邱璐）之心，即两先生之心也。

王纪顺治志序既指出了正德志与万历志的特点，又指出正德志与万历志对顺治志的影响，据此我们还可以推测出康熙志以及嘉庆志、光绪志与正德志、万历志的关系。

一代名儒范鄗鼎《重修沁水县志序》给康熙志以极高的评价。范鄗鼎，字彪西，山西洪洞人，创立希贤书院，又建五经书院，河汾人士多从之受经。当时，范鄗鼎正参编《山西通志》，历阅无数"郡邑诸志云集"，多不尽人意之作。当其门人张绘章"捧其邑赵公书一志，来征序，余读竟日，叹曰：'此非一邑之志，乃天下之志也。'天下之志，未尽寓目，三晋之志，间尝窃睹之矣"。又曰："夫不意今沁水一志，先得我心。之所同然也，以《人物》言之，科目明经，有伦有要；武科杂流，一抑一扬。拔台阁之忠孝，不以贵掩贤也；阐山林之节义，不以贫湮德也。"又曰："余故曰：'非一邑之志，乃天下之志也。'若其邑之《地理》、之《建置》、之《物产》，之种种，前令冯邱诸公、张王诸乡先辈，俱以详哉言之矣。载读公《龙岗纪笔》一书，知公之修辞，素不欲枝于此，又何俟枝为？"

　　非常遗憾的是，赵凤诏因政绩突出而迁临汾知府，又迁太原知府。据《圣祖仁皇帝御制文集》四集卷十一所载康熙帝《论吏部》记：康熙五十四年（1715），山西巡抚苏克济疏劾赵凤诏贪赃30余万两。经查实，赵凤诏"居官其属贪婪，侵欺数十万银两"，"巧立税规，勒索银两"174 600余两。赵凤诏因被革职拿问，康熙五十七年（1718），被处极刑。因赵凤诏系素有"天下第一清官"美誉的户部尚书赵申乔之子，此案在当时轰动朝野，康熙怒骂赵凤诏是"天下第一贪官"。因此人们习惯于把此案视作为康熙惩治贪官的重要例证。诚是可惜，沁水一代贤令后迁太原知府，何以终成贪官而不能善终呢？

　　不过，另有论者认为，"赵凤诏贪污案"实际上是康熙晚年欲打击抑制汉臣，遂借助满族官员山西巡抚苏克济诬陷赵凤诏，其意在打击抑制赵凤诏之父赵申乔等汉族官员。赵凤诏案发，在太原官邸和常州赵宅查抄，均未发现赃银。常州赵家只查出银子五六百两，其中二百两还是康熙御赐赏银。所以，所谓贪污30万两完全是诬陷，常州人也一直认为这是冤案。当时，如果朝中有一二大臣能向康熙求情，赵凤诏完全有可能免于一死。此论参见曲阜师范大学历史文化学院教授成积春发表在《历史档案》2007年第4期上的《康熙晚年抑制汉官的典型事件——赵凤诏贪污案》文。

　　赵凤诏出于常州天下闻名的"三世进士"之名门望族，其祖父赵继升、父亲赵申乔、叔父赵申季，以及兄弟三人熊诏、凤诏、鲤诏，三代六人均为进士。熊诏更是康熙四十八年（1709）状元。申乔官居左都御史、户部尚书；申季为翰林院编修，督学山东；熊诏为侍读学士，入值南书房。赵氏一门高官厚禄，显赫乡里，是常州最有声望和权势的家族之一。

　　常州人一直流传说，赵凤诏案是一件冤案，因为在查抄赵凤诏太原官邸和常州赵宅时，两处都未发现大量赃银。当时常州知府与赵家本来不和，奉旨查抄时更毫不留情，非常彻底，赵凤诏名下只查获五六百两银子，其中有二百两还是康熙御赐的赏银。所谓贪污库银30万两完全是莫须有的诬陷。

也有论者认为，赵凤诏的冤狱，可能是其父赵申乔制造的戴名世《南山集》文字狱的报应。申乔平时过于刚直，不讲情面，朝中树敌太多，墙倒众人推，在康熙盛怒之下，没有一个人愿为凤诏申辩。如果有一二位大臣能向康熙辩护求情，至少赵凤诏可以免于一死。

关于戴名世《南山集》案，是康熙朝著名的文字狱案代表，戴名世，安徽桐城人，康熙四十八年进士，殿试一甲第二名，很有才华。曾卜居故乡南山冈，门人尤云鄂为戴刻印了《南山集》，集中引用了方孝标《滇黔纪闻》中若干内容，在记述南明弘光帝逃亡南京时，用了南明桂王"永历"年号。当时明代已亡，清代已立，不用清帝纪年而用亡明纪年，就是大逆不道。

康熙五十年（1711），赵申乔上表参劾翰林院编修戴名世所著《南山集》、《孑遗录》，题为："特参狂妄不谨之词臣，以肃官方，以昭法纪事"，于是掀起一场罕见的文字狱。《南山集》一案株连戴、方两家，三代之内，年十六岁以上者俱处死，母女妻妾及十五岁以下之子孙俱给功臣家为奴。此外，刻印者、作序者等无一幸免。桐城派名宿汪灏、方苞，曾都为《南山集》作序，本来要处绞刑，后经多方相救，免死，罚入旗籍，至雍正登基始获赦归。

人们对赵申乔一手制造的《南山集》文字之狱，都认为是不可原谅的罪过。所以，赵凤诏案一起，康熙大为震怒，立刻将凤诏逮捕下狱，最后以违旨罪成立被处死刑。赵凤诏案发后，朝野竟然无人为之说情。其父赵申乔从此郁郁寡欢，不到三个月忧愤而死；其兄赵熊诏扶柩奔丧回常州，未满月也因哀伤过度病逝。康熙追念申乔、熊诏的功劳，谥申乔为"忠毅"，入"贤良祠"，发还籍没凤诏的田产。因此，后人普遍认为赵凤诏的冤狱，是赵申乔制造的戴名世《南山集》文字狱的报应。

（8）嘉庆年《沁水县志》

知县鉴湖徐品山重修，乡贤张心至总纂。

张心至为沁水窦庄人，清代乾隆年间进士，四川庆符知县，升刑部四川司主事。

徐品山是顺天宛平（今属北京）籍浙江山阴（今浙江绍兴）人，乾隆五十一年（1786）举人，嘉庆元年（1796）任沁水知县。曾出任嘉庆五年（1800）、六年（1801）两科山西乡试同考官。据山西巡抚初彭龄《题请补授县官》题本：徐品山于嘉庆九年（1804）调补介休知县，嘉庆十四

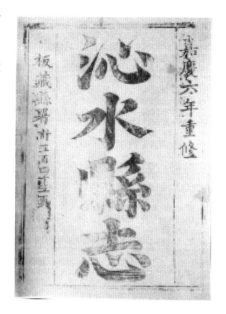

年（1809）遭革职留任，不久复任介休知县。嘉庆二十四年（1819）曾重修《介休县志》。

嘉庆十四年（1809）十二月九日山西巡抚初彭龄《题请补授县官》题本记曰：

> 巡抚山西兼管提督盐政印务、节制太原城守尉臣初彭龄谨题为详请题补要缺知县，以裨地方事。该臣看得介休县知县葛拱宸因在孝义县在任，县民马宗在京呈控伊妻与堂弟马廷通奸一案，该县捏改奸夫抽换文卷，经臣奏参革职。所遗介休县知县员缺，系冲繁难要缺，例应在外拣选题补。兹据署布政使刘大观、按察使积朗阿详称，查有开复知县徐品山，心地明白，办事勤练，请题补介休县知县前来。
>
> 臣查：徐品山，年五十六岁，系顺天宛平县人，祖籍浙江。由乾隆丙午（五十一年，1786）科举人，（乾隆）六十年

（1795）会试后大挑一等引见，奉旨以知县用，签掣山西，题署沁水县知县，调补介休县知县，于嘉庆十九年（1814）九月十五日到任。十四年（1809）接准部咨因，侍郎庆惠过境，私给站规饭钱，奉旨革职。于五月二十四日卸事，九月十八日奉上谕改为革职留任，未经离任者即著，毋庸离任；其业经离任者即著，留于该省。遇有相当之缺，即予补用，钦此。

钦遵在案，查介休县，系该员本缺。该员心地明白，办事勤能，且在介休年久，一切吏治民情尤为熟悉。今请仍将该员题补介休县知县，实堪胜任。该员系开复知县，题补知县衔缺相当，毋庸送部引见，谨题请旨。

按：初彭龄《题请补授县官》题本奏于嘉庆十四年（1809），题本中"嘉庆十九年（1814）九月十五日到任"，应作"嘉庆九年（1804）九月十五日到任"。

徐品山也是沁水历史上一位政绩、才干、品望都不在赵凤诏之下的县令，尤其是徐品山的人格品德，在古代沁水众多县令中堪称第一，是一位真正的贤令。然而，沁水对徐品山这位贤令很不公平。徐品山于嘉庆元年（1796）出任沁水县令，四年后徐品山在《重修县城来脉记》中称：

余非政事材，不敢妄有兴作，而邑中所宜有者，要不忍废。忆自承令以来，四阅寒暑，若养济院、河神庙、碧峰书院、西北两河堤、文庙、县志等事，皆次第修举。

徐品山不仅次第修举养济院、河神庙、碧峰书院、西北河堤、文庙、县志等，还环城种树，岁考文童，巡行边远山区，访农问苦，并亲自出任碧峰书院山长，讲学授业，培养人才。徐品山作有《环城新种杨柳诗以纪之》、《辛酉冬日岁考文童即事四首》、《循行县鄙作》等诗。在古代沁水县令中，有两位县令为沁水做事最多，一是赵凤诏，再者便是徐品山。徐令为沁水百姓做的善事并不差于赵凤诏，但二令结果不同，赵凤诏在县志中留下"宦绩"，百姓修了生祠，朝廷又荐拔他升官而去；徐品山的遭遇，却令人嗟叹。

我们不能理解的是，光绪《沁水县志》曾将战乱中不顾沁水百姓逃城保命而被罢官的崇祯年县令沈必成与顺治年县令刘昌列入《宦绩》；又将康熙年间莅沁仅半年的县令于继善，因为上奏为沁水请免赋税，也入《宦绩》。徐品山为沁水做了如此多的善政，光绪《沁水县志》对其宦绩，却无点墨渲染。仅此一点可以说明，光绪《沁水县志》的编撰者，但凭个人好恶而随心所欲，实不知何为良史传统。

徐品山经常深入民间体察民情，其《初至东北境上有感》诗记：

> 下里何尝惯见官，辍耕罗拜有余欢。
> 为言阴岭初消雪，竞挽肩舆送过滩。

其《檄赴甘桃驿接饷留别父老》诗，道出他不被列入光绪《沁水县志》之《宦绩》的原因，诗云：

> 报政无他技，聊堪任远行。两年三转饷，祖道累编氓。
> 若辈方忧旱，征夫未计程。一樽郊外别，去住共关情。

原来徐品山任职沁水期间，不忍加重沁水百姓负担，因而常常完不成上缴朝廷的赋税，加上他也不懂得想一些"他技"以充政绩，因而不受上司赏识。徐品山不得不常常以县令身份，亲自去为朝廷当民夫，频繁接受朝廷带有抵偿性的转运粮饷之徭役，来补偿没有完成上缴的赋税。徐品山是位很好的官员，他轻赋薄税，没有为自己上报更多政绩而侵民扰民，加重百姓负担，而是将更多的钱财，用在了为沁水百姓所做的好事上。他是一位亲民为民、忠厚性淳的好县官，我们不应忘记沁水历史上还有徐品山这样一位因为"报政无他技"而得不到上司赏识，未能被列入光绪《沁水县志》之《宦绩》，却深受沁水百姓爱戴的好县官，光绪《沁水县志》实在不应当有负于徐品山这位很好的官员。

重修的《沁水县志》是徐品山在沁水最为不朽的盛事。徐品山《重修沁水县志序》云：

> 嘉庆元年（1796）冬十月，徐子承乏沁水。始下车，即阅邑乘，字多漫漶不可识。其间名存实亡者，亦不一而足。盖为康熙丁丑（三十六年，1697）前令赵君所辑，已百年于兹矣。
>
> 历观百年以来，沁令俸满者不过十之二三，其他或四、三年，或一半年，宜其无暇及此也。

历任沁水县令皆无暇顾及修志，徐品山因为"余以限年缉贼，独得久淹兹土。过此以往，升沉盖未可知。脱令及瓜而代，亦如席不暇暖者。恝然舍去，而诿诸异人，任人其谓我何"，遂召集绅士耆老开始修志，由乡贤张心至总纂，历时四个月，完成《沁水县志》的重修。"始事于庚申（嘉庆五年，1800）之秋九月，至冬十一月设局，辛酉（六年，1801）季春厥稿初定。咸请量力捐资付剞劂，至冬十二月书乃成"，遂于嘉庆六年刊出。

嘉庆志较康熙志有明显变化，嘉庆志之前的几部县志，体例皆不过十卷，嘉庆志则辟为十二卷；康熙志共为张铨等十四位人物立传，嘉庆志则为张铨等二十九位人物立传，内容大大增多。

著名学者陈光贻《稀见地方志提要》卷二评嘉庆《沁水县志》曰：

> 清徐品山修，张心至纂。品山顺天府宛平县籍，浙江山阴县人；乾隆举人，嘉庆元年任沁水知县。心至事迹未详。据本书沿革汉置沁水县，属河内郡，北齐改曰永宁；隋开皇中复名沁水，属泽州。其后王世充尝置原州于此，元时改属晋宁路；明

洪武初属平阳府，后改属泽州，清雍正以后，为泽州府属县。

沁水志乘源流，据本志所载历代修志姓氏表，创修于明正德间邑人李瀚；嘉靖间知县扈文魁，万历甲辰邑人张五典，崇祯间邑人张道濬，均为增纂。清顺治己亥知县邱潞重修，康熙丁丑知县赵凤诒又重修。今查旧志皆佚，惟《赵志》犹存。此志继《赵志》重修，其体裁较《赵志》为核，纪载亦详。其志类分星野、方舆、营建、风俗、贡赋、选举、职官、人物、祠祀、祥异、艺文、志余十二门。贡赋志物产篇载：锡礦产在县西乡，明万历间遣使开采，即其地凿之，数月无所得乃罢。

光绪年间沁水县令浙江山阴（今浙江绍兴）人秦丙煃重修《沁水县志》时，几乎过录了全部嘉庆志的内容，又增补了嘉庆年以后的一些史料，遂成光绪志。后徐品山于嘉庆九年（1804）调补介休知县后，又与陆元镠同修了《介休县志》。

沁水县志

（9）光绪年《沁水县志》

知县秦丙煃与训导李畴同修。

李畴，字广文，山西介休县举人，光绪六年（1880）沁水县训导。训导属学官，即执掌文教之官。

秦丙煃，清代顺天大兴（今属北京）籍，浙江山阴（今浙江绍兴）人。绍兴有鉴湖，故自称鉴湖人。光绪六年（1880）任沁水县令，其间，与李畴同修了一部《沁水县志》。秦丙煃在《重修沁水县志序》中称：

邑乘自前令徐君修后，迄今已八十年矣。凡学校之兴废，人才之盛衰，政事之宽严，风俗之厚薄，时异势殊，不能无今昔之感。苟缺焉不续，非特文献无征，即长民者，亦无以因志见俗，因俗出治，而修废举坠之端，往往虚悬焉。而莫偿其愿，则所关岂浅眇哉!我国家重熙累洽，道一风同，八埏尽奉车书，四夷咸服声教。二百余年以来，泽厚仁深，何可胜纪。今山右纂修通志，令郡县各采风以献，诚钜典也。

　　庚辰（光绪六年，1880）夏，余承乏是邑，政简民和，俗尚犹敦古处。公余之暇，即以修志为急务。奈款费难筹，未免焦心于五夜。未几，蒙爵抚宪大人，严檄提取邑志，益惧无以报命。

秦丙熿六月到任沁水县令，适遇省府纂修《山西通志》，频令各县提供新编县志，正好训导李畤到任，于是："秋七月，适随城李广文（李畤字广文）来沁秉铎。余不禁欣然曰：'此可以相助为理者也，补续之事，正在今日。'"秦、李遂开始编志，"因取旧志而披阅之，见纂辑于前者，多出于名公巨卿之手，历经数修，折衷至当。其义典而核，其论简而该，其词润而腴，其笔严而正，而且条分缕析，灿若列眉，此真可以信今传后者也，正毋庸增损于其间也"。

秦丙熿以为，旧志编得很好，"正毋庸增损于其间正毋庸增损于其间"。于是，秦丙熿几乎过录了全部嘉庆志的内容，仅增补了嘉庆五年（1800）至光绪七年（1881）间八十余年中选举、职官、人物之史料，对于"若夫形胜雄壮，山川秀美，历代沿革，前志已悉，皆可各仍其旧"。因用了五个月，"始于庚辰嘉平朔日，越五月而厥稿初定"，遂编成了光绪志。

嘉庆年间沁水县令徐品山在其重修嘉庆志序言中，也说嘉庆志仅仅补入康熙三十六年（1697）至嘉庆五年（1800）间百余年的史料，对于康熙三十六年以前的史料，"考旧志，前令赵君由名进士出宰，凡所笔涉，独出心裁。余不文，不敢自用"。秦丙熿也是以如此理由，完成了光绪志的修撰。

光绪《沁水县志》是沁水现存三部旧志最后一部县志，也是古代沁水九次修志最后一部县志，是一部集大成的县志，历代县志所记载的内容，光绪志基本上一网打尽，全部过录。所以，光绪《沁水县志》也是沁水现存三部旧志最流行的一部县志。

光绪志有许多错讹之处。如卷二《方舆·山川》记："雕黄岭，县东一百六十里。长子县界。《搜神记》云崔府君为长子令，雕黄岭有虎食人，府君移牒捕之，而虎自来伏罪，即此地也。"此条误记，现存沁水康熙志、嘉庆志也有此记。《搜神记》是东晋时期的一部志怪体小说集，而崔府君是唐太宗时代人，二者风马牛不相及。《搜神记》有《崔少府》与《刘伯祖》篇，崔少府与刘伯祖皆被称为"府君"，但与唐代崔府君雕黄岭审虎事无涉。旧志可能把《搜神记》中"崔少府"误以为崔府君而写入县志。

又如卷六《选举·征辟》记："北齐：徐远，少习吏事，为郡部功曹。高祖命为丞相，骑兵参军，赞画军务，多所裨益，勋庸显著，入《乡贤》。"徐远并非沁水人。《北史·徐远传》记曰："远，广宁人。为丞相骑兵参军事，深为神武所知，累迁东楚州刺史，政有恩惠。郭邑大火，城人亡产业。远躬自赴救，对之流涕，仍为经营，皆得安立。卒于卫尉卿。起远，前书并有传，更无异迹，今附此云。"嘉庆志、康熙志皆记徐远为广宁人，此记有误。沁水在北魏、北齐时称"广宁"，修志者遂以为徐远等为沁水人。《北史》记徐远为广宁人，此广宁实指今河北涿鹿，因此徐远应为河北涿鹿人，并非山西沁水人。

光绪志还有很多错讹，诚难一一列举。这些错讹同时见于康熙、嘉庆二志，进一步说明三志之间仅是过录并不修正之关系。光绪志虽多错讹之处，因为它是历代县志中最后一部县志，也是内容最全的一部县志，因而十分珍贵。

非常遗憾的是，光绪志之后，民国初年中国曾有一次修志高潮，各地均有民国志的问世，而沁水却无人修志。民国初年，中国历史发生了巨大变革，几千年的封建社会终于结束，中国进入民主共和时期。中国历史的这一变革，对沁水必然造成翻天覆地的影响。由于民国初年沁水无人修志，造成这一时期沁水非常珍贵的历史断代失载。1965年沁水曾经编撰了一部未定稿亦未能正式出版的《沁水县志》初稿，1987年沁水完成新编《沁水县志》并正式出版。两部新志对沁水近代民国历史的记载，皆较为简略，未能很好地承担起系统记载沁水近代历史的重任。

3. 历代县志是沁水的百科全书

著名史学家顾颉刚在《中国地方志综录·序》中论说地方志的社会、政治、经济、文化意义，简要地概括了地方志的内涵：

> 夫以方志保存史料之繁复：纪地理，则有沿革疆域、面积分野；纪政治，则有建置、职官、兵备、大事记；纪经济，则有户口、田赋、物产、关税；纪社会，则有风俗、方言、寺观、祥异；纪文献，则有人物、艺文、金石、古迹。

近人翟宣颖在其所著《方志考稿·序》中，则更明确概括了地方志的六大功用：

> 社会制度之委曲隐微不见于正史者，往往于方志中得其梗概，一也；前代人物不能登名于正史者，往往于方志中存其姓氏，二也；遗文佚事散在集部者，赖方志然后能以地为纲，有所统摄，三也；方志多详物产、税额、物价等类事实，可以窥见经济状态之变迁，四也；方志多详建置兴废，可以窥见文化升降之迹，五也；方志多详族姓之分合，门第之降衰，往往可与其他史实互证，六也。

历代沁水县志之修撰，功德无量，意义深远，它记录和总结了沁水的过去。我们现在的沁水人，以至将来的沁水人，要想了解、认识、宣传、发展沁水，达到沁人知沁、天下知沁的目的，登堂入室的最佳途径，便是现存三部《沁水县志》。三部县志实际上成为一部沁水地方社会史、政治史、经济史、文化史，成为沁水非常珍贵的文化遗产，成为我们了解、认识沁水最直接的百科全书与最可靠的历史文献。

沁水史话纵横

兹以光绪《沁水县志》为例而论。光绪志目录实际共十三卷，计卷首图考，卷一星野，卷二方舆，卷三营建，卷四风俗，卷五贡赋，卷六选举，卷七职官，卷八人物，卷九祠祀，卷十祥异，卷十一艺文，卷十二志余等。

光绪志在目录后安排有"凡例"而相互对照，逐一概括解释目录大要。目录及"凡例"中所说"各门"，即县志编撰按内容所分的不同门类。康熙志与嘉庆志都在目录后安排有"凡例"，形成县志编撰的一个通例。

一、旧志修于嘉庆辛酉（1801），距今已八十年。凡所应入者，无不详加访核增补于各门之后。事虽有加于昔，要皆删繁就简，未尝斗靡夸多。

一、"分野"，为开卷第一义，顾窥天之学，古今无几。专司占验者，又多出于臆度。总之河东等郡，皆为觜参之分。沁偏泽西北，与翼绛为邻，其属觜参无疑。旧志折衷简当，今依之。

一、"山川"，张大司马按地形龙脉，总叙成文，立意甚超。邱明府撮其大要，改为"总论"。复标山川名目，以景物附缀其下，若纲在纲，了如指掌。旧志因之，今如其旧。

一、"田赋"，旧志挈其要领，以便观览而已。兹值大祲以来，恩膏迭沛，蠲免不一，实有异于曩时者，故不敢从略。

一、旧志"学校"，缺先贤先儒姓氏。虽系天下祀典所同，然未免过略。及细查两庑，尚有应入者，今特补之。

一、"选举"门，旧志繁冗，每名下必详叙里居，今特标明科分年分，俾阅者一目了然，不必鳃鳃焉。于里居辨之，可俱删焉，以归简便。

一、旧志"官阶"外，有"武勋""恩荣""议叙"等目，未免琐碎。兹将"武勋"并入"官阶"，职衔附于其后，庶有条而不紊。

一、"官阶"，惟出仕者列之，其余例贡例监不滥入

一、职衔或军功，保举或捐输，议叙及曾请封赠者，皆入之。仅顶戴荣身者，不备录。

一、"职官"，仍遵旧志，止列实任。凡署事及代理，惟有宦绩并现任者志之。

一、"宦绩"年远者，多不可考。惟即遗爱在人，德政不朽者志之。所以立传寥寥，归于核实而已。

一、"人物"一门，"孝友""品望"等，惟卓卓可传，没世名称者录之。或乡党见许，而其人现存者，亦不入。

一、"列女""贤孝""节烈"，八十年来，所在多有。除建坊及学宪、邑令给匾外，核其年例相符者入之。或年例稍有未符，而其人已殁者，亦采入。

一、"艺文"诗文，各体俱备。然有关于沁邑文献者，登之。其余佳构虽多，不能阑入。

一、逸情琐事，诸门不及录者，拾在"志余"，以资谈故。

兹结合光绪《沁水县志》各卷具体内容，对目录之不同门类，做逐一概括介绍。

卷首《图考》者，包括"县境图、县城图、县署图、学宫图、书院图"等目，展示县境、县城、县署、学宫、书院的位置与规模，其意一目了然，可望图生意。

卷一《星野》者，包括"星图、星占"等目。从天文学角度，指明沁水的地域位置。古人以天文十二星次的位置，划分天下相对应各州县地域。就天文言称为分星，就地域言称为分野，犹如今日地图之经度和纬度。

卷二《方舆》者，包括"沿革、疆域、山川、津梁、形胜、古迹、十景"等目。方舆又称舆地，即大地或土地，指沁水的地理形胜，记载了沁水的疆域辽阔，山河壮丽，天象呈祥，地脉旺盛，交通方便，地势宜人，很早就有人居住，到处留下古迹，形成无数美好的天然景观。实际指沁水地理风水的选择与变化问题，重在县治地理风水的选择与变化。天象地脉受人类社会活动影响，地理风水在不断变化，即所谓"风水轮流转"，以及"三十年河东，三十年河西"之问题。所以沁水县治及地域，随着风水的盛衰变迁，其沿革也在不断变化，地域归属也在不断调整，以保证一地天象地脉之风水的持续旺盛。

卷三《营建》者，包括"城池、堤防、学校、书院（附义学）、公署、兵制、铺舍、村镇、市集、砦堡"等目。犹今日的城乡建设，城市者，包括历代防洪河堤、县治城墙的修筑，县城内学校、书院、官署、衙门的设置，县城内外军队营垒，即驻扎、防守、巡逻（兵制、铺舍、砦堡）之地的分布等。乡镇者，包括全县村镇、集市的位置分布。涉及城市志、教育志、军事志、乡镇志、集市志，范围很广。学校之学宫、书院、义学，以及大成殿、崇圣祠、明伦堂、尊经阁、名宦祠、乡贤祠、忠义孝弟祠、节孝祠等建筑的布局建设，甚而包括大成殿、崇圣祠等祭祀的对象及礼仪等，实际涵盖了一整套儒家礼仪制度，内容十分丰富。

卷四《风俗》者，包括"本业、习尚、礼节、节序、祈报"等目，记载了沁水人主要从事的产业与习俗以及礼节之冠礼、婚礼、丧礼、祭礼等风俗，各种节日，以及春祈秋报的祭祀与娱乐活动，涉及沁水人的生活习惯、人情习俗、民俗习尚、人文习性等。

卷五《贡赋》者，包括"田赋、丁徭、存留、户口、盐法、里甲、仓储、税课、耕田、农官、学田、义金、土贡、物产"等目，几乎包括沁水社会所有的赋税制度和经济活动。其中"存留"目中记有官员俸禄："知县养廉银，八百两。俸薪银，四十五两。""巡检养廉银，六十两，薪银三十一两五钱二分。""典史养廉银，六十两。俸薪银三十一两五钱二分。"知县、巡检、典史的养廉银皆高于薪银，庶可称为"高薪养廉"。从事教育者没有养廉银，只有"教谕俸薪，银四十两。训导俸薪，银四十两"。

卷六《选举》者，包括"征辟、进士、举人、明经、武科、世爵、官阶、封赠、恩荫、乡饮宾"等目。古代选拔举荐贤能任为官员称为选举，泛指科举选仕。征辟指汉代以来擢用人才的一种制度，朝廷征召称"征"，官府征召称"辟"。"进士、举人、明经、武科"等属于通过科举进入官场者，"世爵、官阶、封赠、恩荫"等，则属通过其他途径进入官场者。展示了古代沁水人或通过科举或利用其他条件进入官场的历史。同时记录了这些沁水籍官员的科举出身、任职地方、任职时间，以及任居何官职、有何政绩等经历。

卷七《职官》者，包括"县令、县丞、主簿、典史、巡检、教谕、训导、宦绩"等目，保存了有记载的历代在沁水任职的各级官员情况，记载了各级官员的籍贯、科举出身、任职时间，以及有何政绩、罢免升迁等事项。其中"宦绩"，主要对历代沁水各级官员的政绩进行评价，其评价优劣不等，大致中肯公正，也有评价失当者。

卷八《人物》者，包括"孝友、节烈、品望、卓行、文苑、隐逸、列女"等目。各目皆包含两部分内容，如"孝友"目，先简要介绍一系列历代沁水有"孝友"之行为的人物，而后选择有突出"孝友"之行为的人物，重点为其列传，称"孝友各传列后"。光绪《沁水县志》卷八《人物·孝友》共简要介绍明代"孝友"者17人，又"补遗"4人，国朝32人，共53人。而后重点为"王廷玺"一人列传，介绍其主要"孝友"事迹。其他各目皆遵如此体例，犹如正史中各类人物"列传"。该卷记载了历代沁水各种出类拔萃人物的基本风貌，展示了历代沁水众多名士的绝世风流。

卷九《祠祀》者，包括"坛庙、寺观、陵墓"等目，记载了遍布全县各地无数坛庙、寺观、陵墓的所在位置、创建或重修时间，反映了历代沁水祭祀崇拜之礼仪习俗的盛衰，包括祭祀佛道鬼神，以及民间俗神、人间先祖等。其小序曰：

> 礼垂祭典，法戒淫祀，先师以非其鬼而祭为谄。又以敬鬼神而远为知，其于幽明之际，盖慎言之矣。夫有举无废，自昔为昭。沁无淫祀，犹为近古遵典礼而重明禋，有司责也，其敢忽诸，志《祠祀》。

卷十《祥异》者，包括"纪岁、兵燹"二目，表面上是记载历代沁水的祥瑞与灾异，实际记录了明清以来沁水连年频发的水旱、蝗虫、瘟疫、地震、五谷不登等灾害，以及连年不断的兵荒战祸。

卷十一《艺文》者，包括"奏疏、文告、旧序、志铭、碑记、杂著、赋、诗"等目，汇集了历代沁水各种"艺文"体裁之诗文作品。其中有无数沁水本土文士如荆浩、李瀚、常伦、张道濬等人的艺术创作，也有众多游历沁水文士如元好问、李梦阳、何景明、于谦等人的艺术创作，展示了历代沁水文士的诗文成就与艺术风流，反映了沁水历史的悠久辉煌和文化的繁荣昌盛。

卷十二《志余》者，记载了历代沁水的奇人异事。其小序曰：

> 语常而不语怪，先师之坊世也。其意盖严然宇宙之间，不少奇异。凡阴阳之蒸煦，游魂之变幻，梦寐之交感，每有出人意外者，采而集之，亦足以饫听闻资博览也。因作《志馀》，以列篇终。

历代《沁水县志》，实际上是一部部沁水地方社会史、政治史、经济史、文化史，民俗史，以及地理志、人物志、职官志、城建志、乡镇志等等，成为沁水一笔非常珍贵的文化遗产，成为我们了解沁水最直接的百科全书、认识沁水最可靠的历史文献。

八、历代文献与沁水文化

沁水古代文献大致可以分为以下几个部分，即历代《沁水县志》、历代名家著述、现存古代墓铭碑刻，以及散见于各种古代文献中关于沁水题材的诗文等。

1. 历代《沁水县志》的文献与文化价值

关于历代《沁水县志》文献与文化价值，前文《历代修志与人生不朽》已有系统论述，可以参阅，这里仅作提要介绍。

古代沁水曾经先后九次修志：

> 永乐年，无名氏修，佚。
>
> 正德年，乡人李瀚重修，佚。
>
> 嘉靖年，县令扈文魁、乡贤卫天民重修，佚。
>
> 万历年，乡人张五典重修，佚。
>
> 崇祯年，乡人张道濬重修，佚。
>
> 顺治年，县令邱璐、乡贤张道滉重修，佚。
>
> 康熙年，县令赵凤诏、乡贤张绘章重修《沁水县志》十卷本，存。
>
> 嘉庆年，县令徐品山、乡贤张心至重修《沁水县志》十二卷本，存。
>
> 光绪年，县令秦丙煃、乡贤李畴重修《沁水县志》十二卷本，存。

九次修志，明代的五次修志及清初的顺治志，未能传世，仅清代的康熙、嘉庆、光绪三部《沁水县志》流传至今。历代所修《沁水县志》，记载了沁水悠久辉煌的历史，保存了沁水繁荣昌盛的文化，是最珍贵的文化遗产、最基本的历史文献。

九次修志仅有三部《沁水县志》保存至今。不过，光绪《沁水县志》曾汇集有万历志以来历代所修《沁水县志》的序跋，其对未能传世的万历志、崇祯志、顺治志来说，弥足珍贵，兹录题目如下：

知县冯梃万历三十二年重修《沁水县志》序

乡贤张道濬崇祯七年重修《沁水县志》序

知县邱璐顺治十六年重修《沁水县志》序

乡贤王纪顺治十六年重修《沁水县志》序

乡贤张道湜顺治十六年重修《沁水县志》序

知县赵凤诏康熙三十六年重修《沁水县志》序

名儒范鄗鼎康熙三十六年重修《沁水县志》序

知县徐品山嘉庆五年重修《沁水县志》序

知县秦丙炷光绪七年重修《沁水县志》序

乡贤张心至嘉庆五年重修《沁水县志》跋

一代名儒山西洪洞范鄗鼎《重修沁水县志序》给康熙志以极高评价

历代《沁水县志》之旧序，不仅详细记录了沁水历代修志的情形，并对历代主持修志者有功于沁水文运给予充分肯定，对历代旧志优劣进行了综合评价。尤其重要者，旧序还简要介绍了沁水的历史文化、人物事件，以及社会经济、道德礼仪、风俗习惯、人文古迹、山水名胜等，纵贯几千年古代沁水，实际构成了一部沁水古代历史。旧序有史有事，有述有论，史论一体，高瞻远瞩，是古代沁水流传至今十分重要的历史文献。

2. 历代《沁水县志》对古代沁水名家著述的记载

光绪《沁水县志》卷八《人物·文苑》，曾对古代沁水诸家文献作有系统记载，此节录如下：

宋代

王载道，少颖慧，于书无所不窥。宋末隐居鹿台山。有《思宋录》、《鹿台诗卷》，藏于家。别见《隐逸》。

元代

李逢吉，见《征辟》。博通书史，善吟咏。

明代

朱珵阶，见《封爵》。多布衣交。工诗，著有《衡漳稿》、《沧海披沙集》。

李聪，见《选举》。以孝友称。历任鄂县、慈谿训导。训学者以体验扩充为主，一时士类多务实学。致政归，自托于章缝书史。遇事卓有裁制而礼度自娴，有古人风。

李灏，聪长子，大司农瀚兄也。熟史学，尤工诗，不乐为举子业。著有《郊西吟稿》。

常伦，见《选举》。少有异才，张忠烈称其"文学司马子长，诗宗李杜，上窥魏晋，多自得语。书法遒劲，似颜鲁公，而潇洒有晋人意。画不学而精妙，尤工乐府小词，盛传泽沁间。伎儿优童，咸弹弦出口歌之，至今不废，曰：常评事词也"。著有《校心字法》一篇，《常评事诗集》、《写情集》行世。其《吊淮阴侯》诗，尤为海内传诵。张铨为作传，见后。

张五典，详见《品望》。著有《张司马文集》行世。

韩范，详见《品望》。其天资学力，俱越寻常。著有《皇考吟》、《经世集》、《要佚我园稿》、《司马纪实》等书。

孙鼎相，详见《品望》。著《承恩堂遗稿》数卷。

张铨，详见《节烈》。忠言议论，不可胜纪。著有《国史纪闻》、《春秋集》、《胜游草》行世。

张铪，字缄三。性沉静，悉力典坟。著《史臆》及《晋南名贤传》，有功文献。韩崇朴为作传，见后。

张道濬，详见《卓行》。所著有《丹坪内外集》、《奏草焚余》、《兵燹琐记》。

韩仰斗，博涉经史，旁及天文、地理、医卜诸书。不苟进取，不闻户外事。日执一卷，随读随录，至耄不衰。著有《澹庵集》、《韩氏家谱》、《言行录》。陈廷敬为作传，见后。

国朝

尚宁一，不慕仕进，务求圣贤性命宗旨。入南监，广求中秘藏书。访辛全于绛州讲问学，同韩青州居榼山论故实。存诚主静，远近称为躬行君子。著《修齐格言》百卷，《女则》五卷。

张铨，性奇颖，丰采过人，博学工诗。著有《越吟》、《蘧园笔暇》、《漫亭诗草》。孙居相为作传，见后。

张元珍，字在璞，岁贡生。学问渊雅，品概卓绝，生平著作颇富。

张道湜，详见《卓行》。为文有奇气，年四十即解组归，吟咏自适。著有《诗草录存》、《挥暑清谈》、《史鉴节录》等书。

王统廷，瓒子。岁贡生，任偏头所训导。博学能诗，汪学使灏尝赠诗云："五岳名家良史学，九州霸气老词坛。"

张道濂，殚心经籍，精制义。工小楷，兼长诗、古文、词。郑鸿任为作传，见后。

李廷栋，贡生。事母备极孝养。长于书法，任乡宁训导，甫二年告归，徜徉诗酒间。年九十余卒。

王衡，字梅雪，拔贡生。事继母曲尽孝道。善书，有晋人笔意。

王敏敦，诸生。姿性颖异。善古文词，下笔辄洋洋数百言如宿构。游历甚广，富于著述。有《灯花赋》、《荔枝赋》、《皇居赋》、《澳门记》、《罗浮山记》，多为人传诵。

樊王稷，字卤一，岁贡生。年十四入泮，十七食饩，有声庠序。家贫，嗜学，下笔不能自休。性方严，不诡随俗。人高其才行，每以被容接为幸。

樊度中，字德涵，号苇村，王稷次子，拔贡生。简淡冲和，萧然自得。古文诗歌，格律清严。午亭陈相国聘游京师，名噪公卿间。任定襄教谕，诸生多被裁成。告归后，避居山村，足不入城市。所著《圃余诗集》，大有宋人风味，必传无疑也。

张绘章，庠生。幼从学于范彪西，博学能文。前令赵君修县志，绘章考定之功居多。

李恒，字贞甫，岁贡生。少无师承，而卓然自拔，陶刺史自悦引重之。晚年所养益高，学者称为蜇庵先生。

韩学山，字鲁望，邑诸生。博学能文，雍正七年举文学，发司延修《山西通志》。

张德渠，道湜子，廪贡生。工文，尤长词赋。所著有《南华道德经解》、《南村文集》。赵挺元为作传，见后。

张焕旸，字瞻所，号晅伯，自号漱石居士，为邑诸生。善书，工诗，有诗稿藏于家。少时负笈寻胜，直至西子湖而止，所过多所题咏。归来，生徒日盛。穷究子史百家，简炼揣摩，为文直入古人堂奥。江西粮道高显光为之铭曰："梗楠在山，匠氏之耻。和璞终韫，玉人其鄙。囊颖攸脱，乃敛乃归。铲耀剖垢，钩踦探微。约之身，揆之文，以韪其嗣人庶几哉。"张道湜亦为作传。

谭遵宪，岁贡生，河曲县训导。著有《教规续说》、《仪注取裁》。

窦世英，邑诸生。学通古今。雍正初举孝廉方正，不就。有《条陈教职》、《民壮》、《乡约》、《社仓》四则，当事命颁发各有司官。

窦汉辅，贡生。博通经史，工诗古文词。有《楞亭诗集》，藏于家。

张传辉，庠生。沉默静退，隐居仙翁山，自号山阳老人。著有《窦庄小志》，未刻。

张传炌，监生。博闻强记，好吟咏。著有《秋雨集》、《涂说》、《臆说》、《读书抄》，藏于家。

尚五品，字逊躬。少负奇姿，家贫不能延师，往往私淑诸人，亲炙者不逮焉。年十八，补博士弟子员。所作制义，一宗先正，试辄冠军。乾隆壬申应乡试，房官大奇之，与主司争元不得，遂彻公卷。越十年，始联捷成进士。居恒整躬饬纪，里党交推。邑侯吴重其文行，延主碧峰书院。视生徒如子弟，口讲指画，夜分不倦，门下掇巍科者甚夥。文稿一出，人以奇货居之，迄未付梓。后授甘肃大通令，地僻近夷，公将化以文教，到任甫半载而卒。

张殿叙，庠生。性高旷，不慕仕进。善书能诗，有《菊逸集》，藏于家。

马有良，岁贡生。定襄县训导。勤学好问。辑有《四书精义》，卷帙浩繁，尚未行世。

张宗彝，庠生。雍彦子。品学兼优，工书法。游于济南，在趵突泉偶题《观览》二字。乾隆年间，驾幸趵突泉，爱此二字。即日，谕旨召之。到沁时，惜宗彝辞世已七日矣。后人称为铁笔先生。

张书简，增生。孝友天性，廉洁自持。习举子业，博通经史，从学者多所成就。

王丙曜，岁贡生。学有根底，长于吟咏。著有《南鄙农诗集》。

光绪《沁水县志》卷八《人物志·文苑传》之名家传记又记：

明代常伦，所著有《校正字法》一编，《评事集》四卷，《写情集》二卷，行于世。

国朝张铃，生平著经颇多，惜贫不能付剞劂，然有待焉。曩岁止刊《壁余草》一册，狗子请也。

国朝韩仰斗，所著有《澹庵集》、《韩氏家谱》、《言行录》，皆系手抄，藏于家。

国朝张稔，尤工于诗，有《越吟》、《蘧园笔暇》、《漫亭诗稿》，藏于家。吾邑自常楼居先生后，盖指不多屈云。

另外，光绪《沁水县志》卷八《人物志·孝友传》亦记：

国朝韩胅仁，饶暇晷，手自笺纂《养中》、《养才》二篇，以训子及羲诸孺子，不及其他。

光绪《沁水县志》卷八《人物志·品望序》亦记：

国朝王纪，吴逆叛，公卿交章保举参赞四川军务审缮，《灭贼》、《抚民》二疏入告，世论伟之。

王承尧，前后所上封事，如《请稽察武弁顶冒以肃营制》、《查囤积以平谷价》、《详陈火耗归公别弊》及《请定秋审处分》等疏，俱在准行。

光绪《沁水县志》卷八《人物志·品望传》之名家传记亦记：

明代韩范，居纳言既久，有称公于太宰者。太宰曰："吾未尝识面，所知亦多诮，公不合时宜。"公莞而戏笔，草《五官四体问答》，微词隽旨，士林传诵焉。岁当京察，因援例引年，致仕而归。归而构佚我园泥泉别墅，药栏松迳，咏觞其间，悠然自得。所居晴庵，牙签万卷，铅黄甲乙，多会心独得之致。著述甚富，皆藏于家。病中犹撰祠堂碑，文《本支世系图考》，及《训家格言》，口授其子。一日徐起，正衣冠，嘱后事，奄然而逝。

光绪《沁水县志》卷八《人物志·卓行序》亦记：

明代王维城，岁贡生。授徒终身，安贞食贫，不屑与人竞，扁其斋曰"聚乐"。著有《永思录》，以子廷瓒赠朝议大夫，祀《乡贤》。

国朝王国宾，武生。初业儒，屡试不利，遂弃文就武。生平疏财仗义，喜谈阴骘、节烈事。于书画、风鉴、医卜、骑射，无不精妙。子十人，入邑庠者七。著有《阴阳地理要诀》、《绘事谱》、《仙机棋谱》，藏于家。

张佩书，岁贡，竹书弟也。道光二十七年秋，雨伤稼，佩书兄弟以节俭余赀，买米赈其坪上。咸丰九年大旱，亦如之，村人至今传颂不置。且博通经史，学有根底。著有《沁滨诗文集》，藏于家。

光绪《沁水县志》卷八《人物志·隐逸传》之名家传记亦记：

> 五代荆浩，字浩然，隐洪谷，自号洪谷子。工丹青，尤长山
> 水，为唐末之冠，关全师之。尝作《山水诀》，其节要曰。

另外，通过各种古籍文献检索，还可检索到光绪《沁水县志》失载的沁水历代文士的一些重要著述。兹仅举目前已检索到的明清时期沁水文士的一些重要著述如下：

> 明代李瀚整理刻印《新刊五子书》及《吕氏春秋》、《读四书丛
> 说》等。
> 明代孙居相《留台奏议》（雍正《泽州府志》卷三十六《人
> 物传·节行·孙居相》作《北台奏议》）、《恩县志》、《维风
> 约》、《艺林》、《伐山》等。
> 明代刘东星《晋川集》、《明灯道古录》等。
> 明代张五典《海虹集》等。
> 明代张铨《张忠烈公奏疏》、《张忠烈公存集》、《南巡审
> 词》、《鉴古录》等。
> 明代张道濬《从戎始末》、《张都督文集》、《张都督奏
> 议》、《张都督赋》、《张司隶初集》，以及《张深之先生正北
> 西厢记秘本》等。
> 清代霍润生《藤荫轩诗草》、《娱我园诗抄》等。

上述历代沁水古代文士著述，将近百种，这是一笔非常丰富而又十分珍贵的文化遗产。可惜，历经沧桑，大浪淘沙，沁水古代文士近百种著述流传至今者不是很多，大多佚失不传。尤其是很多古代文士著述，都因"藏于家"而未及梓行，未能行世，遂致佚失不传；亦有诸多著述，或遭兵火，或遇迁徙，遂致佚失不传。

笔者曾在2005年出版的《沁水历代文存》之《导语》，2009年出版的《沁水县志三种》之《前言》、以及2005年出版的《沁水史话纵横》之《天下文章》中，依据历代《沁水县志》的记载，对古代沁水名家著述有简要考述。由于当时诸多条件所限，对古代沁水名家著述之存佚的考述，过于简略，且有错讹失察之处，后来经过十多年的努力，借助同行友人的鼎力相助，依据网络检索国内外一些重要图书馆的藏书目录，终于有所收获，找到了诸多一度误以为已经佚失不传的古代沁水名家别集。

故在此特作更正，对《沁水历代文存》之《导语》、《沁水县志三种》之《前言》、《沁水史话纵横》之《天下文章》，以及在此之前在各种媒体所发文章中，关于古代沁水名家著述之存佚的考述，皆以此文为据。古代沁水名家著述存佚较为复杂，一篇短文不可能将古代沁水名家著述囊括殆尽，对其存佚情况也不可能考述得十分准确。故而，殷切希望关心沁水文化的有识之士，能够对这篇短文提出批评；还希望关心沁水文化的有识之士，能够对古代沁水名家著述的存佚提供线索，我们共同努力，认真理清古代沁水名家著述存佚的家底，为新时期沁水文化的发展做出贡献。

3. 古代沁水名家存世著述文献的记载统计

综合各种古籍文献检索，历代沁水文士著述流传至今者如下：

晚唐五代：荆浩《画山水赋》一卷，即《山水诀》，《四库全书》本。《笔法记》一卷，《四库全书》本。《画说》，明唐寅辑《六如居士画谱》本。《画山水图答大愚》，《全唐诗》本。

明代李瀚：《新刊五子书》二十卷，弘治九年（1496）本，存北京大学图书馆、北京国家图书馆。

明代常伦：《常评事集》、《常评事写情集》，嘉靖七年

（1528）本，存北京大学图书馆、北京国家图书馆；《山右丛书初集》本。

明代孙居相：《留台奏议》二十卷，万历三十三年（1605）本，收入《续修四库全书》。《两台疏草》六卷，万历四十年（1612）本，收入《原国立北平图书馆甲库善本丛书》。《恩县志》六卷，万历二十六年（1598）本，存山东平原县志办。

明代张五典：《海虹集》十七卷，崇祯六年（1633）本，海内孤本，存北京国家图书馆。

明代刘东星：《晋川集》，佚。《明灯道古录》二卷，与李贽合作，万历年间本，收入《李温陵集》、《四库全书存目丛书》。

清代张铨：《桔山寺志》二卷，康熙六年（1667）本，存山西省图书馆。

清代陈廷敬：《老姥掌游记》一卷，康熙四十七年（1708）《午亭文编》本，收入《续修四库全书》；又有光绪十七年（1891）王锡祺辑《小方壶斋舆地丛钞》本。

清代无名氏：《沁水县图三幅》，康熙三十六年（1697）

孙居相《两台疏草》六卷，万历四十年（1612）本

张五典《海虹集》十七卷，崇祯六年（1633）本

张铨《张忠烈公存集》三十五卷，
存二十九卷，明末刻本

霍润生《娱我园诗草》二卷及《藤
荫轩诗草》二卷，光绪十六年（1890）本

本，其子目包括娄东梁景星所绘《沁水县县城图》、《沁水县县境图》、《沁水县县署图》等，存北京国家图书馆。

清代霍润生：《藤荫轩诗草》二卷，《娱我园诗抄》二卷，光绪十六年（1890）本，海内孤本，存山西大学图书馆。

其中，明代张铨、张道濬父子，在历代沁水文士中，著述最为丰富，其存佚较为复杂，特单列考述：

张铨

《皇明国史记闻》十二卷，天启四年（1624）本，存北京国家图书馆、扬州图书馆；《山右丛书初编》本，收入《四库全书存目丛书》、《续修四库全书》。

《张忠烈公存集》三十五卷，存二十九卷，明末刻本，海内孤本，存山东省图书馆，收入《四库禁毁书丛刊》。

《南巡审词》四卷，抄本，据太原常慎之所藏原写本传抄，北平图书馆民国二十五年（1936）出版，存北京国家图书馆。

《胜游草》四卷，《千顷堂书目》著录，存佚待考。北京国家图书馆有《胜游草》四卷，万历间刻本，作者为孙铨，明代有孙铨其人，嘉靖年间归安（今浙江湖州）人，但未检索到孙铨有

《胜游草》。孙和张繁体草书相似，疑即张铨作品。

《张忠烈公奏疏》三卷，《千顷堂书目》著录，存佚待考。

《春秋补传》十二卷，《明史·艺文志》、《千顷堂书目》著录，存佚待考。

《鉴古录》六卷，《明史·艺文志》著录，《千顷堂书目》著录作《慕古录》八卷，存佚待考。

张道濬

《丹坪内外集》，光绪《沁水县志》著录，存佚待考。

《从戎始末》，有《山右丛书初集》本。

《兵燹琐记》，光绪《沁水县志》著录，有《张司隶初集》、《山右丛书初集》本，参见下文。

《奏草焚余》，光绪《沁水县志》著录，有《张司隶初集》本，参见下文。

《张都督文集》、《张都督奏议》、《张都督赋》，存佚待考。辽宁教育出版社1998年版《新世纪万有文库·谈迁诗文集》中有《张都督文集序》、《张都督奏议序》、《张都督赋序》等文。

《张司隶初集》五十二卷，明末刻本，海内孤本，存首都图书馆，其卷目包括《泽畔行吟》十卷、《泽畔行吟续》九卷、《奏章焚余》一卷、《古测》一卷、《祀谋》一卷、《奚囊剩草》十卷、《雪广笔役》六卷、《不可不传》三卷、《侦宣镇记》一卷、《兵燹琐记》一卷、《窦庄城守规则》一卷、《泽畔行吟再续》八卷等。其中有《奏章焚余》，疑即光绪《沁

张道濬《张司隶初集》五十二卷，明末刻本

水县志》所著录的《奏草焚余》。

《张深之先生正北西厢秘本》五卷，崇祯十二年（1639）本，收入《古本戏曲丛刊》初集。为张道濬流放海宁卫期间校正元代王实甫《西厢记》之整理本。《西厢记》历代各种刊本很多，仅明代所刻就有几十种。此本以绘图精美著称。其中《双文（莺莺）像》、《目成》、《解围》、《窥简》、《晾梦》和《报捷》六幅插图，堪称是明清各种出像《西厢记》版本中具有代表性的杰作。绘图者为明末著名画家陈洪绶。陈洪绶（1598—1652），字章侯，号老莲，浙江诸暨人。善画山水、花鸟，以擅长人物画驰誉艺坛，与崔子忠齐名，号称"南陈北崔"。曾与木刻家亲密合作，创作出大量版画，仅就《西厢记》而言，就为三种不同版本画过插图，其中最为出色的张深之本由当时武林（杭州）著名刻工项南洲雕版。其中《窥简》一图，紧扣剧中情节，十分传神，为古代版画优秀之作，标志着我国17世纪版画艺术的极高水平。原刻本传世极少，新中国成立初杭州发现了一部，有清代鉴赏家陆士、王礼治藏印，1953年浙江省文物管理委员会征购，1954年移归浙江省博物馆珍藏。

另外，沁水古代共有160位县令，以及众多的县丞、主簿、教谕、训导之官员。古代官员多由科举入仕，皆有相当的文学功底。古人历来有"从不空行"之传统，追求"立德立功立言"之三不朽，视文章为"经国之大业，不朽之盛事"，所以古代官员基本上都有个人文集，任职沁水的众多官员自然不应例外。只是旧志对历代沁水官员生平记载过于简略，其文集大多失载，光绪《沁水县志》仅记载两位官员文集，即：

康熙年间县令赵风诏《龙岗集》（《龙岗纪笔》）（待访）。
乾隆年间训导乔于纲《思居集》，十三卷，乾隆本，山西省图书馆藏。

赵凤诏《龙岗集》不知存世与否？从文集题名分析，《龙岗集》应属赵凤诏出任沁水知县期间的诗文集。《山西通志》卷八二《职官·泽州府·沁水县》记："赵凤诏，江南武进人，进士，康熙三十五年（1696）任。"赵凤诏任沁水知县五年后，调任临汾知县。《山西通志》卷八一《职官·平阳府·临汾县》记："赵凤诏，武进人，进士，康熙四十年（1701）任。"任临汾知县仅一年后，迁太原知府。《山西通志》卷八一《职官·太原府·知府》记："赵凤诏，江南武进人，进士，康熙四十一年（1702）任。"

赵凤诏任沁水知县五年，不仅编撰了一部《沁水县志》，还写有众多关于沁水题材的诗文。康熙《沁水县志》各卷辟有"赵凤诏曰"、"志曰"、"续志曰"等议论文字，可谓赵凤诏治县思想的总结。康熙《沁水县志》卷十一"艺文"收录赵凤诏文告29篇、诗7首，应该皆属《龙岗集》内容。康熙《沁水县志》卷七《职官·宦绩》记："赵凤诏，知县。才守为当时第一。其实心厝注，见之《文告》，明切周详，具载县乘。以荐调临汾，士民攀辕不得留，为立生祠。著《龙岗集》，纪沁事甚详。寻升太原府知府。"名儒范鄗鼎为康熙《沁水县志》作序曰："载读公《龙岗纪笔》一书，知公之修辞，素不欲枝于此，又何俟枝为。"《龙岗集》可能已经梓行，但下落不明。

康熙《沁水县志》卷十一《艺文》收录赵凤诏诗文，应该归属"纪沁事甚详"的《龙岗集》，详目如下：

　　文　《重修沁水县文庙记》、《厉坛碑记》、《重修东岳庙碑记》、《改浚城河记》等。

　　文告　《莅任告城隍文》、《告关帝文告》、《城隍驱虎文》、《告城隍乞雨文》、《祭黑虎文》、《详免协济云中草束》、《详请缓征旧赋》、《再详免减草束》、《应抚军檄详陈地方利弊》、《再应抚军檄条议利弊》、《条陈编审陋弊》、《招徕流民》、《季考生童》、《革除陋规》、《革祭祀陋规》、《申明革耗》、《严禁赌博》、《劝民陷虎》、《查革供丁》、《金报里甲》、《饬查旧丁》、《论报新丁》、《清查户口》、《谕止众建生祠》、《防备霜灾》等。

　　诗歌　《入沁水境》、《谒昭忠祠》、《晋闱即事》、《赠郑载九孝廉》、《碧峰寺祈雨》、《步祷玉岭》、《题衙斋壁上耕桑图二首》等。

　　赵凤诏在推动沁水文化发展、改革社会风气方面，政绩尤为显著。沁水在历史上经历了无数县令，就数赵凤诏写的文章最多，皆关沁水地方社情与沁水百姓生活，这是他知县生涯的总结。如果能够系统查找历代沁水官员文集，肯定会有很多收获。由此我们相信，古代沁水还有众多文士，尤其是清代文士还有著述传世，只是需要系统检索查找，颇费功夫，兹仅存疑待考。

　　历代沁水文士的著述，还是非常丰富的，这是一笔值得继承发扬的文化遗产。令人遗憾的是，历代沁水文士的著述虽然丰富，却很少有人去系统收集整理，致使我们至今不清楚历代沁水文士著述的家底。

4. 散见于各种文献中的关于沁水题材的诗文

　　2005年，笔者曾受沁水政协委托，整理出版了《沁水历代文存》，主要收录历代《沁水县志》所录诗文，同时还收录笔者曾费二十年之力所汇集到的散见于各种古代文献中写沁水的诸家诗文。笔者曾一叶障目地以为，《沁水历代文存》将有记载以来至清朝末年的两千多年间，凡以沁水为题材的诗文，几乎一网打尽。这是沁水古代文献的一个初步总结，或者可以称为沁水古代诗文的集大成。

　　晋城马甫平，曾对明代常伦的《常评事集》与《写情集》进行合编整

理，题名《常评事集》，由三晋出版社
2008年出版。除此之外，对于其他沁水
文士的著述以及他们的传世文集，诸如
晚唐五代荆浩之《笔法记》，明代窦庄
张五典之《海虹集》，张铨之《皇明国
史记闻》与《张忠烈公存集》，张道濬
之《从戎始末》、《兵燹琐记》及《张
司隶初集》，清代曲堤霍润生《藤荫轩
诗草》、《娱我园诗抄》等别集，都是
非常珍贵的文献，但至今无人整理出
版，实在令人遗憾。

　　沁水历代文献，大多未能流传至今，这是沁水文化史上不可弥补的
巨大损失。流传至今的文献及篇章，充其量也只是沧海一粟、丛林一枝，
诚是遗憾无比，损失惨重。然现存沁水历代文献，尽管只是沧海一粟、丛
林一枝，却也是沧海遗珠、文苑奇葩，它们经历了历史的沧桑而没有被湮
没，经受了时代的考验而没有佚失是沁水古代历史文化之精华，通过它
们，我们可以看到沁水遥远的古代社会，看到沁水历代文化的兴盛。

　　沁水古代文化的发展，大致以元明为界，分为前后两个时期。兹依据
《沁水历代文存》所收图考11幅、文赋160篇、诗歌250首、诗文共410篇
而论：

　　明以前几千年的古代沁水，基本上可以说是一个文化空白。这一时
期，沁水虽然发生了许多重大历史事件，古人皆有记载，却无一出自沁水
人之手。再检索沁水历代诗文，大致在明代成化、弘治、正德之际，沁水
李瀚重修《沁水县志》，正式登上文坛之前，沁籍文人仅见唐末荆浩《画
山水诀》与《笔法阵》存世，以及佚失不传的宋代王载道所著《思宋录》
与《鹿台诗卷》，与明代李灏的《郊西吟稿》等，其他流传至今的李瀚时
代之前的咏沁诗文，皆为外籍旅沁名家之作，基本不见沁籍名家的作品传
世。这一现象说明，在明中叶以前，沁水古代文化尚属荆棘荒原，未能得

到开发，只能借助外籍名家著述传达出古代沁水的一些历史文化信息。

明中叶以后，沁水古代文化开始发展并走向繁荣。自李瀚以来，沁籍名臣辈出，诸如刘东星、张五典、张铨、张道濬等，他们都是名臣，也是名士，政绩显著，著述丰富。尤其是常伦的出现，把沁水诗文创作推向了空前绝后的高峰，也为沁水在中国古代文学史上赢得了一席之位。

清代沁水文化继续发展，尽管未能如明代那样兴盛，未能产生李瀚、常伦那样的名臣名士，却也是名家辈出，诗文如林。所以沁水古代文化以明清两代最为繁盛，至今未能超越。

《沁水历代文存》所收录的名篇佳作，文如明代张五典《大云寺三松说》、《画廊记》，韩范《郭壁创建元武庙碑记》，张道濬《禁樏山伐松檄》、《游丹坪山记》等；赋如常伦《笔山赋》、《石楼赋》等；诗如明代常伦《沁水道中》、《大醉后题大云寺阁柱上》，张铨《飞蝗叹》、《题〈望云思亲图〉》，清代张道湜《沁水道中》、《飞蝗叹》，樊度中《东岳庙赛神曲五首》，张心至《浅浅水长长流》、《修凌云阁记》等，皆出自明清名家之手。他们的诗文，记录了沁水的历史，寄托了对家乡的无限深情，显示了作者的绝世才华。明清时期沁水文化的兴盛，是由他们直接开创的。

明清时期沁水众多官员的诗文理应受到关注，他们面对沁水山川名胜、面对沁水民生时俗，结合自己的经历感受，写了许多很好的诗文。其中最突出者是清代康熙年间知县赵凤诏，先后写有《改浚护城河记》、《告城隍乞雨文》、《严禁赌博》、《季考生童》等文章，以及《入沁水境》、《谒昭忠祠》、《步祷玉岭》等诗作，皆关心沁水百姓疾苦，展示了一位一心为民的贤令的风采。可与赵凤诏相媲美的清代嘉庆年间县令徐品山，其文如《重修县城来脉记》、嘉庆年重修《沁水县志序》等，诗如《巡行县鄙作》、《初至沁水东北境上有感》、《环城新种杨柳诗以纪之》、《辛酉冬日岁考文童》、《檄赴甘桃驿接饷留别父老》等。他深入沁水边远农村巡视民情，因地制宜种树护城，关心沁水文化教育，俨然一位亲民善政的古代贤令。其他还有清代乾隆年间知县吴伸《重修碧峰书院记》、雍正年间知县何陈宫《宿桓山寺》等诗文。这些诗文，多有现实内容，往往针对具体事件而发，记录了沁水现实，记录了百姓生活，也记录了他们的政绩以及沁水百姓对他们的评价。沁水明清时期文化的兴盛，有他们很大的功劳。

明清时期沁水文化的兴盛，迎来了八方来客，众多名流，纷纷来到沁水，或巡视游赏，或径行短居，都有诗文传世。文如明代南京户部主事彭甫的《六柳庄记》、弘治年间殿试探花刘龙的《端氏三老堂记》等。尤其是大思想家李贽在沁水刘东星家乡坪上村完成了《明灯道古录》，这是中国哲学史上的一部重要著作，也是沁水历代文献中最有思想性的一部大作。明初晋山书院山长张昌的《过夫妻岭》，明中叶前七子代表作家李梦阳、何景明在沁水写的怀古诗，如《马邑城》、《端氏城》、《王离城》、《武安城》，以及《王离废城》、《岳将军砦》等诗，咏怀古迹，证古论今，纵贯几千年古代历史，横披全华夏风云，内容充实，气度阔大，不愧为大文豪手笔。晋豫巡抚于谦所作《道经沁水悯农》、《桓山三松》诸诗，写出了沁水百姓的苦难，写出了作者崇尚三松的清风霜节，诗风高格，人品高格。沁水山川能够留下于谦这位古代清官的诗行，这是沁水的荣耀。其他还有明代大学士杨一清的《六柳庄》、吏部尚书乔宇的《汉天子岭》，以及清代名臣陈廷敬的樊山组诗等等，大多为佳作精撰。明清时期沁水文化的兴盛，他们的功劳不可抹杀。

从《沁水历代文存》所收录作家之组成而论，沁籍作家与外籍作家相比，总体还是沁籍作家诗文成就高，主要是感情问题。如明代沁人窦复俨的《秦川道中》诗云：

> 驱马秦川道，孤村断复连。柴扉空锁雾，冷灶半沉烟。
> 日暮难呼主，民穷欲叩天。伤心兵火后，谁向此中怜？

明代张铨、清代张道湜的同题之作《飞蝗叹》，都寄托着窦诗那样对沁水百姓困难的深切同情，感情非常真挚。明代万历年间，省府一群官员，共赴沁水巡视，副使熊翀写了《宿德胜寺》诗，佥事来天球、副使冯清、参政王尚纲先后唱和各作一首《宿德胜寺次韵》，几乎同声无病呻吟般狂呼乱唱。试见来天球另题《沁水道中》：

> 鸡声听我晓行程，夹道疏林映旆旌。雪意远从乌岭度，云容高自太行横。
> 眼前事有匡衡疏，马上诗无杜甫情。忽憧年华如逝水，也知宦海恋虚名。

仅与窦诗相比，来诗缺的东西太多，最根本的是没有感情。古代沁水来过无数巡视沁水民情的朝廷官员，来过无数游赏沁水山水的文人墨客，写了很多诗文，真正像于谦，像李梦阳、何景明，像赵风诏、徐品山那样的来者实在太少。像来天球之流省府高官实在太多，他们犹如行尸走肉似的登樌山，进寺庙，很少有人去深入民间，体味舜德，了解民情。他们欣赏沁水十景，却不同情百姓疾苦。写出的诗文无非是沁水山水多么幽雅，沁水寺庙多么无尘，真是理想的隐居之地。然而要真让他们来沁水做官，恐怕他们仍是把沁水当传舍，刚下车就想高升离去，耐不了沁水的艰苦。他们的诗文，自然不能比于谦，不能比赵、徐，更不能比常伦、窦复俨、张铨、张道浞。所以古代沁水诗文中的大多优秀之作，多出自沁籍作家之手。殊少真挚的诗情，限制了外籍作家诗文的成就。

即使像赵风诏、徐品山二位沁水知县的几首小诗，也足使来天球之流的诗文相形见绌。

赵风诏《入沁水境》：

> 山中春已暮，草色未青青。道险车难过，村荒户尽扃。
> 凤原稀雁羽，乌岭剩鸠形。蒿目伤民瘼，天吁宁莫听。

赵风诏《题衙斋壁上耕桑图二首》：

比屋穿山小径斜，烟云片片入农家。

耕桑景象常如画，玉岭何须再种花。

仰思当宁轸民艰，保障残疆愧宋娴。

长向绘图勤省视，恍如身在御屏间（邑有御屏山）。

徐品山《环城新种杨柳诗以纪之》：

乌岭龙祖东南走，镇以孤城大如斗。北梅南杏夹城流，合向东门成水口。

狂奔直下迅莫停，识者于斯决休咎。请筑重城谢无力，别求小补方还有。

生气潜滋悔乃亡，计惟郭外多栽柳。从来不解形家言，今闻此语如悟禅。

维时盛德正在木，会农勉作毋迟延。种成一千六百木，低者齐腰高及肩。

地道敏树树尤敏，新枝袅娜萦晴烟。仁看东风两三度，满城郁郁葱葱然。

呜呼！地灵自可钟人杰，未卜他年谁获惜。请看方塘莲子花，李侯宴罢空陈迹。

徐品山《辛酉冬日岁考文童即事四首》：

喜得人文运复兴，春秋两榜有明征。监司不用稽民数，但看童生岁岁增。

扶雅扬风集众才，春蚕食叶马衔枚。莫嫌俗吏疏文墨，甫向抡材堂上来。

皓首穷经等少年，尽教你母比承天。青衿得失宁关命，才遇知音便断弦。

谁向词坛夺锦标，先声早震霍嫖姚。已看锥末囊中出，莫使琴材爨下焦。

赵风诏、徐品山二位沁水知县诗，与来天球等省府高官诗的差异，主要还是诗中的情感问题，一个情感真挚淳厚，一个则是装腔作势。

就《沁水历代文存》提供的文化信息分析，沁东的文化兴盛，远远高于沁西。明清两代，无论是朝廷名臣还是文学名士，如坪上刘东星、窦庄张五典、张铨、张道濬、张道湜，郭壁韩范、王度、王纪，湘峪孙居相、孙鼎相，樊庄常赐、常轭、常伦等，皆属沁东才杰。他们以大量的优秀诗文，几乎垄断了沁水古代文坛。沁水古代文化的辉煌，很大一部分成就是他们创造的。沁东可谓才杰如云，诗文如云。相对来讲，沁西才杰稀少，有较大影响者仅见洪谷荆浩、石楼李瀚以及西文兴柳遇春、土沃郑时雍、郑琬等人。沁西才杰中，也有荆浩，其以山水画祖师称雄画坛，其《笔法阵》、《山水画诀》是古代绘画史上重要画论。再者是李瀚修志，奖掖后进，并以自己名臣之声望，招揽天下名流入沁，使沁水受到天下关注。荆李二贤，其地位、成就、声望及对沁水文化所做的贡献，庶可与沁东才杰分庭抗礼。其他如柳遇春、郑时雍、郑琬诸辈，无论哪一方面，皆难和沁东才杰相抗衡。沁东才杰，犹如楂山、嵬山、笔山、岳神等众山共秀，并峙入云；沁西才杰，则如石楼孤立，神铤驻鹤，实在太少，形成沁西双峰与沁东众山隔河相望之势。

就诗文成就而述，沁东才士名家辈出，众星拱月，作品如云，佳作似锦。《沁水历代文存》所收沁籍作家作品，就作品数量而言，十有八九出自沁东才杰之手，沁西作家作品实难企及。《沁水历代文存》中的一些名篇佳作，如前文所举，皆出自沁东才杰之手；而沁西才杰之作，多数平平无奇，实难名举。如沁水历史上共九次修志，其所知八次修志者，沁西仅李瀚、卫天民二人主持或参与修志，而沁东则有张五典、张道濬、张道浞、张绘章、张心至等人五次或主持或参与修志。沁水各地存有众多碑刻，就数量而言，沁东、沁西可平分秋色。就碑文质量而论，沁东碑刻大多鸿篇巨制，撰者常常引经据典，纵横议论，境界阔大，容量极富，才华横溢，才气十足；沁西碑刻则多短文简章，撰者常在碑文中枯毫淡墨，简单交代，容量不大，说完了事，殊少才华，不见才气。沁东才杰追求豪华大气，沁西才杰限于素淡平实。其诗其文，皆呈现如此的对比，说明沁西文化不如沁东繁荣，沁东文化为沁水古代文化之主流。

沁东文化繁荣有一重要原因，即沁东多科甲连绵之豪门大族。如窦庄张氏之张五典、张铨、张道濬、张道浞、张心至与张心达等，几代人书香相传，科甲连绵，诗文相继，名作迭出，几百年兴盛不衰，持续于明清两代。窦庄张氏，是对沁水古代文化做出最大贡献的家族。其他家族如窦庄窦氏、樊庄常伦父子、湘峪孙氏兄弟、郭壁王度父子等等。兴盛不衰的家族文化，造就了明清时期沁水文化的持续兴盛。而沁西，仅有李瀚父子庶可与之相比。西文兴柳氏，家训中宣称耕读传家，实际上重商轻文，商业气息进入了家业传承，结果文士不多，诗文成就也不大，家业很快便衰败了，至少在明清两代，柳氏名声不大。洪谷荆浩，完全是孤鸿野鹤，山外传音，响彻神州，家族中却无人可以继业，使得今人连荆浩的家在何处都难寻迹。

沁东、沁西之文化差异巨大，不知出自什么原因，这是个非常值得探讨的问题，其涉及面很广，包括历史文化、生活习俗、道德崇尚、宗教信仰、村落居地、家族本业以及山川崇拜。其中有着极其深微、极其复杂的原因，很难论述清楚。不过，有一点可以试探。古人以为，人是天地山川灵秀之气所钟聚。《论语·雍也》云："知者乐水，仁者乐山。知者动，仁者静。"《论语·子罕》称："知者不惑，仁者不忧。"沁水东西文化差异巨大的根本原因，是否就在这里？此属人文地理问题，什么山水养育什么人，人是山水文化的结晶。这是个极其深微、极其复杂的问题，有心者可以共同探讨。

《沁水历代文存》之诗文所写，涉及沁水的各个方面，其中有几个历代文人关注的热门话题。古今先贤，若舜耕历山、李瀚石楼、赵魏韩三家迁晋君端氏、白起屯兵沁水、太行忠义筑砦丹坪。历史事件，若沁水惨遭兵祸、百姓连遭天灾、猛虎越境伤人、县令岁考童生。山水名胜，若沁水十景、沁河长流、楦山三松、沁水道中。寺院神庙，若舜庙、汤庙、关庙、岳庙、玉清宫、老君观，以及鹿台、龙泉，法隆、青莲、大云、德胜等寺。《沁水历代文存》全方位地贯穿了沁水历史，展示了沁水山水风光，状写了沁水人物风貌等等。

古今先贤诗文，写舜帝者较多，如司马迁《舜耕历山》、薛之钶《三县重修舜庙碑记》文、王国光《游历山拜赡虞庙》、张尔埕《登历山》诗。李瀚受到关注，古今频有唱和。如常伦、何景明同题赋作《石楼赋》，何景明《上李石楼方伯》、常伦《述情上大司徒李公》诗。赵风诏

《谒昭忠祠》悼念张铨，王溱《祭常明卿文》祭奠常伦，韩学山《赠奚赞府》与窦心传《赠碧峰书院徐凤楼山长》等，歌颂清代县令奚土循、徐品山。舜帝、李瀚等古代圣贤与名士的事迹，他们的德风、他们的政绩、他们的风采，口碑相传，古今不衰。

《历代沁水文存》另收了几首妇女诗，如洪士佺《窦庄夫人城》、田懋《贾烈妇韩氏诗》、孔谔《挽沁水高节妇崔氏》、郭衍宗《挽高节妇崔氏》以及王梦庚《吊烈女诗》等。光绪《沁水县志》卷八《人物》收有"孝义"者53人事迹，立1人传记；收有"节烈"者13人事迹，立2人传记；收有"品望"者8人，立5人传记；收有"卓行"者88人事迹，立5人传记；收有"隐逸"者6人事迹，无人立传。前述5目共收165人事迹，为13人立传，全为男性人物。又收各类"列女"者792人事迹，又补续196位列女姓名，仅为10位列女立传。比较此数字，沁水旧志中女性名录与传记大大超过了男性，真让人触目惊心。这些列女皆沁水奇女、节女、烈女。奇女令人赞叹，节女令人惋惜，烈女令人同情。古代妇女命运，何必皆要以死为终，何不学窦庄霍夫人而绝处逢生呢？

历代古迹诗文，舜王坪、空仓岭、东乌岭、汉天子岭等，皆频繁出现于诗文中，李梦阳的《马邑城》、《端氏城》、《王离城》、《武安城》，何景明的《王离废城》、《岳将军砦》，杨子器的《岳将军砦》，常伦的《登武安城》，陈豫朋的《端氏城》，朱樟的《太行忠义砦》等，都是历代作家常写的题材，古端氏、忠义砦尤其受到关注。历代作家在诗文中，展示了历史的沧桑，寄托了历史的沉思，总结了历史的经验，给予了历史的评价。

历史事件诗文，如景旸《修沁水县治记》、王梦震《中村庙兵荒碑记》，记载了明代沁水遭受的几次兵火。张铨、张道湜同题作《飞蝗叹》，分别写了明清时两次蝗灾。王挥《为虎害移泽州山灵文》、赵凤诏《告城隍驱虎文》，写沁水虎害成患。韩苏《魃》写沁水又遭旱灾，韩范《积粟备荒议》则写灾后救灾，窦复俨《秦川道中》描述战后沁水残破等等。沁水历史上，几遭兵火，连遭天灾，鸡犬不闻，民不聊生，沁水历代诗文都有记载，保留了珍贵的历史史料。在《沁水历代文存》中，这一部分作品，最有历史价值。

山水名胜诗文，在《沁水历代文存》中，数量上位居第二。彭甫《六柳庄记》、张五典《画廊记》、陈廷敬《百鹤阡记》、张道濬《游丹坪山记》，都是优秀的山水游记。元好问《玉溪》、王恽《双松》、常伦《咏笔山》、刘东星《楼松》、王道焜《文笔峰峦》、张尔墉《雪后过林村岭》，以及元好问、王恽、于谦、杨子器、李梦阳、何景明、陈熙、王徽、张道湜、张允恭诸家分别写的沁水十景诗，都是优秀的山水诗章。张道湜《莲塘时雨歌》最长最佳，以景写人最见情义；徐品山《环城新种杨柳诗以纪之》以种树为政绩，别开生面。山水诗文，写出了沁水山水之美，令人向往，表现了历代作家对沁水的歌颂与热爱。

寺院神庙诗文，在《沁水历代文存》中作品最丰富，几乎占去三分之一篇目。历代文士似乎特别乐意拜舜庙、谒关帝、登樃山、寻鹿台、游玉清宫、叩老君庙，而且他们也特别喜欢题壁寺院神庙，乐意为其撰写碑文。寺院神庙遍布沁东、沁西，其碑刻诗文也到处可见。这些碑刻诗文，一方面反映了历代文人对寺庙净域的向往，更主要反映沁人的神灵崇拜与宗教信仰，很有文化意义。通过众多的寺院神庙碑刻诗文，有一个发现，沁西多神庙，如舜庙、汤庙、关帝庙、黑虎庙、玉皇庙、真武庙等著名神庙都在沁西，寺院著名者仅有蒲弘福胜寺、杏峪龙泉寺、鹿台香嵩寺、北山碧峰寺等；沁东多寺院，大云寺、崌山寺、车辋寺、白云寺、圣天寺等著名寺院都在沁东，道观著名者仅见郎壁玉清庙、郭壁崔府君庙、湘峪岳神庙、孔壁元真观等。这是沁东、沁西文化不同的一个表现。

《沁水历代文存》基本上收全了古代沁水诗文所存，基本展示了古代沁水的历史之精华，再现了古代沁水名流才杰之风采，描写了古代沁水的山水古迹之风光，记述了古代沁水的历史事件之始末。它体现的是沁水的文化精神、沁水人的性格品德，是我们了解、认识沁水古代社会风俗、人情最直接的文献资料。我们可以从中总结沁水的过去，展望沁水的未来，做好沁水的今天，古为今用，使沁水历代诗文再绽放它昔日的辉煌。